U0502770

西域考古记

On Ancient Central–Asian Tracks

［英］斯坦因　著

高晨翔　张竟秋　译

中国科学技术出版社
华语教学出版社
·北 京·

图书在版编目（CIP）数据

西域考古记 / （英）斯坦因著；高晨翔，张竟秋译 . ——
北京：中国科学技术出版社：华语教学出版社，2024.1
ISBN 978-7-5236-0341-3

Ⅰ.①西…　Ⅱ.①斯…　②高…　③张…　Ⅲ.①西域—
考古　Ⅳ.① K872.4

中国国家版本馆 CIP 数据核字（2023）第 218808 号

总 策 划	秦德继
策划编辑	张敬一　林镇南
责任编辑	剧艳婕　王寅生
特约编辑	刘丽刚
封面设计	锋尚设计
正文设计	中文天地
责任校对	邓雪梅
责任印制	马宇晨

出 版	中国科学技术出版社　华语教学出版社
发 行	中国科学技术出版社有限公司发行部　华语教学出版社发行部
地 址	北京市海淀区中关村南大街 16 号
邮 编	100081
发行电话	010-62173865
传 真	010-62173081
网 址	http://www.cspbooks.com.cn

开 本	880mm×1230mm　1/32
字 数	348 千字
印 张	13.5
版 次	2024 年 1 月第 1 版
印 次	2024 年 1 月第 1 次印刷
印 刷	河北鑫兆源印刷有限公司
书 号	ISBN 978-7-5236-0341-3 / K·381
定 价	89.00 元

（凡购买本社图书，如有缺页、倒页、脱页者，本社发行部负责调换）

谨以本书纪念托马斯·阿诺德爵士，他是学者、"圣人"和我无与伦比的挚友。他与我志同道合，在精神上始终支持着我，点亮了我的旅途。写下这本探险活动札记时，我心中充满了对他的敬仰和感激。

译　序

英籍匈牙利人奥莱尔·斯坦因是一个极具争议性的历史人物。他曾于 1900 年至 1931 年间四次深入中亚以及中国的新疆和甘肃一带开展探险活动，在此过程中获得了轰动世界的考古发现，进而将所获文物带到印度和欧洲进行整理和研究。这些考古发现和研究成果一方面奠定了他在学术界的地位，另一方面也无声地控诉着他盗窃中国历史文化财富的行径。所以当我们探讨斯坦因其人时，须带着辩证的眼光看待他的成就，在阅读其著作时，也应批判地理解他的观点。

斯坦因在完成前三次中亚和中国西北探险活动后，分别编写了详细的调查报告：1900—1901 年第一次探险的成果见诸《古代和田》（中文版书名写作《古代和田：中国新疆考古发掘的详细报告》，山东人民出版社于 2009 年首次出版，新疆人民出版社于 2023 年再版）；1906—1908 年第二次探险的成果见诸《塞林提亚》（中文版书名写作《西域考古图记》，广西师范大学出版社于 1998 年首次出版，2019 年再版）；1913—1916 年第三次探险的成果见诸《亚洲腹地》（中文版书名写作《亚洲腹地考古图记》，广西师范大学出版社于 2004 年首次出版，2021 年再版）。时至今日，斯坦因的著作仍是西域考古、艺术史、历史地理等领域的学者不可不读的文献。

本书是斯坦因基于历次中亚和中国西北探险活动见闻编撰而

成的一本通俗读物，其内容脱胎于上述三部详细调查报告。由于斯坦因的几次探险路线有所重叠，他出于阅读连贯性的考虑，并未严格按照到访各地的时间顺序编排本书，而是以地理区域为线索对历次探险期间的见闻进行了重新架构，我们可以跟随他的脚步和思绪，通览其几次探险活动。现在呈现在您面前的中译本由1974 年美国万神殿图书（Pantheon Books）公司出版的英文版翻译而来。为增添本书的趣味性和可读性，我们从《塞林提亚》一书中选取了部分测绘图、历史照片和文物图版作为附录供读者参考，以便可以更直观地理解作者要表达的内容。若本书能够引起各位读者朋友对于西域历史、地理和文化遗产的兴趣，其出版的意义便达到了。对于有兴趣深挖细节或是有研究需求的朋友，可以继续阅读斯坦因的详细调查报告。

斯坦因的"术"与"道"

本书的名字承袭了 1936 年中华书局首次将其引入中文世界时的译名——《西域考古记》，但以现在的眼光来看，斯坦因在中亚和中国西北地区开展的活动恐怕很难称得上是采用了科学的考古学方法，因此称之为"中亚踏查记"（或直译为"在古代中亚的道路上"）也许更加合适。为避免误解和歧义，本书仍沿用旧版译名。

美国考古学家戈登·R. 威利认为，考古发掘从某种意义上讲是"科学地进行破坏"，如果发掘者不能及时全面地记录发掘过程，客观准确地整理和发表考古发掘报告，将造成无法挽回的学术损失。斯坦因寻宝式的发掘对遗址造成了极大的扰动和破坏，由于他雇用的劳工多为附近村民，并不具备专业知识和相关经验，而斯坦因本人又时常为踏查及测绘周边环境而离开发掘现场，这导致其报告中许多出土文物的确切地点和彼此间位置关系语焉不详，造成了难以弥补的遗憾。

诚然，斯坦因在踏查过程中经历了严寒、酷暑、干渴、伤病，在极度恶劣的自然环境中长途跋涉，有时甚至要冒生命危险，其坚忍不拔的意志和勇于开拓的冒险精神确实值得钦佩。但斯坦因开展探险活动的动机并非单纯的学术研究，正如他在本书第一章自述，他的前三次探险活动受到英属印度政府和英国政府的支持，印度测量局还专门委派了极富经验的测量员同行，英国皇家地理学会和大英博物馆也对他进行了资助。斯坦因在历次探险过程中，除了考古发掘，还进行了大量人体测量学调查和地理测绘，在那个泛突厥主义思潮盛行的时代，他利用这些信息编织出一套歪曲史实和分裂中国的谬论，我们将在本书中以脚注的形式对此类言论予以肃清，望读者朋友在阅读时多加留意。

本书此前另一译本的译者——考古学家巫新华先生曾一针见血地指出："斯坦因的著作中的资料与研究，是皮与毛的关系，资料是斯坦因学术成就的基础。归根结底还是中国古代遗迹和遗物本身价值所致，是中国古代文化瑰宝对人类文明的伟大贡献。"同理，我们也可以认为斯坦因的考古发掘方法与其动机是术与道的关系。虽然斯坦因比当时的大多数中国人更早地认识到这些文化遗存的价值，在那个从敦煌运往北京的藏经洞经卷"一路运一路丢"的年代，那些被他带回大英博物馆的文物或许一定程度上得到了更好的保存，而且由于他毫不吝啬与其他欧洲学者分享他的资料，其中的文化信息也在欧洲学者集体智慧的加持下被破译，这对于学术研究发展而言的确是好事。但我们仍需谨记，这一系列成果不过是斯坦因为满足自身虚荣心和完成英属印度政府任务的副产品，与我国学者出于还原真实历史、留住民族根脉、增强文化自信目的的调查研究存在本质区别。

中国近代政界与学界的觉醒

1919 年的五四运动后，中国人民的爱国情怀被点燃，社会各界反对帝国主义文化侵略的呼声高涨，在此背景下，斯坦因的第四次探险受到了中国学界的抵制和政府的制止。1930—1931 年斯坦因的第四次探险通常被西方人视作是一次失败的考察，斯坦因本人也没有撰写关于这次探险活动的任何报告，只是在英国的报刊上发表过一两篇谩骂中国知识分子的短文。直到进入 21 世纪后，王冀青先生基于赴英国访学期间查阅整理原始档案的成果，撰写《斯坦因第四次中国考古日记考释》，方才系统还原了这次探险活动的始末。

斯坦因的"失败"恰恰是中国文化遗产保护历程中的一次"成功"，是国家文化保存法治发展的曙光，也昭示着中国人自主研究和保护本国遗产的崭新时代。

1914 年，即斯坦因第三次探险期间，北洋政府发布大总统令"限制古物出口"，这便是斯坦因在本书第九章所提到的"禁令"。只是囿于当时腐朽的官僚体系，加之新疆和甘肃地处偏远，禁令未能得到严格的贯彻落实。1916 年 10 月，北洋政府再度发布《保存古物暂行办法》的行政令，内务部继而颁布了《古物调查说明书》和《调查古物表式》等文件，官方层面的文物保护工作有了更加详细的施政标准。1930年6月2日，中华民国国民政府颁布《古物保存法》，后续以其为母法陆续颁布了《古物法施行细则》《暂行古物范围与种类大纲》《采掘古物规则》《古物出口护照规则》《外国学术团体或私人参加采掘古物规则》等法令，标志着中国的中国文化遗产保护进入法制阶段。也正是这些法令，挫败了斯坦因对我国文物古迹的第四次盗掘。

与此同时，在古建筑方面，由朱启钤先生创办的中国营造学社于1930年正式成立，以梁思成和刘敦桢先生为首的有识之士开始了对于中国传统建筑法式与文献的自主探索；在考古方面，学界普遍认同19世纪末至20世纪初是中国传统考古学（即至迟可追溯到宋代的金石学研究）向现代考古学转型的关键阶段——尽管不同学者对于详细的时期划分和代表性事件存在不同见解，但可以肯定的是，从1899年甲骨文被发现以来，以李济、梁思永、夏鼐等先生为代表的考古学家已经逐步开创了一条属于中国人自己的考古学道路。

时至今日，当我们翻译本书和查证其中一些历史细节时，已经有许多中国学者自己的研究成果可供参考，因此得以补全一些斯坦因在写作时没有交代清楚的细节并修正其一些有失偏颇的观点。之所以我们今天仍绕不开斯坦因的著作，是因为他为我们保留了许多一手的——甚至已经成为孤本的图文记录。

或许我们中的大多数注定只是普通人，无法成为梁思成、刘敦桢、李济、梁思永、夏鼐那样的大家，但普通人的力量同样不容小觑，百余年前抵御帝国主义文化侵略的呐喊如是，今日建设文化强国的努力亦如是。倘若我们都能多多关注并拍照记录身边的文化遗产，特别是那些在自然侵蚀和人类活动影响下濒临消失的遗产，为后世保留当下，这也将成为一份珍贵的历史档案。正如鲁迅先生所说"有一分热，发一分光，就令萤火一般，也可以在黑暗里发一点光，不必等候炬火"，因为每个微小的光芒凝聚在一起，就是炬火。

重译《西域考古记》

本书此前已经有两个成熟译本，分别是 1936 年的向达先生译本和 2008 年的巫新华先生译本（这两个译本后来又分别经历过若干次修订和再版）。不过，已有较好的译本并不成为不再需要重译的理由，特别是翻译作为一门语言的艺术，打磨和完善译文是一个永无止境的过程。说得矫情一点，本次重译《西域考古记》也是我们的"一分热"和"一分光"。

向达先生是著名的历史学家、中西交通史专家，被誉为"敦煌学"的奠基人，他首次将《西域考古记》译成中文，其开创之功不言而喻。1936 年秋，向达曾作为中国国家图书馆的交换馆员赴大英博物馆查阅敦煌卷子，虽然受到管理人翟林奈的百般阻挠，但终归算是亲眼得见斯坦因笔下的这批文物。20 世纪 40 年代，向达的两次西北考察更是为他的学术研究奠定了基础。只可惜他翻译《西域考古记》的时间早于几次实地考察，因而考察成果并未充分体现在他的译本中。况且在几十年后的今天，中文的表达方式和一些专业术语的译法已经发生了很大变化，使得读者在阅读该译本时难免感到吃力。

基于上述原因，巫新华先生在 21 世纪初重译了《西域考古记》。巫新华作为中国社会科学院考古研究所研究员、新疆考古队队长，深耕新疆考古十余年，拥有丰富的田野经验。在斯坦因一系列考古相关著作的译介工作中，他都是重要的参与者和推动者。经过他的重译，译文的易读性有了质的飞跃。值得一提的是，巫新华版《西域考古记》（首版译名为《沿着古代中亚的道路》，2021 年再版时更名为《西域探险记》）从斯坦因的几部详细调查报告中摘录了部分图片，极大增加了阅读的趣味性。

在两位前辈的工作基础上重译本书，我们倍感压力，战战兢兢，如履薄冰。向达先生以其历史学背景做出的译本相当于"筑基"，巫新华先生以其考古学背景做出的译本是对旧版本的"增益"，倘若我们能够利用自己的外国语言文学和文化遗产阐释专业背景对《西域探险记》中译本体系做出一些"微小的贡献"，那我们也就满足了。接下来，请容我简要介绍我们在翻译本书时的一些理念，以便各位读者朋友理解本书的行文方式，或是利用书中内容检索更多相关资料。

（一）对脚注的使用

中国文人对经史典籍作注、疏、释、笺的传统由来已久，此举既可对原文内容正义勘误，又能基于原作者的思考进行阐发和补充。本书相较于此前的两个译本，增加了大量脚注。想必向达和巫新华二位先生对于中亚和中国西北的历史脉络、地理环境和考古发现已经烂熟于心，鄙人不才，不得不花费额外精力去检索斯坦因那些一笔带过的历史事件、文化典故、人名和地名，我们将这些检索结果以脚注的形式增补在本书中，希望能为广大读者提供一定便利。对于一些偏僻的人名、地名和专有名词，我们括注了英文原文，对于引自其他学者著作中的观点，我们也提供了文献出处，以便有需要的朋友溯源研究。

（二）对人名、地名和专有名词的规范

人名、地名和专有名词的规范化长期以来都是困扰译者和读者的问题，同一人物和地点被赋予多个译名的情况屡见不鲜，同样也存在同一译名对应多个人物和地点的情况。早年间，新华社曾制定过一套标准并出版有《世界人名翻译大辞典》，中国地名委员会则出版过《外国地名译名手册》，它们是译者工作的重要工具书。然而，《西域考古记》的"超纲"词汇属实较多，因此我们采用这样的工作方法：第一，以《世界人名翻译大辞典》和《外国地名译名手册》标准译法或约定俗成的译法（如外国汉学家姓名）为基准；第二，对于超纲词汇，采用其他译者在图书和期刊中已经使用过的惯用译法；第三，对于未见诸正式出版物的译名，选择性采用线上地图和数据库中的译法；第四，没有任何先例的外文名，采取音译加脚注的形式自译。

（三）对相关文献资料的引用

大约在 2003 年前后，日本国立情报学研究所启动了"数字丝绸之路"项目，对东洋文库所藏丝绸之路相关文献进行数字化并建立了开放共享的数据库。我们在本书翻译过程中，频繁使用过其中的丝绸之路遗迹数据库（Database of Silk Road Ruins）和斯坦因地图集数据库（Stein Gazetteer），前者以"卡片标签"的形式分门别类地归档了丝绸之路相关的遗产名称、地点和照片数据并创建了这些数据卡片之间的关联，后者将斯坦因的测绘地图与现代的谷歌地图叠置展示（虽然受测绘精度所限，二者之间存在误差，但仍可作为大致参照）。在查询现当代学者的研究成果时，我们主要使用了国家哲学社会科学文献中心的文献资源。在查阅斯坦因其他著作（主要是《塞林提亚》英文原版）时，我们使用了公益性在线古籍图书馆"书格"。这些开放的学术资源对于我们的翻译工作助益良多。

　　行文至此，对于《西域考古记》本身需要向读者朋友说明的内容已经交代完毕，但我想借这个难得的机会再多啰唆几句。通常情况下，译者是躲在原著背后的"隐形人"，译序和译后记是少有的能让译者充分表达想法的舞台，因此我与合作译者张竟秋老师商量后决定，分别撰写译序和译后记，以便我们两人都能有表达的机会。

　　我与张竟秋老师的缘分始于 2017 年的西安，当时我们在丝绸之路跨国系列申遗协调委员会秘书处——国际古迹遗址理事会西安国际保护中心共同组织过一系列公众活动，那段时期的经历让我结识了很多志同道合的好友，也在我心中种下了一颗"丝绸之路"的种子。次年，我进入中国文化遗产研究院中国世界文化遗产中心，作为遗产专员参与过一些丝绸之路新疆段和甘肃段的保护管理工作，张老师后来去到西北大学丝绸之路考古合作研究中心，也继续做着与丝绸之路相关的研究工作。因此，当接到本书的翻译任务时，我一下就想到了张老师，能够再度与她合作，我感到欣喜和荣幸。

　　本书的顺利出版离不开中国科学技术出版社的编辑老师，以及在各个环节付出努力的"幕后英雄"，你们辛苦了。在此我还想感谢我的母亲刘辉英和父亲高进安，他们从不以世俗标准衡量人的价值，一直以来尊重并支持我的想法，让我能够有充分的自由选择自己热爱的事业。

　　最后，感谢正在阅读本书的每一位读者朋友，毕竟文字只有被读到才能真正发挥出它们的意义。虽然我们在翻译的过程中已经尽力了，但受限于个人的学识，恐怕仍难免存在错讹之处，还望读者朋友们批评指正。

高晨翔

2023 年 7 月 1 日于北京

前　言

　　本书旨在简述我在中国西域及亚洲腹地各处所进行的考古学和地理学探索。在这片鲜为人知、难以到达、地势险峻的地区游历的岁月，是我一生中最快乐的时光。但要整理我三次中亚探险所取得的大量科学成果，则需要花费更多的精力和时间。在前两次探险活动的个人记述和 11 册 4 开本的全三次探险报告付梓出版后，我认为自己已经完成了资料的整理工作。但除却记载了我第二次探险活动（1906—1908 年）完整经过的《中国沙漠中的遗址》①，上述其他出版物均刊印已久，濒临绝版。

　　在我第一次游历归来 27 年后，最后一份整理工作也已完成妥当，于是我得以在更靠南的地方开始新的考古项目。但是现在回忆起来，在亚洲腹地的沙漠和山间度过的收获颇丰的几年时光仍令我记忆犹新，而且弥足珍贵。所以，当哈佛大学校长邀请我到波士顿洛威尔研究所做讲座时，我便欣然应许，借此契机将我多年间的旅行和发现融汇成一次面向广大听众的演讲。

　　这些探险活动时空跨度大、特色多样，所幸能够借助幻灯片展示，否则将其浓缩成一场演讲想必会更加困难。同样，将演讲落成铅字也需要对内容做适当的增改。因此，我必须要感谢富有

---

① 《中国沙漠中的遗址》（*Ruins of desert Cathay*），也称《沙漠契丹废址记》。
　　——译者注

远见卓识的出版方在书中增加了丰富的插图，用以展示我的探险过程以及在各个古代遗址发现的文物。

在带领读者进入我在亚洲开展探险活动的那片边远地区之前，似乎有必要先用粗线条勾勒出它的特征。同样也有必要概述一番该地区过去 2000 年间的历史，而它的历史又是由其地理因素所决定的。开篇的几章将借用我于 1925 年在皇家地理学会所做的演讲《亚洲腹地：地理对历史的影响》的内容。

在这片辽阔的区域开展三次长期探险活动的过程中，因自然条件制约，可供选择的路线有限，出于地理方面的考虑和考古工作方面的需求，我不可避免地需要多次造访相同地点。因此，以地理区域来架构我探险活动的几个重要阶段，而非严格遵循时间线索，或许是一种明智之举。

这几次探险的时间加起来总共有 7 年多，若不是得到各方慷慨支持，恐怕我也难以坚持下来并取得各种研究和记录的成果。我在此前出版的著作中已经逐一感谢过提供这些必要帮助的人们，故在此仅用简短的话语聊表谢意。

我先后供职于印度教育部和考古调查局，得益于印度政府的开明支持，我拥有极大的自由和必要的条件来完成我的工作。而大英博物馆方面不仅资助了我的第二次探险活动，还为我几次探险带回的古物提供了展陈和研究场地，并且调用了自己的专家学者协助相关工作。

在地理学领域，我十分感激印度测量局的帮助，其不仅委派了极富经验且吃苦耐劳的印度测量员协助我，而且斥巨资将他们在我的指导和参与下取得的地形测绘成果付梓，出版了一系列地图。英国皇家地理学会委员会同样长期以来给予了我慷慨的帮助和鼓励，从委员会于1909年授予我创始人金质奖章一事便可见一斑。

我的发现中包含大量非常有趣而且颇为重要的古代艺术珍宝和手工艺品，以及十余种语言的手稿残件，若不是有多位著名的东方文化学者和东方艺术专家倾情相助，仅凭我一人恐怕也无法完成对这些资料的整理研究。曾给予我重要帮助的人实在太多，我无法在此一一列举他们的名字。但在接下来的章节中，当我讲述一些极其重要的发现时还会再提及这些学者。

关于本书，我还要特别感谢印度教育、土地和卫生部[①]允许我使用自己在几次游历过程中拍摄的一些照片，以及印度驻英国高级专员允许我翻版自己曾在详细报告（《古代和田》[②]《塞林提亚》[③]《亚洲腹地》[④]）中使用过的古物图版。至于本书中的地图，我要感谢皇家地理学会秘书允许我复制上述刊发于《地理期刊》报告中的地图。关于插图的编排，我要专门感谢我的艺术家朋友兼助理——官佐勋章[⑤]获得者弗雷德里克·H.安德鲁斯先生，我此前的出版物配图都仰赖他的帮助。我还要由衷地感谢乔治·A.麦美伦先生仔细审读我的文稿，使其更加符合一般读者的阅读习

---

① 教育、土地和卫生部（Department of Education Lands and Health），20世纪上半叶存在于印度政府中的一个行政职能部门。——译者注
② 《古代和田》（*Ancient Khotan*），斯坦因著，1907年出版。——译者注
③ 《塞林提亚》（*Serindia*），斯坦因著，又名《西域考古图记》。——译者注
④ 《亚洲腹地》（*Innermost Asia*），斯坦因著，又名《亚洲腹部考古记》。——译者注
⑤ 大英帝国勋章是英国授勋及嘉奖制度中的一种骑士勋章，共分为五个等级，其中第四等级为官佐勋章（O.B.E.）。——译者注

惯。此外，我也不应遗漏班伯里斯通父子公司^①，该公司制作的彩色图版忠实还原了翻版图片的原貌。

　　过去的 30 年间，我为了整理自己的探险成果，不得不花费大量时间伏案工作，于我而言，这在某种程度上比田野考察更加艰巨。我之所以能够将这些工作坚持下来，离不开挚友们的帮助和长期以来的鼓励，在他们的热切支持下，我才能完成本书的写作，对此我的感激之情难以言表。

奥莱尔·斯坦因

1932 年 9 月 18 日

于牛津大学基督圣体学院院长家中^②

---

①　班伯里斯通父子公司（Messrs. Henry Stone and Son, Banbury），存续于 1870—1978 年的印刷商和书柜制造商，位于班伯里。——译者注
②　1929 年 5 月，斯坦因回到英国后，寓居在朋友珀西·阿伦（Percy Allen）和海伦·玛丽·阿伦（Helen Mary Allen）夫妇家。阿伦时任基督圣体学院（Corpus Christi College）的院长，他的寓所一直被斯坦因当作"自己在英国的家"。——译者注

引　言

　　西北边境①地区曾经是重要的文明中心，如今②却已蛮荒、落后，只有一些原始部落在此居住。这里的山间通道曾一度是进出印度的各方文化势力的交汇之处；这里的国王曾与罗马帝国和中国汉朝建有外交关系，征服并接管了希腊化文明地区，雇用罗马艺术家装点他们的佛塔——这些雕工精美、彩画华丽的佛塔吸引了中国的旅行者来到这片佛陀生前居住和传道的国度。印度的西北边境地区（囊括了如今巴基斯坦和阿富汗的部分地区）是印度古时与旧世界③文明沟通交流的门户。

　　当斯坦因开启他的探险之旅时，已经不时有关于中国西域④自然风貌的调查问世。大约在公元 7 世纪时，有使用突厥语的

---

①　西北边境（Northwest Frontier）特指英属印度的一个省。——译者注
②　本书中此类时间节点均截至本书英文原版作者和编者写作之时。引言一章中的此类时间节点指代的是 1974 年该书再版的时间，后续章节中的此类时间节点指代的是 1933 年该书首次出版的时间。——译者注
③　旧世界指的是克里斯托弗·哥伦布发现新大陆之前欧洲所认识的世界，包括欧洲、亚洲和非洲（统称亚欧非大陆或世界岛）。——译者注
④　即今新疆维吾尔自治区中部和南部地区。"西域"在不同历史时期所指的地理范围不同，狭义的西域大约为阳关和玉门关以西、葱岭（帕米尔高原）以东的地区，而广义的西域则包括出阳关和玉门关后可达的所有区域，甚至包括印度半岛和欧洲。——译者注

部族①在塔里木河盆地的廊道上定居并臣服于中国②，中国自此拥有了对于这些绿洲的主权。由于该地区位于中国内地——古希腊人口中的赛里斯③——和印度之间，故该地区也被称作"塞林提亚④"。不论使用哪种叫法，所指的都是这片令人生畏的无人区。它中心的椭圆形区域是塔克拉玛干沙漠（南北宽 250 英里⑤，东西长 1500 英里），三面环以高耸的群峰。在它的南面，荒凉的昆仑山犬牙差互；它的北面是蛮荒的阿尔泰山；它的西面是直指云天的帕米尔高原，山口的高度可达 20000 英尺⑥。我们对于塞林提亚地理和历史的了解只限于碎片化的知识，但斯坦因却掌握了一些十分有价值的线索。对欧洲史料的研究（主要是亨利·尤尔爵士⑦对《马可·波罗行记》的开创性研究）表明，在蒙古帝

---

① 现代维吾尔语就属于阿尔泰语系突厥语族。历史上维吾尔语的发展经历了古突厥语阶段（7 至 13 世纪）、察合台语阶段（14 至 18 世纪）、近代和现代维吾尔语阶段（19 世纪至今）。维吾尔族的族名在不同历史时期也有不同称呼，4 世纪文献中称为"袁纥"，6 世纪末 7 世纪初文献中称为"韦纥"，788 年以前文献中称为"回纥"，788 年以后至 13 世纪 70 年代则称为"回鹘"，13 世纪 70 年代至 17 世纪 40 年代称为"畏兀儿"，17 世纪 40 年代到 20 世纪初则称为"回部""缠回"，1935 年称为"维吾尔"并一直沿用至今。斯坦因在写作本书时尚没有"维吾尔"这一官方名称，故原文中将"维吾尔人"写作"突厥人"，将"维吾尔语"写作"突厥语"。本书中文译本除探讨古突厥人或所指民族无法明确时译作"突厥"，其余情况均译作"维吾尔"。请读者朋友知悉。——译者注
② 原文为"中华帝国"（Chinese Empire），是西方对古代中国的泛称，为避免与袁世凯称帝期间的"中华帝国"混淆，本书下文中统一译作"中国"。——译者注
③ 赛里斯（Seres），意为"丝国"，即产丝绸的国度，是古希腊和古罗马地理学家对于中国的中原及周边地区的称呼。——译者注
④ 塞林提亚（Serindia）是英文"Seres"和"India"两个地名合成的地域名称，指代范围大致与"西域"一致，本书下文中统一译作"西域"。——译者注
⑤ 1 英里合 1.609 千米。——译者注
⑥ 1 英尺合 30.48 厘米。——译者注
⑦ 亨利·尤尔爵士（Sir Henry Yule），苏格兰东方学家和地理学家。——译者注

国疆域横跨中国海①与多瑙河之间广袤土地的数个世纪中，不少欧洲使节、耶稣会士以及以威尼斯人为代表的商人群体，都曾往返于这条连接欧洲与中国②的路网之上。斯坦因熟读中国史籍译本，了解其中记载的公元前138年至公元前115年，汉武帝遣使到西域，开辟东西方之间丝绸之路的历史事件。丝绸之路不仅是名贵货品运输的商贸通道，还促进了佛教圣像和典籍的文化传播，布道者和朝圣者由此将这种印度原生宗教带到了远东地区。斯坦因有理由相信，从马可·波罗所处的时代，到他本人生活的时代，没有任何一位西方人曾完整穿越过这条连接印度与中国的陆路通道。他几乎是凭借一己之力出色地完成了这项艰巨的任务：破译了中亚历史的密码，对这片广袤的区域进行了尽可能详细的调查。作为一名学者，他掌握并且熟练运用东方语言；他做学问一丝不苟，而且愿意，甚至称得上是渴望将自己掌握的材料与其他学者共享。作为一名田野考古学家，他规划了艰苦的长期调查活动；作为一名探险家，他充满活力、耐心和决心——这是在与世隔绝、条件艰苦的地方生存、工作和旅行所需具备的先决条件。他从不追求安逸，也没打算休息，他完全不是装模作样，也不会吹嘘自己。他本人"个头不高，面色红润，双眼有光"——芙蕾亚·史塔克③在1932年见到他之后这样描述他。她还补充道："他得体的举止颇具欺骗性，实际上他是个我行我素的人。"

① 中国海（China Sea），泛指濒临中国的海域。——译者注
② 原文为"北平"（Peking），此处代指中国。为表中立立场，常有使用首都代指国家的情况。——译者注
③ 芙蕾亚·史塔克（Freya Stark），意大利和英国的探险家和旅行作家。——译者注

从斯坦因首次深入开伯尔山口①地区勘察，到1943年他去世时，年近82岁的他正准备在喀布尔②进行新的发掘，在这45年间他开展了一系列探险活动。这一系列探险活动旨在还原中亚地区古代史和史前史（当时这个词刚被创造出来不久）中缺失的一章，从而解读该发展地区的山脉与沙漠所传达的地理语言，探究这些巨大屏障也无法阻隔的东西方文明的交流。这解释了为什么斯坦因要持续在这些偏远地区探险。这些地区不仅能够解答他中亚之行的种种疑问，或许还能为同时代的其他考古工作提供参考。斯坦因分别在1900年至1901年、1906年至1908年、1913年至1916年以及1930年开展过四次中亚探险。他的田野调查工作可分为三方面。

首先，印度河流域摩亨佐 - 达罗③和哈拉帕④古城的考古发现（1923—1925年）势必激发了斯坦因的兴致和思考，并促使他进行探索。这些此前不为人知的、比雅利安人更早在此定居并建造大型城市中心的群体，是否曾与高度发达的美索不达米亚文明有过接触？为了通过考古学印证这种文化接触是否存在，斯坦因（于1927至1936年间）踏上了深入巴鲁支斯坦⑤和伊朗西南不毛之地的一系列旅程。他成功发现了一些新石器时代和红铜时代⑥

---

① 开伯尔山口（Khyber Pass），连接阿富汗与巴基斯坦的重要山口。——译者注
② 喀布尔（Kabul），今阿富汗首都。——译者注
③ 摩亨佐 - 达罗（Mohenjo-daro），印度河流域文明的重要城市遗址，大约建于公元前2600年。——译者注
④ 哈拉帕（Harappa），印度河流域文明的一座防御性城市遗址，大约建于公元前3300年。——译者注
⑤ 巴鲁支斯坦（Baluchistan），今巴基斯坦西部的俾路支省。——译者注
⑥ 红铜时代（Chalcolithic），亦称铜石并用时代，是新石器时代和青铜时代之间的过渡性时期，以使用红铜为标志。——译者注

的人类聚落遗迹，勾勒出印度河流域城市与更古老的美索不达米亚文明之间的线索（但至今仍有许多未解之谜，比如这些印度河流域居民来自何方，以及他们使用的书写语言的含义）。

其次，斯坦因勘明了丝绸之路西出中国的路径，也探究了中国人是如何运用军事手段平定横行劫掠的游牧民族骚乱（匈奴人长期以来都是严重威胁）、维护这条连接西方通道安全的。在此基础上，他还希望能够调查清楚这条道路西端的终点是哪里。这就意味着需要找到罗马帝国东界与安息帝国沟通的节点——这些重兵把守的商贸中心就是向罗马贩运货物的中亚商队旅程的终点。鉴于丝绸之路也传播了思想和艺术风格，斯坦因也希望能够找到亚历山大大帝建立的希腊殖民地，亚历山大大帝的军队向东深入很远，甚至抵达了旁遮普[①]地区，此后，疲惫的将士不愿再继续前进（亚历山大大帝的兵营被称作"移动的都城"）。作为亚历山大大帝环球帝国的根基，马其顿人建立了约70座新城，城中的希腊人与亚洲人混杂而居，训练有素的工匠将希腊式艺术引入了亚洲。在数次短途探险的过程中，斯坦因发现了一些希腊式佛教艺术[②]的诞生地，这些希腊式佛教艺术中心对于数千英里之外的亚洲腹地也产生了影响（为了找到这些亚历山大在西亚各地

[①]　旁遮普（Punjab），印度河中上游地区。——译者注
[②]　希腊式佛教艺术（Greco-Buddhist art），形成于印度北部地区，由亚历山大大帝希腊化时代（约公元前4世纪）开始，发展时期经历了大夏、印度－希腊王国、贵霜、犍陀罗等王国，直至伊斯兰教传入（公元7世纪）。这时期出现大量受希腊艺术风格影响的佛陀形象，后随丝绸之路上宗教的交流传入西域等地，影响了东南各地的佛教和石窟风格。引自（日）宫治昭著、李萍译《犍陀罗美术寻踪》，人民美术出版社，2007年。——译者注

建造的城市，斯坦因首先需要勘明亚历山大从埃尔比勒 ① 大捷至退守巴比伦 ② 这一时期的行军路线和古战场的位置）。

　　尽管这些在西亚开展的短期考古工作具有重要意义，但斯坦因的主要贡献还是其在中亚地区开展的探险活动，伦纳德·伍利爵士 ③ 称之为"向古代世界发起的最具胆识和冒险精神的史无前例的冲锋"。

　　斯坦因是唯一参与这些探险活动的欧洲人，身兼组织者、领队、翻译、秘书、考古学家、地理学家、制图人多重身份于一身。同行人员中有两名来自印度考古调查局的工作人员和几位车夫，此外，还有他在当地雇用的各色人等协助发掘。斯坦因就是靠着这支不像队伍的队伍，发掘了许多黄沙之下荒废的古代绿洲人类聚落——强烈的风蚀作用几乎抹去了它们存在过的痕迹。他的工作还不止于此：他将从蛮荒环境中抢救出的大量文物悉心包裹好，用骆驼将它们运到中亚以外最近的铁路枢纽，再转运至德里和伦敦进行展示与研究。在四次探险活动中，斯坦因徒步和骑马的距离加起来超过 25000 英里。他每次翻越帕米尔高原时，都会选择一条不同的路线，穿越不同的隘口。他环绕过塔克拉玛干沙漠，也从南北最宽的地方穿越过它，甚至在凛冬到来之时仍持续进行发掘。在气温降到零度以下时开展工作实为明智之举，虽然这样的温度足以将他钢笔中的墨水冻住，但也利于将遗址中冻成冰的积水切割成块并用骆驼运走。

---

① 埃尔比勒（Arbela），今伊拉克北部城市，亚历山大大帝曾于公元前 331 年在此战胜大流士三世。——译者注
② 公元前 324 年，远征归来的亚历山大大帝的部队在巴比伦发生哗变。——译者注
③ 伦纳德·伍利爵士（Sir Leonard Woolley），英国考古学家，以发掘美索不达米亚的乌尔而闻名，1935 年因在考古学上的贡献而获得爵位。——译者注

　　中国西域一度是人口众多、繁荣兴盛的地方。冰雪融水汇成
的溪流从雪山间流淌下来，滋养了农田和果园；当时肥沃的绿洲
面积广阔，绿洲所孕育的城镇也比现存的城镇数量更多、规模更
大、繁荣程度更高。当时的塔里木盆地为往来于亚欧大陆间的商
队提供了更加优渥的条件。每次当地的寻宝者带领斯坦因到达目
的地时，那些遗址都讲述着相同的亚欧大陆交流史。在消亡已久
的庙宇中，斯坦因让泥塑、浮雕甚至壁画重见天日，他还在房屋
的废墟中发掘出数以万计的古代文献。他收集了各种各样语言的
手稿，书写载体有简牍、桦树皮、棕榈叶、纸张和丝绸，上面的
文字包括旁遮普地区的贵霜帝国统治者使用的婆罗米文[①]；曾作为
阿契美尼德帝国[②]官方语言，并且今日居住在布哈拉和撒马尔罕[③]
的伊朗人仍在使用的阿拉米文[④]；印度西北部出土的铸币和碑记中
亦有使用的佉卢文[⑤]；以及藏文和汉文。一些语言仍尚未被破译。
所幸其他大多数——尤其是汉文文献——是纪年的，我们由此可
以确定那些历史事件发生的时间。

---

① 婆罗米文（Indian Brahmi），是除尚未破解的印度河文字以外，印度最古老
的文字。——译者注
② 阿契美尼德帝国（Achaemenian Empire），也称波斯帝国或波斯第一帝国，是
古代波斯地区第一个把领土扩张到中亚和西亚大部分地区的帝国。——译者注
③ 撒马尔罕（Samarkand），今乌兹别克斯坦撒马尔罕州首府，历史名城。——
译者注
④ 阿拉米文（Aramaic），也称亚兰语，是闪米特语族（闪族）的一种语言，与
希伯来语和阿拉伯语同属一个语族，已有约 3000 年的历史。——译者注
⑤ 佉卢文（Kharoshthi），也称犍陀罗文，是一种通用于印度西北部、巴基斯
坦、阿富汗和中国新疆一带的古老语言，是丝绸之路上重要的通商语文和佛教语
文，最早发现的佉卢文可追溯至公元前 251 年，至 3 世纪逐渐消失，7 世纪被彻
底遗弃。目前我国学者认为佉卢文是我国新疆地区最早使用的民族古文字之一，
但斯坦因从历史源流的角度考虑将佉卢归为"印度文字"，下文中存在用"印
度文字"指代"佉卢文"的情况，请读者朋友知悉。——译者注

斯坦因的收藏证实了中亚见证过许多国家之间的交流。该地区先是由中国汉朝的皇帝控制，他们认为塔里木盆地对于帝国至关重要，因此在绿洲沿线的战略要冲驻扎了军队，以保护这条咽喉要道。驻扎在这些军事桥头堡的多为印度–斯基泰人①，他们是北匈奴②人的宿敌，将后者彻底击败并将其从西域的故土驱赶到更靠西的粟特③。另一支印度–斯基泰人部族建立了贵霜帝国，以旁遮普地区的塔克西拉作为首都；帝国的伟大国君迦腻色迦王（公元144—173年④）是大乘佛教⑤的忠实信徒。受此影响，佛教也在西域广泛传播：在比贵霜帝国疆域更靠东的地方也发现了最早的印度文字写就的文献，旁遮普地区神庙的那种希腊式佛像也被用于装点西域地区的窣堵坡⑥。但是二者有着微妙却显而易见的差异，随着西方艺术风格逐渐向东方深入，它不可避免地会在与伊朗和中国艺术风格接触的过程中产生变化。

公元10世纪，唐朝覆灭，远离中原的西域地区很快被遗弃。随着负责维护灌溉工程的官员离开，许多绿洲只得任由变化

---

① 印度 – 斯基泰人（Indo-Scythians），是伊朗人中的塞迦人和斯基泰人，以游牧为生，他们在公元前2世纪中叶到公元4世纪之间，向南迁移到南亚西部和北部。——译者注

② 北匈奴（Northern Huns），匈奴的分支之一，相对于移居在汉地河套一带的南匈奴而言，居住在漠北一带的匈奴人群被称为北匈奴，在与汉朝的连年战争后，两度西迁至新疆，进入哈萨克一带，之后就没有了记载。——译者注

③ 粟特（Sogdinana），由大小不一的绿洲国家组成，位于中亚锡尔河与阿姆河之间的地带。——译者注

④ 如今的历史学家普遍认为迦腻色迦王的在位时间为公元127年至150年。——译者注

⑤ 大乘佛教（Mahayana Buddhism），以成佛为目标的修行。由于菩萨修行是成佛前必须经历的修行阶段，因此大乘佛教尤其尊崇菩萨修行。——译者注

⑥ 窣堵坡（Stupa），中文也称"塔"或"浮屠"，佛教建筑，主要用于供奉和安置佛祖及圣僧的舍利、经文和圣物，外形是一个圆冢的样子。——译者注

无常的河流改道并绕过原有的灌溉沟渠。渐渐地，曾经适宜耕种庄稼和树木的土地失去了肥力，人口也逐渐减少。尽管丝绸之路沿线的环境在此后的几个世纪中出现恶化，但它仍持续作为重要的交流通道：中国的香客仍通过它前往印度（尽管越来越多的人开始取道海路），商队也仍在这条路上奋力跋涉。至元时，当马可·波罗等人前往中国时，仍走的是丝绸之路。而当欧洲进入地理大发现的时代①，这条连接东西方的大道已经被人们忘却。

　　斯坦因的文字温和适度，我们从中可以了解一段鲜为人知、迷人而且极其重要的历史，它的讲述者虽身处陌生又可怕的环境中，却怡然自得。阅读他关于四次中亚探险活动的记述，既是一种享受也是一种学习。奥莱尔·斯坦因的著作是其成果的自然流露。其中辑录了他所收集的海量材料，内容丰富，形式多样。斯坦因到访过尼雅古城、圆沙古城②、安迪尔古城——这些和田地区的遗址曾经也有人耕作、居住、祭祀，而今已被黄沙掩埋；他也寻访了丹丹乌里克、楼兰、米兰——它们曾经令人魂牵梦萦的名字如今也已经被遗忘；他还走过了长城沿线不知名的烽燧——遗址上的垃圾堆至今仍然散发着恶臭，从中出土了大量官方文献；最终他获得了探险经历中最引人注目的发现：敦煌千佛洞。

　　斯坦因的任何一项发现都不是偶然，正如他的一位同行所说，他在语言学、地理学和历史学方面做足了准备，"他知道他要找的是什么"。他之所以前往中国西北的绿洲，是因为他读过匈

---

① 　地理大发现时代（Age of Discovery），也称大航海时代，以欧洲人的远洋探索为标志，时间区间约为 15 世纪到 17 世纪。——译者注
② 　原文为克里雅（Keriya），河流名，圆沙古城位于克里雅河尽头，如今已被沙漠吞没。——译者注

牙利地理调查学会编写的引人入胜的报告（1879年），该学会的成员也是亲眼见到那些精美石窟寺的第一批西方人。但当斯坦因抵达那里后，他敏感地捕捉到一则传闻："有人偶然间发现了大量古代经卷。"即便是他这样性格温和的学者，在讲述自己如何经历了漫长的等待和细致的磋商后，终于拿到这些无价的经卷样本时，仍难掩激动之情。他常用"十分惊喜"来形容自己当时的感受。

斯坦因的中亚探险主要参考了早先两位探险家留下的记述。其中当然包括伟大的欧洲中世纪旅行家马可·波罗，斯坦因踏着他的足迹翻越了被称作"世界屋脊"的帕米尔高原，穿越了可怕的"罗布沙漠"，进入甘肃和中国内地。比这位威尼斯人①再早6个世纪，还有一位伟大的旅行家曾留下了关于他从中国到印度旅程的记载。此人名叫玄奘，是一位虔诚的朝圣者，斯坦因称他为"守护神"。玄奘在回国后所撰写的著作②中将自己游历和学习数年的地方称为"西域"，他从那里带回了大量佛教圣物和经书。在这两位古代旅行者和漫游者留下的两部经典著作的基础上，斯坦因又增添了第三部——《西域考古记》。

吉纳特·米尔斯基

---

① 指马可·波罗。——译者注
② 指《大唐西域记》，由玄奘口述，弟子辩机撰文。——译者注

目 录

▶▶ **CONTENTS**

第一章

鸟瞰亚洲腹地

—————

　　我曾有幸受印度政府之托，三度深入亚洲腹地探险，本书旨在回顾其中最具特色的一些经历。最初一次探险活动始于1900—1901年，随后在1906—1908年和1913—1916年又分别进行过两次。在共计近7年的光景里，我骑马和徒步的距离加起来约有25000英里。

　　以这种颇为古老的出行方式跨越如此长的距离，在漫长的时间里开展系统调研，是认知这片广袤且富于人类历史实物遗存的区域的恰当方式。这片区域包括西域及其周边地区，向西可至阿姆河①，向东可达中国内地。尽管此地不论是山区还是被黄沙覆盖的平原都十分荒凉，但却是历史记载中颇为重要的区域。该地区数世纪以来一直作为印度、中国和希腊化西亚地区早期文明交流的通道，谱写了文化史上绚烂多彩的篇章。这些文明留下了大量各种各样的遗迹，干燥的环境使它们得以保存至今。支撑我在该地区严酷的自然环境中进行探险的动因就是探寻这些古代文明遗迹。

　　但是以今日的眼光来看，这片亚洲腹地的土地在经济和政治

—————

① 阿姆河（Oxus），中亚最长的内流河，流经今阿富汗、塔吉克斯坦、土库曼斯坦和乌兹别克斯坦。西方历史文献中称其为"Oxus"，中国文献中则称其为"乌浒水""妫水""暗木河"或"阿木河"。——译者注

方面的重要性不高，自然名胜和资源更少。因此，我首先需要介绍该地区的总体特征，以便读者理解为什么它在过去如此重要。我会在前几章进行一番概述，让读者鸟瞰该地区的全貌，然后用粗线条勾勒出我们所了解的历史演进过程。

我在亚洲腹地的几次探险大致跨越了那些高峻的干旱盆地，它们差不多正好横亘在亚洲东西交流的核心廊道上。这条纵贯线路的北面是高耸的天山，南面是积雪覆盖的昆仑山脉，昆仑山再往南就是西藏。该地区东至南山①，它本身也是昆仑山的余脉，形成了与太平洋流域的分水岭；西接帕米尔高原②的群峰，即古人所说的伊摩斯③，连接天山与兴都库什山，这些群峰再往西就是阿姆河的源头。

从地图上看，这片辽阔的地区似乎是大自然有意横亘在全球几个重要文明之间，阻隔文化交流的屏障。在这片东西直线距离约1500英里、南北宽度逾500英里的区域内，只有一连串绿洲适宜生命生存，而且它们中除少数几片外，大多面积较小。其他的地方都被辽阔的沙漠覆盖。不论是高耸的山脉、布满碎石的襟连荒丘，还是遍布流沙的平原，几乎到处都是黄沙，滴水全无。

正是由于该地区的大部分区域都极度缺水，我们认为它称得上是"真正的沙漠"。我之所以着重强调"真正的"这个词，是为了让我的读者明确知道，我们将要涉足的地方完全不同于圣经

① 南山（Nan-shan），是祁连山脉最北的一条支脉，因位于河西走廊以南，故称南山，今称走廊南山。——译者注
② 帕米尔高原（Pamirs），位于中亚东南部，地跨塔吉克斯坦、中国和阿富汗三国，天山、昆仑山、喀喇昆仑山、兴都库什山交会于此。——译者注
③ 伊摩斯（Imaos），山脉名，出自托勒密的《地理志》（又译《地理学指南》），是西方人对于帕米尔高原以东的南北向山脉的称呼。——译者注

故事、阿拉伯旅记、美洲或南非的风景画中所描绘的沙漠。我斗胆称它们为"温驯的沙漠"以示区分，它们顶多能够震住城镇居民，尤其是那些居住在拥挤城镇中的人们，这些人会被它们的偏远、空旷和宁静所震撼。生活在这些沙漠中的部族兜兜转转总可以找到水源和牲畜的牧场，至少在特定季节如此，他们在离开家园或是被敌人追赶时，也能够找到临时庇护所，而天山和昆仑山之间的巨大盆地则完全是另一种情况。

这片盆地中的大部分区域都被沙丘连绵的塔克拉玛干沙漠和罗布泊盐碱板结的荒原或风蚀地貌所占据，自西向东绵延超800英里。缺水的环境不仅让这里人迹罕至，甚至所有动植物都无法生存。这里的条件几乎像高海拔山地和昆仑山一样都是生命禁区。只有在一些高地上，由于有冰川提供水汽，植物能够在半极寒的条件下，在一年中生长数月，或是在狭窄的深谷底部极其有限的区域内，由于有冰川融水形成的溪流，也有一些植物生长。得益于这些溪流，流域沿线分布着一些绿洲，东部的盆地中则没有绿洲，除非有灌溉沟渠，否则不可能在那里种植出任何作物。显然，大气中几乎没有水汽，这是盆地所处的地理位置所决定的。只消看一眼地图便可知这里距离两边的海洋和生命赖以生存的水汽有多远。

显然，该地区虽然辽阔，但景观十分单调，大自然吝啬给予人类生存所需的资源，却试图将其全部占有。尽管如此，我们还是可以通过一些显而易见的地理特征，将这片土地划分成为几个易于识别的区域，我们将快速地逐一探访它们。

我们可以从西部的峰峦开始，这不仅仅是因为西方文明 ①、

① 此处指古典时代广义的希腊 - 罗马文明。——译者注

印度和波斯的影响最早由此深入亚洲腹地，直至传入中国，还因为这里的山障比周围的山脉更加引人瞩目——我指的是宏伟的南北向山脉，穿过它高旷的山谷再向西，就是我们常说的帕米尔高原。其北接天山，南连冰雪覆盖的兴都库什山脉，古时被称作伊摩斯。托勒密[①]在《地理志》中明确提出，该山脉是划分两个斯基泰族群[②]——内伊摩斯人和外伊摩斯人——的界山。这两个族群的领地也确切地对应着先辈所讲的内鞑靼和外鞑靼[③]，并与我们今日所说的俄属中亚[④]和西域相对应。阿姆河和塔里木河流域的分水岭便位于这个区域。值得注意的是，海拔超过 25000 英尺的高峰都分布在分水岭东部一线。

至于这条高海拔线以西的帕米尔高原谷地，还有赖于阿姆河源头及其支流滋养的大部分地区，在这里不做赘述。我们将在之后的章节中予以探讨，并将议及自古以来生生不息的贸易与文化交流路线，这些交通大动脉将中国内地和塔里木盆地与阿姆河流域地区联系起来，进而延伸至印度。

如果我们沿着刚才提到的路线向东走，通过曲折干旱的峡谷，就可以到达巨大的内陆盆地——塔里木盆地的西部边缘。在我们继续考察占据了塔里木盆地大部分地区的塔克拉玛干沙漠之前，先快速一览环绕盆地分布的这些大山；因为如果不是山上的

---

① 托勒密（Ptolemy），希腊地理学家、数学家、天文学家。——译者注
② 斯基泰人（Scythias），生活在东欧至中亚一带的游牧民族。——译者注
③ 鞑靼（Tartary），指中世纪受蒙古人统治的自东欧至亚洲的广大区域。——译者注
④ 俄属中亚（Russian Turkistan），1867 年俄罗斯帝国征服突厥斯坦西半部后建立总督区，辖区覆盖哈萨克斯坦草原以南绿洲地区（布哈拉汗国和希瓦汗国除外），首府塔什干。今吉尔吉斯斯坦、土库曼斯坦、乌兹别克斯坦和塔吉克斯坦属于旧时俄属中亚的范围。——译者注

冰川向盆地输送融水，加上塔里木河在干涸前将这些水汇集在罗布泊，这片广阔的地域将没有任何形式的生命的存在。

在盆地的南侧，是连绵不绝的昆仑山脉形成的屏障。这道屏障西起帕米尔高原，几条冰川覆盖的高大山脉与之平行，使之更加牢不可破，其中就包括喀喇昆仑山脉，它是与印度河流域的分水岭。叶尔羌河及其支流发源于此，它是塔里木河的主要支流。在山谷高处生长着极其有限的牧草，仅能勉强满足几户分散的柯尔克孜族^①牧民所需。途经此处的商路最终都要汇集到喀喇昆仑山口。这处海拔约有 18200 英尺的山口是通往拉达克和印度河谷最上游的唯一通路。但我们没有在古代文献中发现相关记载。

由此向东，不管使用何种交通方式，昆仑山都是不可逾越的屏障。浇灌和田绿洲的两条河流——喀拉喀什河^②和玉龙喀什河都发源于这片山区最北端的主脉，其山脊线的高度接近 20000 英尺，绵延近 300 英里。翻山的通道主要分布于极深的峡谷之中，大多无法通行。由于冰川覆盖的山脉北坡极其崎岖，即便山谷高处的地势相对宽阔，也只有登山高手能够通过。昆仑山以南是广阔的西藏高原，平均海拔高度为 15000 至 16000 英尺，资源极度匮乏，同样是难以逾越的天险。那里没有牧草和燃料，许多地方甚至没有可饮用的水。

昆仑山以北，位于塔里木盆地中的和田地区，呈现出截然不同的地貌特征，但几乎同样荒芜。在侵蚀作用下，从山区向黄土

---

① 柯尔克孜族（Kirghiz），中国少数民族，生活在中国以外的同源民族汉译称作"吉尔吉斯族"。——译者注
② 喀拉喀什河（Kara-Kash），古称"葱岭北河"，发源于和田的喀喇昆仑山。玉龙喀什河（Yurung-kash），古称"计式水"，发源于昆仑山。——译者注

覆盖的辽阔准平原过渡的区域，形成了陡峭的锯齿状山脊和深切的峡谷，宛若一座完美的迷宫。这种地貌只能是在长期流水作用下形成的，但这些没有植被保护的荒芜山坡只有在极少数时候才会迎来大雨或大雪。

在玉龙喀什河源头的冰川地带以东，俯瞰塔里木盆地的群山向东北方向延绵400余英里。整条山脉的北侧是布满砾石的陡坡，坡底部分地区宽度可达40英里以上，举目之处一片荒芜。

塔里木河转弯并最终在罗布泊中消失的地方以南，环绕盆地的山障向东绵延，山势逐渐下降。此地距离拉萨有700多英里，被称作若羌绿洲[①]，即中国古代鄯善的所在地，现在也是塔里木盆地这一地区唯一的永久性定居点。我们有理由相信，此地的山间路网曾在某一时期作为南来的藏族和游牧民族进犯西域的通道。印度洋和太平洋的季风洋流为西藏和柴达木的高谷和高原带来了生命所需的水汽，但这些水汽无法深入环绕塔里木盆地北侧的山脉中。这些山脉向南伸出的宽阔荒芜的山坡上，一些地方是裸露的砾石，其他地方则布满流沙，山坡向下延伸至一大片荒芜的板结盐碱地，那便是过去的罗布泊干涸后的湖床。我们在后文中还会再提及它。

塔里木盆地东端再往东，昆仑山不知不觉地融入南山之中。南山西段可以俯瞰疏勒河[②]谷，二者并行逾200英里，南山北坡的干燥环境和严重侵蚀的地貌特征，与我们熟悉的昆仑山很相似。

---

① 若羌绿洲（Oasis of Charkhlik），位于今新疆南部，为塔克拉玛干沙漠南缘的冲积平原。——译者注

② 疏勒河（So-lo-ho），古名籍端水，甘肃河西走廊内流水系的第二大河。——译者注

但是，进入疏勒河谷以东的南山中部后，气候明显变得更加湿润。该现象表明此地已经接近太平洋流域，即从黄河向北延伸至甘肃省毗邻地区、向南延伸至西藏东北部高地之间的区域。受太平洋气流在一年中不同季节带来的水汽滋养，就连肃州河 [①] 流域最西端的山谷也布满了丰富的植被。看惯了荒凉的昆仑山，能够在肃州河和甘州河 [②] 源头的开阔河谷见到这样一片优质的夏季草场，无疑令人眼前一亮，不过这里的海拔依旧很高，部分地区甚至超过 11000 英尺。再往东南，越来越多的降雪和降水使得南山最北端的甘州河流域谷地中出现了长势茂盛的森林。

我们此时已经接近于汇入太平洋的黄河流域的分水岭，也是我们所谈论的这片广阔的亚洲腹地的东侧边界。我们明显可以看到，甘州绿洲边缘以东，南山脚下的肥沃土地无须灌溉，仅靠降雨和降雪就能够进行耕种。但这些水汽是无法抵达海洋的。

文至此处，我们必须折返回去，以完成我们环绕山脉的考察。额济纳河 [③] 携带着发源自南山的水流，向西注入一片干燥的盆地，北山 [④] 荒芜的山脉和高地将盆地围合起来。这些山岳交会于同样干旱的"库鲁克塔格 [⑤]"之中，"库鲁克塔格"是维吾尔语，

---

① 肃州河（Su-chou river），位于今甘肃省酒泉市，又称白河、临河、北大河。——译者注

② 甘州河（Kan-chou river），位于今甘肃省张掖市，黑河的上游称为甘州河，弱水源流之一，黑河是甘肃河西走廊的最大内陆河。——译者注

③ 额济纳河（Etsin-gol），又称弱水、黑水，为河西走廊黑河下游段。——译者注

④ 北山（Pei-shan），即甘肃北山，又称走廊北山，由西至东包括马鬃山、合黎山和龙首山等。——译者注

⑤ 库鲁克塔格（Kuruk-tagh），意为"干燥的山"，古又称墨山，位于今新疆罗布泊北。——译者注

意为"干燥的山"。这片山脉向西蜿蜒 400 余英里，其间的环境
既不适合定居生活，也不适合游牧生活。北山和库鲁克塔格构成
了一道屏障，将两端如今相距最近的可耕种土地隔绝开，南北之
间至少有 200 英里宽。

这片"戈壁"东部和西部山间古老断层的低洼处，有零星的
咸水井和泉水，能够满足少量旅人的用水需要，因此形成了一条
线路。但这个区域常有从东北方向吹来的强风，即便是在晚春，
也异常寒冷，所以旅人往往惧怕穿越这里。

哈密绿洲以东是天山山脉的起点，天山由此向西绵延不绝，
形成了塔里木盆地北侧的一道天然屏障。山脉各处的高度和宽度
迥然不同，但无论何处，在气候及与之相关的各方面，它都是塔
里木盆地和北部毗邻地区之间一道鲜明的分界线。天山以北是准
噶尔高原，向北延伸至西伯利亚的最南端，该地区还有大片的肥
沃谷地。由于此地气候明显更加湿润，平原和山谷都有草场，自
古以来吸引着大批游牧民族，包括匈奴人、突厥人和蒙古人。

尽管天山山脉的屏障延绵不绝，但山间有可供人马和载具穿
行的通道，且一年中有相当长的时间可以通行，这为天山北部的
游牧民族侵袭南方的绿洲和商道提供了机会。

在吐鲁番盆地的西南方向，从裕勒都斯①的高山草场到焉耆
的宽阔山谷地势渐低，这里自古就是游牧民族入侵塔里木盆地东
北地区的通道。继续向西，库车绿洲和喀什②绿洲同样因地理条
件相对较好而容易受到来自天山另一侧的游牧民族侵袭。

---

① 裕勒都斯（Yulduz），地域名，因裕勒都斯河得名，也称玉勒都斯。裕勒都
斯草原即今日的巴音布鲁克草原。——译者注
② 喀什（Kashgar），古称疏勒。——译者注

说罢环绕塔里木盆地的山障，现在让我们对盆地本身进行一番简要的调查。塔里木盆地东西长约 900 英里，最宽处足有 330 英里，由此可知它的面积十分广阔。盆地面积虽然庞大，但环境比较单一，我们因而可以一览其中的几个代表性区域并作简要描述。目前看来，盆地中最大的一片区域是其中部由光秃秃的沙丘组成的无垠沙漠，即人们熟知的塔克拉玛干。

除了和田河能够在夏季的几个月中穿越塔克拉玛干沙漠，其他发源于昆仑雪山的众多河流都无法做到这一点。所有其余的河流一旦流出绿洲或其毗邻的沙漠植被区，再流经一段或长或短的距离后，便都会消失在这片"沙海"中。但在历史上，其中一些河流能够流淌到如今的河道终点以北远得多的地方。我在塔克拉玛干沙漠中发现的几处古代遗址，足以证明这一点。

这些探索发现使我更加认识到这片广阔沙漠的整体特质，它可能是地球上所有沙丘覆盖的不毛之地中最可怕的一个。旅人无论是从绿洲边缘的农田还是从沿河的丛林地带进入它，都会先经过一片沙漠植被区，那里主要有柽柳、野生杨树或芦苇之类的植物，生长在不深的流沙中。该地区有一种奇特而有趣的地貌——"柽柳沙包"，这是一种圆锥形的小土丘，通常近距离分布在一起。在柽柳生长的地方，流沙缓慢而持续地堆积着，起初很低，经过数百年堆积，则可高达 50 英尺以上。继续深入塔克拉玛干沙漠，能够露出沙丘的只剩下一些早已枯萎发白的树干，柽柳沙包中的柽柳也已经死去很久，沙包甚至吞没了柽柳。最终就连这种情形也见不到了，只剩下连绵不绝的荒芜沙丘，它们在有些地方甚至高达 300 英尺以上。

肥沃的黏土在风蚀作用下，风化瓦解成为细密的颗粒，最终形成这些沙丘。一年中相当长的时间里，都有强风——特别是东北风——吹过这片沙漠盆地，但凡是没有沙丘覆盖或是没有沙漠植被保护的裸露地面，柔软的表层黏土就会被风不断刮削。沙漠中古遗址的所有建筑遗迹，甚至古代果园和苗圃的遗迹，往往都位于像小岛一样的台地上，高于一旁的风蚀荒地。倒塌的残垣断壁和树干保护了土壤不受侵蚀，从而维持了地面原本的高度，而周围的地面则被侵蚀得越来越低。

塔里木盆地中能供人类永久居住的地方仅限于塔克拉玛干沙漠与环绕沙漠的山脉之间的一小片绿洲。由于环境极度干旱，这里需要完全依赖灌溉沟渠才能耕作。同时，因为大气中的水汽有限，只有狭窄的河畔丛林地带能够放牧。这就说明了为什么在过去的两千多年间相继占领天山北坡的乌孙人、塞迦人、月氏人、匈奴人、突厥人、蒙古人等游牧民族，虽时常偷袭塔里木盆地的绿洲，或是迫其臣服，但却从未翻越山岭，永久地占领这些地方。对他们来说，只要占有或征服了广阔的草场，这种仰赖灌溉的绿洲中耕种者辛劳且受限的生活就没什么吸引力了。

塔里木盆地内的耕地与沙漠相比，只占极微小的比例。从地图上看，代表盆地绿洲的绿色在代表沙漠的黄色和浅棕色映衬之下，看起来就像是大画布上的一些斑点而已。干旱的气候造就了这些绿洲出奇一致的面貌。不论绿洲的位置和大小，到处都能看到同样的麦田、玉米田或棉花田，略有层次，以便灌溉；同样的蜿蜒小路，两旁是白色的杨树和柳树；同样的苗圃和果园，旅人可以在树荫下休息，品尝与欧洲相同的丰富水果。

塔里木盆地中，还有东部尽头低洼的罗布泊等待我们考察。这个洼地中央最为瞩目的地貌特征是巨大盐渍板结的湖床，我们的调查证明，它从西南向东北延伸出整整 160 英里，最宽处约为 90 英里。这里曾是一处形成于史前时期的咸水湖，当时中亚的气候比较湿润，这里汇聚了塔里木盆地流域的径流。两千多年前当中原汉人[①]初到此地，这里就已经展现出与现在相同的令人生畏的环境了。在西北方向毗邻这片干涸湖床的区域，虽然现在同样毫无生机，黏土地被薄薄的流沙覆盖，受到严重风蚀，仍可以明显看出一些干涸河床的痕迹。我们的调查证明，这里是已经干涸的"库鲁克达里亚[②]"形成的河流三角洲。在公元前 1 世纪至公元 1 世纪左右，滋润了焉耆河谷的孔雀河与塔里木河在此交汇，继而流向当时尚有人居住的楼兰古城。在过去的几年里，水文地理发生了显著的变化，这些河水又再次流入荒漠中的大部分地区。

自赫定[③]博士首次发现楼兰遗址以来，又陆续有很多遗址被发现，大量的考古证据表明，这里直到公元 4 世纪初都是"库鲁克达里亚"的河水流抵的最后一片绿洲。古代中国最早由疏勒河谷进入塔里木盆地的路线，便会经过这片曾经有人居住的土地，并穿越其外围干涸湖床上崎岖难行的盐碱地。在本书后面的一章中，我将介绍这片令人望而却步的无人之境真正的面貌，并对我穿越这片可怕沙漠追寻古代道路遗迹的艰难探索做出说明。

---

① 　原文写作"中国人"，由于古代中国的国家概念、历史疆域和民族构成经历了复杂的演变过程，为避免歧义，此处具体译作"中原汉人"，本书下文中的类似情况同理。——译者注
② 　库鲁克达里亚（Kuruk-darya），维吾尔语，"Kuruk"意为"干燥的"，"darya"意为"河"。库鲁克达里亚为孔雀河支流。——译者注
③ 　指斯文·安德斯·赫定（Sven Anders Hedin，1865—1952），瑞典地理学家、探险家、旅行作家。——译者注

这条中国的古道穿越了楼兰以东盐渍板结的湖床，然后转向东北方向的河谷低地。我们会穿过一处四周是迷宫般奇形怪状的风蚀台地的干涸湖床，然后进入疏勒河谷下游的三角洲及其尽头的沼泽地。

除了敦煌绿洲和几个小绿洲外，疏勒河盆地其他地方无人居住，我们无须久留；尽管盆地东西长约220英里，但自然特征一致，这种一以贯之的特点也体现在其历史地位方面。它的南边是高山，北边是沙漠荒原，在此形成了从中国西北通往中亚的一条天然"廊道"，因而十分重要。在后面的章节中，我还将讲述自己发现和探索用以保护这条廊道的中国古长城遗址的过程。

疏勒河盆地以东，有中国古长城的门户——著名的嘉峪关，那是我们前文提到过的干燥地区①的最东端。该地区从东南方向的甘州河源头以及与太平洋流域的分水岭，一直延伸到肃州河和甘州河汇流而成的额济纳河尽头的沼泽湖床。

当我们沿南山山脉最北端的山谷下行，可以看到这里在太平洋水汽的滋养下生长出茂盛的森林，接着我们来到一片宽阔且肥沃的冲积扇地带，海拔约有5000至6500英尺。由于地理条件优越，这里自古以来就成为中国和中亚之间一条非常重要的"交通要道"。

---

① 即前文中"库鲁克塔格"附近的干燥盆地。——译者注

第二章

中原王朝向中亚的扩张与文明间的接触

———————

　　说罢前面一章提到的南山北麓通道，我们便完成了对这一广阔区域的调查，在过去 1000 年的岁月中，这片地区见证了远东、印度和西方文明早期交流融合的重要历史进程。接下来，我们要从交流的层面快速回顾一下该地区主要的政治历史阶段，以便准确理解这一伟大进程。幸运的是，中国历代史书为我们提供了关于早期历史的可靠资料。

　　中原王朝为保护帝国不受到来自蒙古方向的匈奴人的不断袭扰，经过几个世纪的努力，终于在汉武帝时期（公元前 140 年 [1]—公元前 87 年）征服了南山的北麓地区。我们的故事要从张骞出使西域讲起。大约在公元前 138 年 [2]，汉武帝派遣年轻官员张骞出使大月氏——一个后来统治印度西北部的印度 - 斯基泰人部族。汉武帝此举意在联合大月氏，共同对抗中国的宿敌——匈奴，即后来同样出现在欧洲历史记载中的"匈人 [3]"。这些强大的游牧部落结成庞大的部落联盟，数百年间时常从蒙古一侧袭

———————

[1]　原文为公元前 140 年，实则应为公元前 141 年。——译者注
[2]　原文为公元前 138 年，实则应为公元前 139 年。——译者注
[3]　关于匈奴人与匈人是否同源目前仍存争议。本书中，斯坦因认为二者同源。——译者注

扰中国北部地区。张骞出使西域之前约 20 年，匈奴人将大月氏
赶出了南山北麓地区，于是他们向西迁徙，最后在阿姆河畔，即
今日的布哈拉地区 ① 建立了一个新的国家。张骞出使西域历经磨
难，甚至被匈奴囚禁长达十年之久，最终到达了大月氏，但是大
月氏拒绝返回故土向匈奴人复仇。尽管张骞未能达成此次出使的
直接目的，却开启了中国与其他文明在经济和政治关系方面的新
时代。

张骞出使西域历时 13 年，最终经塔里木盆地成功返回中土，
他出发时的随从有百余人，返回时仅一名同伴幸存。张骞带回了
他途经的中亚各国——包括位于如今费尔干纳②、撒马尔罕③、布哈
拉④ 和巴尔赫⑤ 一带富庶的西域诸国——以及更遥远的波斯和印度
地区的确切信息。正是张骞第一次让中国人了解到蛮夷环伺的边陲
之外还有十分开化的文明。汉武帝很快意识到，维系与这些民族交
往通道的安全，对于贸易和军事十分重要。在这位英明神武的君主
的统治下，汉朝安定稳固，于是便有了继续开疆拓土的西进政策。

这项政策最初意在开辟一条经塔里木盆地通往广袤的阿姆河
地区的道路。当时匈奴人控制着南山北麓，阻断了这条从中国通
往西亚各处人类定居地的天然通道⑥。因此，当时中国汉朝的主要
矛盾在于抗击匈奴。在汉武帝坚持不懈的努力下，他很快取得了

---

① 布哈拉地区（Bukharan territory），位于今乌兹别克斯坦西南部。——译者注
② 费尔干纳（Farghana），汉朝时大宛所在地。——译者注
③ 撒马尔罕（Samarkand），汉朝时康居所在地。——译者注
④ 布哈拉（Bukhara），汉朝时大月氏所在地。——译者注
⑤ 巴尔赫（Balkh），汉朝时大夏所在地。——译者注
⑥ 指河西走廊。——译者注

良好的战果。经过一系列战役的胜利，现在的凉州①和甘州②地区于公元前121年摆脱了匈奴的控制。匈奴人最终被迫后撤到沙漠以北。到公元前115年，这片安定下来的边疆地区划归酒泉郡（隶属于肃州）管辖。

除了沿着通往中亚的这条道路军事推进外，汉朝还迅速派遣了使节前往塔里木盆地内及盆地以西诸国进行政治活动，使节所到之处甚至远至巴克特里亚③和波斯地区。这些使节携带有一些手工业制品，以便让这些国家对中国汉朝的国力和富庶程度留下深刻印象。而这些手工业制品中，精美的丝绸制品无疑最令人瞩目。自此，丝绸开始经由安息④和叙利亚到达地中海，很快"织造丝绸的赛里斯人"（即中国人）的名声传遍了希腊和罗马文明的重要节点城市。丝绸贸易对中国经济的重要性显而易见，在数个世纪中，丝绸的生产一直为中国所垄断并受到悉心保护。

张骞——这位中国汉朝向西开疆拓土的先驱，被皇帝册封为"大行令⑤"，在公元前115年第二次⑥出使归来后一年左右便逝世了。但自他出使西域后，人员交流日渐频繁，据记载，"使者相望于道⑦"，甚至达到数百人。

这条新开辟的通道直接为中国汉朝的手工业品——特别是其

---

① 凉州（Liang-chou），今甘肃省武威市。——译者注
② 甘州（Kan-chou），今甘肃省张掖市。——译者注
③ 巴克特里亚（Bactria），中亚古地名，主要包括阿姆河以南、兴都库什以北地区。汉朝时为大夏所在地，上文中提到的巴尔赫为其首府。——译者注
④ 安息，今伊朗地区，西方史书中称其为帕提亚（Parthia）。——译者注
⑤ 大行令（the Great Traveler），汉初官职名，掌理"蛮夷"事务，后更名为大鸿胪。——译者注
⑥ 原文为"第一次"，系原作者笔误。——译者注
⑦ 出自《史记·大宛列传》。——译者注

中价值最高的丝织品——打开了新兴市场，从而帮助汉朝实现国内资源的获益。事实上，中国史书中有大量记载表明，汉武帝西进的伟大举措不单是出于政治目的，也具有与贸易相关的经济考虑。但是，即便不考虑联合好战的大月氏和天山以北的乌孙^①等部族对抗匈奴，在与西域地区交往的过程中也会遭遇各种麻烦，从而迫使中国汉朝采取向西进行政治和军事扩张的策略。没过几年，中国汉朝的使团就在穿越塔里木盆地的途中遭遇了严重困扰，一些小国的首领和居民切断了使团的食物补给，这显然是为了敲诈他们，甚至直接攻击他们。更糟的是，天山以北仍是匈奴人的势力范围，这些可怕的匈奴骑兵经常会出现在楼兰或罗布泊，"遮击使西国者^②"。

鉴于此，对南山北麓一带新拓展领土实施军事保护的需求很快凸显出来。中国汉朝对此也不是没有准备，早在第一次征服这条壮观的天然廊道后，便已开始在沿线修筑屯戍城池，并把前朝秦始皇为抵御匈奴侵袭而修建的长城向西继续延伸。

毫无疑问，将早期修筑的长城向西延伸主要是为了保护新开辟的通往中亚的道路。秦始皇的长城似乎纯粹是防御性质，我们也习惯于将明^③长城与防御功能联系起来，但汉武帝的长城是为整体的大规模"西进政策"而服务的工具。这与罗马帝国早期的防线体系具有惊人的相似性。我将在后面的章节中讲述自己围绕

---

① 乌孙（Wu-sun），古代游牧民族，公元前 2 世纪初在甘肃敦煌祁连间游牧，后被匈奴逼退至天山以北，伊犁河附近。——译者注
② 出自《史记·大宛列传》。——译者注
③ 原文为中世纪晚期（Late Medieval），是描述欧洲历史的惯用术语，大约对应公元 14 至 15 世纪，斯坦因所指的是中国明朝大规模修筑长城的时期。——译者注

这项有趣的古代中国遗迹进行的全长不到 400 英里的考察和发掘工作。

历史的车轮滚滚而过。曾几何时，即使出于和平目的开展贸易和文明交往，也时常需要政治影响和军事行动作为支持。通过军事维系贸易的情况并不少见。从制定中亚扩张政策之初，中国汉朝所寄予希望的就是如今俄属中亚这片肥沃的地区，而非塔里木盆地中零散和相对狭小的绿洲。但是，中亚的这些地方距离中原王朝故土太过遥远。由于中国汉朝的军队鞭长莫及，大宛人①很快就变得对汉朝使团不屑一顾，最后甚至劫杀了前往当地引进著名良马品种的钦差使节。

中国汉朝为了维护自身威望，旋即于公元前 104 年派遣了一支远征军讨伐大宛，以示惩罚。然而这次行动却以彻底失败而告终。远征军在穿越"盐泽"——罗布泊地区干涸的盐渍板结湖床——途中困难重重，加上物资匮乏，派出的大部队在抵达大宛前便已精疲力竭，所剩无几。远征军抵达大宛后，经历围城一役便大败而归。据说当部队撤退到敦煌时，"士不过什一二②"。为雪耻，帝国倾尽全力。公元前 102 年，中国汉朝将军李广利率领一支新组建的 6 万多人的大军，配备大量辎重和粮草，再次从敦煌出发。

这一次，中国汉朝人凭借睿智的组织能力战胜了自然界的所有困难。最终跟随李广利将军抵达大宛国都的士兵有 3 万人，这个数量的兵力足以确保取得胜利并让大宛束手就擒。中国汉朝的威望一举大振，塔里木盆地的各小国纷纷俯首称臣。在此后

① 原文为费尔干纳，为地理概念。费尔干纳彼时为大宛所在地。——译者注
② 出自《史记·大宛列传》，意为十个人中仅剩一两人。——译者注

一个多世纪的时间里，中国汉朝依靠塔里木盆地中的一连串绿洲控制了这条天然通道，直到公元 1 世纪初的内乱导致西汉衰落为止。

中国汉朝之所以能够在该地区维系长期统治，与其说是因为武力强大，不如说是得益于帝国向这些地方派驻的使节获得了外交成功，同时得益于中国优秀文明的影响。透过古代文献中屡屡提到的著名"赛里斯织物"——丝绸，我们知道，中国汉朝的这些手工业产品当时源源不断地向西方输送着。同样，那时的中国汉朝一定也获得了不少外国的天然物产和手工制品，特别是源自东伊朗地区的物品。这些从西方传入的物品在许多中国的文献古籍中都有记载。

根据在塔里木盆地古遗址的考古发掘结果可以看出，该地区在伊斯兰教传入之前的早期文化阶段，表现出中国、波斯和印度文化合并影响的特征，这与中国开辟通往中亚的通道属于同一时期。诚然，目前在此地发现的最早的文明遗迹并不能追溯到这么远。但我们有理由相信，中土和西域之间那条伟大的通道首次开通时在塔里木盆地的绿洲上耕种居住的人们，与我们在公元 3 世纪以后的遗址中使用印欧语系①文字书写文献典籍的人们，应当是说同一种语言的同一个族群。

在这个异常干旱的地区，受制于气候条件，庞大的社群必须依靠高度集约化的灌溉系统才能维系。在这种有序的管理体

———————————

① 印欧语系（Indo-European Languages），世界上第一大语系，由英国人威廉·琼斯提出的一个语言学概念。——译者注

制下的定居民族特别善于吸收和传播来自远东[①]和西方的文化影响。除了气候条件，塔里木盆地的地理条件似乎也为其重要的历史使命做足了铺垫。昆仑山和天山之间的广阔盆地，虽没有可用的草场，却也不至于出现大规模民族迁徙及与之相伴产生的动乱。

北方的匈奴人一直是危险的邻居，他们封锁了沿天山山脉北麓的通道。但到了公元前60年，中国汉朝也占领了关外的吐鲁番小盆地，那里是东天山以南一片可以耕作的土地，由此从侧翼为穿越塔克拉玛干以北绿洲的贸易大通道提供了重要的保障。

沿着塔里木盆地南缘，经过且末[②]与和田的另一条交通线，有昆仑山作为屏障，毗邻昆仑山还有贫瘠的西藏高原，因而受到有效保护，不被游牧民族侵袭。直到大约公元8世纪后，当西藏分散的原始部落形成拥有军事力量的中央集权国家[③]，西域才受到来自南方的侵袭。

我们应当充分认识到，塔里木盆地作为中国贸易往来和政治西进的安全通道，具有特殊的重要性和优势，如此便不难理解为什么中原汉人要克服重重自然困难穿越罗布沙漠进入塔里木盆地。经过1907年和1914年冬季的探索，我找到了汉武帝在遍布流沙、石滩和盐碱地的可怕荒原上开辟的这条道路。在第八章和第九章中，我将谈到这些探险活动，并将详细描述我在那片生命

---

① 远东（Far East），西欧国家对亚洲使用的地理概念，包括西伯利亚、东亚、东北亚和东南亚。——译者注
② 且末（Charchan），位于昆仑山北麓，塔里木盆地东南缘。——译者注
③ 指吐蕃，中国历史上的少数民族地方政权。——译者注

禁区获得的一些有趣发现。

西汉末年，由于最后两位皇帝^①统治时间不长（公元前 6
年—公元 5 年），王朝内部乱象丛生，迅速衰败，通往中亚的交
通也在公元 1 世纪初首次中断。随着汉朝对塔里木盆地控制力的
削弱，据《后汉书》记载，"（西域分）为五十五国^②"。在此后约
60 年的时间里，塔里木盆地一直被匈奴人占领。直到后来，东汉
为了保护其西北边陲不受匈奴人的袭扰，再次施行向中亚的西进
政策。

公元 73 年，汉明帝将矛头直指匈奴，他采取的第一项行动
就是攻占哈密。哈密绿洲是战略要地，它是沿东天山穿过吐鲁番
盆地的"北方之路"的门户锁钥。就自然条件而言，这是进入塔
里木盆地最便捷的道路，还可以免受天山另一侧的游牧民族袭
击。但汉明帝的第一次尝试却以失败告终，直到 13 年后，哈密
才被东汉正式收复。

与此同时，塔里木盆地也上演了一系列重要的历史事件，最
终东汉帝国再次毫无争议地将这片交通要地收入囊中。东汉中亚
政策的实施者——最伟大的著名军事政治家班超，通过一系列出
色的战绩，成功地在整个塔里木盆地重新树立了帝国的威望。他
顺着罗布泊一侧的古老沙漠路线，依次从和田、莎车^③和喀什等
地首领手中获得了控制权，他所凭借的更多的是胆识谋略和外交
技巧，而非兵力优势。在班超呈递给章帝的一份非常重要的奏折

---

① 西汉最后两位皇帝，指汉哀帝刘欣和汉平帝刘衎。——译者注
② 出自《后汉书·西域传》，原文为"武帝时，西域内属，有三十六国。汉为
置使者、校尉领护之。宣帝改曰都护，元帝又置戊己二校尉，屯田于车师前王
庭。哀、平间，自相分割为五十五国"。——译者注
③ 莎车（Yarkand），古称叶尔羌。——译者注

中，出现了这样一句至理名言——"以夷制夷"。

由于班超的胜利，东汉的政治影响进一步向西延伸，甚至越过帕米尔高原。与安息建立外交关系后，东汉又在公元97年派遣使团与遥远的大秦①（即叙利亚一带）建立联系。这个使团似乎曾抵达波斯湾。公元102年，年迈的班超满载帝国的荣誉回到遥远的国都并在不久后辞世，此时中国在中亚的威望和影响已经到达了顶点。我们猜测，大约正是在同一时期，马其顿商人梅斯·塔蒂亚努斯②的贸易代理人穿越了外伊摩斯的斯基泰人领地——塔里木盆地。塔蒂亚努斯的记录经过泰尔的马里努斯③之手，为亚历山大港的地理学家托勒密所知，因此我们如今可以从托勒密的著作④中了解到当时商队从遥远的赛里斯国土——中国将丝绸带到西方所行经的路线信息。

然而，匈奴的入侵和当地的叛乱很快改变了和平交流的有利条件。东汉帝国的内部力量越来越弱，最终于公元220年倾覆，在此之前的一个世纪里，东汉在西域的威望就已经逐渐式微，而通往罗马帝国的丝绸贸易则越来越多地取道印度洋和红海的海路。

之后便进入了三国时期，天下动荡，纷争不息。此时的中国难以维持对整个塔里木盆地的有效控制。但有证据表明，该地

①　大秦（Ta-ts'in），中国人对罗马帝国及其统治的近东地区的称呼。——译者注
②　梅斯·塔蒂亚努斯（Maës Titianus），古罗马时期的马其顿商人、探险家，曾派人沿丝绸之路前往东方进行贸易活动。——译者注
③　泰尔的马里努斯（Marinus of Tyre），古希腊地理学家，是最早绘制海图的人。——译者注
④　托勒密将这些信息记录在《地理志》中，我们今日能够了解这些信息也是因为《地理志》的流传。——译者注

区仍同东西方有着贸易和文化往来。我发掘过两处非常有趣的遗址，它们足以证明我的观点：一处是尼雅河尽头沙漠中的古代聚落遗址，另一处是古代中国屯戍城楼兰及其周边遗迹。在第五、六、八章中，我将会详细论述那里的大量发现所揭示的当时各种有趣的生活和政治状况。我们有确凿的证据表明，这两处聚落一直到公元 3 世纪末都有人居住，此后便完全荒废了 ①。

我们很容易推想出尼雅遗址当时的生活情景。遗址出土的当地官员或地主居住的结构精巧的房屋建筑、制作精良的家具和工具的遗迹，以及精美的木雕装饰艺术品，都展现出高度发达的文明。当地的手工业制品和艺术品明显受到来自伊朗东部和印度西北部的浓厚希腊式风格的影响。

当地出土的佛教相关文物证明，佛教当时显然已经在塔里木盆地原住民的宗教和精神生活中占据主导地位。在建筑遗址和一旁垃圾堆中发现的大量文书也证明了当地受到印度文化的强烈影响。在尼雅遗址，我发现了上百份木牍文书，主要是官方公文，也有合同、账目、各种备忘录等，都是用梵文和佉卢文书写的，这些文字是公元前 1 世纪至公元 1 世纪间，印度西北边境和与之相邻的阿富汗地区广泛使用的语言。

通过这些遗址，我们几乎能够清晰地还原出那时的物质生活。果园和苗圃中的一切虽已荒废长达 1600 年，却仍然清晰可辨，如篱笆和建筑材料等，凡此种种都清楚地表明，当地过去的耕作条件和气候条件与现在塔里木盆地中位置类似并且仍然有人居住的绿洲基本一致。

---

① 据《水经注》记载，东汉之后，由于塔里木河改道导致楼兰缺水，楼兰古城荒废。——译者注

就像现在塔里木盆地中水源尽头的绿洲一样，这些遗址在过去一定也是完全依赖灌溉才能耕种。倘若这些地方过去不是极端干旱，就无法解释为什么许多暴露在室外自然条件下的易腐物品能近乎完美地保存下来。塔里木盆地其他古遗址的考古发掘向我们揭示了完全相同的情况。这些遗址废弃前与废弃后至今的气候条件应该一样干燥。

这个普遍且重要的事实，直接关系到一个广受讨论的重要地理问题，即通常所说的"干燥化"问题。这个问题太过复杂，故在此仅作简单介绍。如果 1600 年前的气候条件和现在一样干燥，那么如何解释这两处古遗址和其他地方自从被遗弃后就变得完全无法耕种了呢？

我认为就塔里木盆地而言，其原因在于耕作活动所仰赖的河流水量减少，而导致河流水量减少的主要原因可能是为这些河流提供水源的高山冰川体量变小了。根据悉尼·伯拉德^① 爵士和冯·菲克^② 教授的假说，这些高山冰川中蕴藏的大量冰雪是上一个冰河时期留下的，在此后温和的气候条件下持续经历或多或少的缓慢流失，这便是其体量不断减少的合理原因。这种所谓"埋藏冰^③"被消耗的过程足以解释历史上整个盆地的气候并没有发生任何明显变化，而灌溉水源却逐渐萎缩。

现在让我们继续考察塔里木盆地作为重要地理"廊道"在

---

① 悉尼·杰拉尔德·伯拉德（Sidney Gerald Burrard，1860—1943），英国军官和测量师。——译者注

② 海因里希·冯·菲克（Heinrich von Ficker，1881—1957），德国气象学家和地理学家。——译者注

③ 埋藏冰（Fossl ice），也称化石冰，指被沉积物掩埋的生成于地表的各种冰。——译者注

中亚历史后续阶段发挥的作用。随着中国对"西域"的政治控制力减弱，我们也失去了大部分关于该地区的信史资料，因而我们对其间塔里木盆地近三个多世纪的历史了解甚少。当时的中国正处于割据状态，其中还有一些王朝是外族建立的。与此同时，匈奴人于公元 4 世纪开始向西大迁徙，逐水草而居，最终饮马于多瑙河、莱茵河和波河畔。经过一段时间后，整个塔里木盆地及其北部和西部的大片领土为一支匈奴人所统治并持续了大约一个世纪，这支匈奴人在西亚被称为嚈哒人或白匈人。

不论是外族的统治，还是更早就开始的内部主权纷争，似乎都没有严重动摇中国文化在这些绿洲的坚实根基，也没有影响佛教教义、文学和艺术从伊朗东部和印度向这些绿洲传播的稳定进程。这一时期有一些中国佛教徒穿越中亚前往遥远的佛教圣地印度朝圣，这足以说明西域与中土和印度拥有紧密的宗教和思想联系。

到了公元 6 世纪中叶，游牧民族再次掀起了沿着天山向西迁徙的新浪潮，这一进程时快时慢，突厥各部落逐渐形成一个大联盟，即中国人所说的西突厥，并且完全控制了此前由白匈人统治的广大中亚地区。公元 589 年，中国结束了近三个世纪的分裂，再次实现统一。而西突厥人也像他们的盟友北突厥[①]人一样，是中原王朝西部边陲一个惹人生厌的邻居。

公元 618 年，唐朝建立，中国的政权逐渐得到巩固。朝廷起初以严格的围堵布防政策来部署西北的军事力量。但这很快便让位于大规模的"西进政策"，在此后一个多世纪的时间里，唐王

---

① 即东突厥，因保有原突厥汗国东部地区，故名。同时因其牙帐仍旧设于北方的都斤山，故史料典籍中又称北突厥（Northern Turks）。——译者注

朝在中亚地区的势力比以往任何时候都要有影响力。在唐朝巧妙的外交政策下，西突厥诸部落分崩离析，力量被削弱。于是唐朝先后从突厥人手中夺回了哈密和吐鲁番。公元 660 年，西突厥最终被唐高宗的军队击溃。此后从阿尔泰山到兴都库什山脉以外的广大地区的统治权都归属于唐朝。

　　但是随着时间的推移，唐朝从西突厥人手中获得的广阔土地，却成为了祸乱和衰弱的诱因。唐朝驻扎在"安息四镇"的驻军不仅要守卫塔里木盆地的绿洲，还要守卫天山以北的领土。这些地方拥有对游牧民族极具诱惑力的草场，因此时常受到徘徊在阿尔泰和天山一带不安分的突厥部落袭扰。更严重的是南方咄咄逼人的吐蕃人已经快速成长为一支新的军事力量。

　　至公元 8 世纪中叶，除了来自南方吐蕃人的压力外，向东稳步推进并且征服了阿姆河盆地的西方阿拉伯人也构成了新的威胁。吐蕃人尝试与阿拉伯人联手，共同挑战中国在中亚地区的权威。他们占领了印度河流域，又从那里穿越了兴都库什地区——即现在的吉尔吉特① 和亚辛② 一带——到达了阿姆河流域的最上游。这两股势力的联合使得塔里木盆地面临东西两面夹击，威胁着唐朝在该地的统治地位。为了应对这一严重的战略风险，公元 747 年，唐朝将军高仙芝穿越"世界屋脊"帕米尔高原和冰雪皑皑的兴都库什山脉的达科特山口，完成了一次出色的军事远征。在第三章和第二十章中，我将介绍唐朝这项重大军事行动

① 　吉尔吉特（Gilgit），位于今巴基斯坦境内。吉尔吉特河古称弱水或娑夷水，是印度河支流。——译者注
② 　亚辛（Yasin），位于今巴基斯坦境内。亚辛河也是印度河的支流。——译者注

的细节。此事证明了唐朝有能力通过严密组织来克服巨大的地理障碍。

高仙芝的远征极大提升了唐朝军队的威望，但在两年后遭受重创。在塔什干①附近的一场战役中，阿拉伯人和他们的盟友——反叛唐朝的突厥部族——将高仙芝的军队彻底击败。大约在公元750年前后，吐蕃人从南方入侵并控制了敦煌和南山山麓地区，从而完全切断了塔里木盆地与中原王朝的直接交通。然而，塔里木盆地内的唐朝官吏和驻军，虽孤立无援，却成功地又坚持了40年——这是历史上黑暗却英勇的篇章。

塔里木盆地失去唐朝统治后的400年间，陷入了其历史上的混乱时期。我们知道，吐蕃在该地区的统治只维持了不到一个世纪，而控制了塔里木盆地西部的喀什以及其他绿洲的突厥各部首领则开始推行伊斯兰教。大约从公元10世纪中叶起，伊斯兰教在这里得到发展，佛教教义和文化则走向消亡。

然而塔里木盆地东北部和外围的吐鲁番盆地地区，佛教在回鹘部族首领的保护下，同摩尼教和景教一起，继续繁荣了很长时间。鉴于这些回鹘部族首领强势且富有远见卓识，加之回鹘人善于吸收被征服民族的先进文化，几个世纪以来，维吾尔语一直是整个塔里木盆地的唯一通行语言，至今仍然如此。不过，这里的人仍然主要保持着阿尔卑斯人种②的特征，只混杂了很少的突厥血统。阿尔卑斯人种中血统最纯正的当属帕米尔地区讲伊朗语支语言的山民，以及部分西欧居民。

---

① 塔什干（Tashkent），今乌兹别克斯坦首都。——译者注
② 阿尔卑斯人种（Homo Alpinus），19至20世纪早期欧洲形容中欧和东欧一带高加索人种的词汇。——译者注

很难相信在公元 9 世纪到 12 世纪的政治形势下，塔里木盆地还会像以前那样，作为西亚和中国之间的文化交流渠道并发挥重要作用。当时唐朝逐渐衰落，宋朝继起，朝廷虽没有对中亚采取严格的封闭政策，但也只能算是消极抵抗。

在公元 13 世纪初的 25 年间，蒙古人在东方拿破仑——成吉思汗的领导下异军突起，给整个亚洲的政治局势带来了巨大变化。当成吉思汗于公元 1227 年在甘肃逝世时，他通过惊人的战绩将黑海到黄河沿岸的所有国家，都纳入了蒙古"大汗"的直接统治之下。大约 30 年后，他的继任者们持续征战，将全部中原王朝故土都纳入到大一统的元帝国版图中，隶属于该帝国的几个汗国的统治范围包括整个中亚，远至波斯，甚至囊括了东欧的大部分地区。这样一个地跨整个亚洲的主权国家的建立，为中国、近东和欧洲之间的直接交流和贸易往来扫清了障碍。

此后的一个多世纪里，天山南北的贸易通道畅通无阻。那时探寻遥远契丹 ① 的欧洲使节、商人和旅行者留下了许多关于他们走过的路线和途经之处的记载。但是它们在细节准确度和趣味性方面都比不上中世纪最伟大的旅行家——马可·波罗的不朽杰作。

马可·波罗所目睹的是忽必烈统治下鼎盛的元帝国。而在忽必烈登基后的一个世纪内，元朝就因内部衰败而走向灭亡。取而代之的是明朝，为了防止蒙古人的侵袭，明朝在甘肃的西北边境采取严格的封闭政策，该政策限制了贸易往来。

---

① 契丹（Cathay），中古时代西方对中国的一种称呼，当时的欧洲文献中以契丹指全中国。——译者注

阿拉伯人极大地开发了通往中国的海上交通路线，并且在葡萄牙人首次航行到印度后，海路变得愈发重要。这导致古代中亚交通大动脉失去了它对于西方贸易的价值。但在公元 17 世纪末，天山以北的蒙古部落瓦剌——或称准噶尔部①——势力日益壮大，迫使当时刚刚建立不久且正在蓬勃发展的清王朝再次进军中亚腹地。但直到 1755 年，由清朝皇帝乾隆发起的远征军才最终将整个塔里木盆地以及北侧的准噶尔纳入中央王朝的直接管辖之下。正如汉唐时期一样，原本纯粹以防御为初衷的政策，却使得中央王朝的势力扩展到了广大的中亚地区，直抵帕米尔高原和阿尔泰山一带。

时至今日②，尽管中国内部日益衰弱，19 世纪下半叶还爆发过回族（东干人）叛乱③，但中国仍保持着对这些地区的统治。这是因为中国的中亚边境有史以来第一次与苏联④那样的文明强国相毗连，从而能够控制边民并限制游牧民族迁徙。由于此前的"回乱"，塔里木盆地先是陷入十年的动荡，后又经历了西突厥篡

———————————

① 生活在蒙古高原西部的部族，明时称瓦剌（Oirats），意为"森林之民"；清时称厄鲁特或四卫拉特，准噶尔部（Dzungars）是其部落联盟中的一支，在准噶尔盆地以北活动，后为清朝所灭。——译者注

② 指作者斯坦因写作本书的时期，即民国时期。——译者注

③ 指 1862—1873 年间回民反抗清政府的历史事件，因历史原因，故存在"回乱"和"回民起义"两种不同叫法，此处按照斯坦因的说法进行翻译。苏联时期，将旧时由中国甘肃和陕西等地迁徙至中亚地区的中国回族（Chinese Mohammedan）称为东干人（Tungan），但东干人认为自己与中国的回族同源，仍以回族自称。——译者注

④ 当时的中亚诸国作为加盟共和国受到苏维埃社会主义共和国联盟的统一管辖。——译者注

位者阿古柏① 的暴政。借着沙俄短暂占领伊宁及肥沃的伊犁河谷
的机会，清朝于 1877 年收复了塔里木盆地一带。

　　天山与昆仑山之间的沙漠绿洲已不再是重要的贸易路线。勇
敢坚忍的骆驼尚未被呼啸的汽车或繁忙的铁路所取代，它们仍像
张骞和马可·波罗生活的时代那样，有效地运输着物资。中国曾
经作为强国时对中亚的影响力，仍然保卫着那片土地的和平。临
近中国的俄属中亚地区已经在过去的一段时间里经历了大量的麻
烦和苦难，中国旧时的影响力是否足以在未来抵御这些麻烦和苦
难，只能交给后人评说了。

---

① 阿古柏（Yakub Beg，1820—1877），是汉文史料中对穆罕默德·雅霍甫的
称呼，原为浩罕汗国将领，1865 年至 1877 年率军入侵中国新疆，成立哲德沙尔
汗国，史称"阿古柏之乱"，后被清朝陕甘总督左宗棠击败。——译者注

第三章

穿越兴都库什山脉至帕米尔高原与昆仑山

———————

　　纵观历史，特别是在佛教兴盛之时，西域是文化、宗教、种族和语言等各方面影响的汇聚之地，透过当地残存的遗址可以看出，来自印度的文化影响尤为明显。几乎所有的证据都能直接或者间接地表明西域受到来自印度西北边境地区的文化影响，那里在公历元年前后的几个世纪里都是崇信和传播佛教的大本营。古代印度的历代征服者一贯是先要在印度与伊朗东部之间的边境地区站稳脚跟，我自青年时代便对该地区产生了浓厚的兴趣。

　　这片边境地区最吸引人的景致莫过于帕米尔高原那壮丽灿烂的高山风光。45 年前，当我开启自己在印度的职业生涯时，能够以此地作为学术研究的根据地，同时又能从事自己喜欢且擅长的工作，这一切是我生命中最特别的恩赐。在那里，我利用假期开展过几次愉快的古物探索之旅，以便研究古梵文文献中记载的克什米尔地区的历史。在此后的几年间，我花费了更长时间在海拔 11000 英尺的高山上扎营，苦心研究我在更远的北方通过考古发掘取得的成果。经过高山上多年平静的隐居生活，我已经把克什米尔的帐篷当成了唯一真正的家。

　　考虑到克什米尔的地理区位条件，同时鉴于我对这片山地颇有感情，它成为我所有中亚探险之行的始发地。当然，我每次都会选择一条新的路线穿越喜马拉雅山脉最西端高耸的兴都库什山脉——它是印度河谷与西域西南边界的分界线。我的三次考察都穿越了喜马拉雅山脉的最西端，那里十分贫瘠，但是壮观得引人入胜，给我留下了最难忘的回忆。

1900 年的首次考察，我从克什米尔取道吉尔吉特和罕萨前往中国，途中在罕萨欣赏到了一派恢弘的山地美景。19 世纪 80 年代末，当地开辟了一条通往吉尔吉特的不错的骡道，以便驻扎在那里的一小批英军部队使用。1891 年，在罕萨和那噶尔成为大英帝国的土邦[①]之后，这里才变得人尽皆知。1913 年的第三次考察时，我取道此前从未有人探索过的达勒尔和丹吉尔[②]，成为到访这两处山地地区的第一个欧洲人，然后穿过塔克敦巴什帕米尔[③]一系列积雪覆盖的隘口进入中国。但最吸引我的当属 1906 年第二次探险开始时走过的那条路线，沿途地理景观多变，民族文化多样，而且蕴含许多历史信息。因此，我将选择这条路线带领读者开启我的中亚探险之旅。

出于政治考虑，这条路线通常不对欧洲旅行者开放。我从印度行政边界西北端的白沙瓦[④]地区出发，沿这条路线穿过斯瓦特

---

① 罕萨（Hunza）和那噶尔（Nagar），位于今巴基斯坦吉尔吉特 - 巴尔蒂斯坦省境内的西北片区，英属印度时期成为由土著王公统治的附庸国。——译者注
② 达勒尔（Darel）和丹吉尔（Tangir），位于今巴基斯坦吉尔吉特 - 巴尔蒂斯坦省境内的西南片区。——译者注
③ 塔克敦巴什帕米尔（Taghdum-bash Pamir），位于今中国新疆维吾尔自治区塔什库尔干塔吉克自治县西南的高谷。——译者注
④ 白沙瓦（Peshawar），今巴基斯坦联邦直辖部落地区的一个边疆区。——译者注

和迪尔①的部落地区，进入吉德拉尔的达尔德地区②。由此穿越巴罗吉勒山口③，便可以到达阿姆河谷上游与瓦罕帕米尔④。我那已故的领导——哈罗德·迪恩爵士时任西北边境省首席专员，他欣然批准了我的计划，同时得益于当时良好的政治氛围，阿富汗国王哈比布拉汗⑤恩准我过境他的领土，若非如此，我完全不敢想象自己能从这片戒备森严的区域通过。

想要翻越积雪覆盖的山间隘口，最早也要等到 4 月底。时机一到，我马上让队员行动起来。我的三次探险都只有印度助手随行。印度测量局自始至终都很乐于帮助我完成地形测绘任务，这次他们同样派遣了多名优秀的本地测量员协助我，其中包括曾随我参加过第一次探险的拉伊·拉姆·辛格。还有奈克·拉姆·辛格，他是孟加拉皇家工兵队⑥第一队的下士，由于在部队接受过良好的技术培训，他成了我身边非常得力的帮手。贾斯万特·辛格是一个来自坎格拉的拉杰普特人⑦，瘦小结实，在我的几次考察

---

① 斯瓦特（Swat）和迪尔（Dir），位于今巴基斯坦西北边境省。——译者注
② 吉德拉尔（Chitral）的达尔德（Dard）地区，位于今巴基斯坦开伯尔－普什图省境内。——译者注
③ 巴罗吉勒山口（Baroghil saddle），巴基斯坦与阿富汗边境线上的一道出山口。——译者注
④ 瓦罕帕米尔（Afghan Pamirs/Wakhan Corridor），也称瓦罕走廊，是帕米尔高原在阿富汗境内的部分，今阿富汗巴达赫尚省至中国新疆维吾尔自治区的东西向狭长地带，古丝绸之路的一部分。——译者注
⑤ 哈比布拉汗（Amir Habibullah），时任阿富汗国王，在位期间推行了一系列现代化举措，外交上奉行中立，极大缓和了阿富汗与英属印度的紧张关系。——译者注
⑥ 孟加拉皇家工兵队（K.G.O. Bengal Sappers and Miners），隶属于英属印度孟加拉管辖区的工兵部队。——译者注
⑦ 拉杰普特人（Rajput），意为"王族后裔"，是古代侵入印度的希腊人、塞人、安息人、贵霜人等与当地居民融合而成的民族。——译者注

中都在队伍里担任测量员的厨师。我也希望能享受到这样一位可靠又有礼的印度随从的服务，可惜他属于高种姓人，不能为欧洲人服务，所以我自己的厨师只得由一位印度人担任，至于此人的素质、水平和个人情况，多说无益。

　　我之所以提到如此多的细节，是因为在几次探险行动中，我的队员基本保持不变。当然，在我踏入中国领土并抵达工作地点后，需要组建一支属于自己的适合沙漠探险的交通队，故另需增加突厥马和驼夫。在这些当地人中，我也收获了一批可靠的追随者。考虑到我们需要携带的设备包括科学仪器、摄影器材和玻璃底片①，还要准备至少能够维持两年半的必需物资，于是我们一开始就找了 14 头骡子，这样便足以驮运全部行李。

　　4 月 27 日，我们从扼守马拉根德山口②的要塞启程，向斯瓦特河谷进发。通往吉德拉尔的重要军事路线于 1895 年首次开通后，马拉根德地区及其北部谷地的部落间冲突变得更加激烈。我此行不仅要去到遥远的地方，还要追溯过去的时光，因此从这里出发最好不过了。2200 多年前，亚历山大和他的马其顿军团曾取道这些谷地去征服印度。在该地区还可以见到一些佛教神庙的遗迹，它们是古代文明的见证，而随着使用希腊文铸币③的统治者无力继续控制这片土地，这里的繁华和佛教圣地便失去保护，进而走向灭亡。

---

① 老式相机需要将感光剂涂抹在玻璃底片上进行拍摄。——译者注
② 马拉根德山口（Malakand pass），位于今巴基斯坦开伯尔－普什图省境内的一处山口。——译者注
③ 有学者认为，印度最早的金属铸币是由希腊传入的，印度也出土过带有希腊文的早期铸币。——译者注

5月3日，我们来到令人生畏的洛瓦里山口^①，这里的海拔在
10200英尺以上，我们在天亮前穿越了这片区域，其间看到深谷
中有雪崩后留下的厚厚积雪，有些地方是最近才发生的崩塌，这
说明早前当地人极力劝阻我们在更早的时节向北行进并非危言耸
听。我们雇用了50多名当地部落的壮年男子运送行李，并让他
们分成几队行进，从而减少风险。在平安度过这片危险地带后，
我们得以快速地沿着吉德拉尔河幽深的峡谷向德罗什堡行进，那
里是英国在印度驻军的最北端前哨。我们从那里继续沿河前行，
途中白雪皑皑的蒂里杰米尔峰^②（大约25000英尺高）尽收眼底，
又走了此前两倍长的距离，便到了吉德拉尔的首府，这是一片藏
在光秃陡峭的群山中的小绿洲，颇为迷人。

在此停留的几天里，我忙于开展人类学调查，获得了大量成
果。吉德拉尔的土著群体中包括"达尔德人"的一个重要分支，
其古老的风俗以及相似的人种和语言，引起了我的特别关注。早
在阿契美尼德帝国时期，克特西亚斯^③便已知道这些山谷中存在
这样一个种族。历史上，吉德拉尔的山寨一次次为该族群的残部
提供庇护，倘若是在别处，他们是无法立足的。我对他们进行了
详细的人类学研究，就像我曾经对兴都库什山脉另一侧的讲伊朗
语支语言的山民和卡菲里斯坦^④的长相野蛮的难民所做的调查一

① 洛瓦里山口（Lowarai pass），连接吉德拉尔（Chitral）与迪尔（Dir）的山口。——译者注
② 蒂里杰米尔峰（Tirichmir peak），兴都库什山脉的最高峰，位于今巴基斯坦西北边境省。——译者注
③ 克特西亚斯（Ktesias），古希腊尼多斯人，阿契美尼亚德王朝亚达薛西二世御医，历史学家。——译者注
④ 卡菲里斯坦（Kafiristan），历史地名，包括今阿富汗努里斯坦省（Nuristan Province）和巴基斯坦吉德拉尔县（Chitral District）。——译者注

样。他们是最后的卡菲尔①部落，得益于山地的庇护，几百年来逃过了来自阿富汗方面的征服和避免被迫改信其他宗教。

由于生活在此的这个族群保留了大量古老的习俗、传统、手工艺，甚至地方建筑营造技艺，吉德拉尔和邻近山谷成为研究早期印度文明的理想之地。但是，出于各种现实原因，我必须继续向阿姆河和"世界屋脊"进发。虽然我需要尽快去往耶尔洪河和默斯杜杰河的上游，但我还是在途中考察了一系列有趣的早期佛教石刻，以及伊斯兰教传入之前的要塞遗址等。奇怪的是，当地传说时常将这些要塞遗址与中国的统治联系起来，但具体是什么时期的事又难以说清。我在前一章中简要提到过，唐朝时期中国的势力范围曾达到帕米尔地区，甚至一度延伸至兴都库什山脉以南的地区，由于山区闭塞，所以相关传说能够流传很久。

中国史官是带领我们了解中亚早期历史和地理情况的重要向导，更有趣的是，我很快便印证了他们所撰史书的准确性。多年前，我曾研读过英译本中国历史中有关高仙芝远征的内容。如前文所述，公元747年高仙芝率领的唐朝远征军成功控制了当时被吐蕃人占领的亚辛和吉尔吉特地区。那时我便猜测，高仙芝将军和他的万人大军从喀什出发，穿越帕米尔后，所走的路线应该经过了巴罗吉勒和达科特这两处山口。巴罗吉勒山口是从阿姆河谷最上游去往默斯杜杰河源头的必由之路，而冰川遍布且困难重重的达科特山口则是去往亚辛河谷的唯一通道。

我自然是迫不及待地想要实地考察这条不寻常的行军路线。毕竟这是唯一有史可查、有组织、克服了帕米尔高原和兴都库什

---

① 卡菲尔（Kafir），也称卡菲勒，阿拉伯语意为"拒绝者"，伊斯兰教用语，是穆斯林对异教徒的称呼。——译者注

山脉自然天险的大规模军事行动实例。如何在这片没有任何物资补给的高山地区维系这样一支部队，只此一点就已经是足以让现代军队参谋部都头疼的问题。

　　本着这一目的，我们于5月17日登上了海拔约15400英尺的达科特山口，事实证明这的确是一件十分艰难的事情。山坡北面绵延几英里长的壮丽冰川被深深的积雪覆盖，雪层下隐藏着满是裂缝的冰层，在积雪中跋涉9个小时后，我们才到达山口的顶端。即使是我坚忍的默斯杜杰和瓦罕向导①，此前也一直坚称没人能在这样早的时节从此地通过。我们在此地的经历，以及随后翻越巴罗吉勒山口前往阿姆河途中的见闻，均充分证明中国官方史料对于高仙芝那次杰出远征途经各处的地形细节都记载得十分准确。

　　当我站在山口顶端那一大片晶莹的雪地之上，向下眺望与亚辛河谷源头有着6000英尺高差的险峻陡坡时，我便能够理解高仙芝手下的勇士在挣扎着爬到这个高度后当即拒绝前进的原因。足智多谋的将军早已预见了这种窘境，并且审慎地准备了一条计策，巧妙地引导军队向下面的深谷进发。他们在翻越了如此巨大的障碍之后，出其不意地出现在亚辛的占领者面前，造成了敌军的恐慌，从而迅速获得了完全胜利。至于那场战役的战况和高仙芝所采用的谋略，那都是"另外的故事"，我们就不在这里讲了。令我当时感到遗憾的是，竟从未有人在达科特山口为这位勇敢的中国将军竖立一座纪念碑。因为，从他遇到和战胜的困难来看，

---

①　默斯杜杰（Mastuji），地名，位于今巴基斯坦开伯尔‐普赫图赫瓦省吉德拉尔。瓦罕（Wakhi），民族名，生活在巴基斯坦北部、塔吉克斯坦东部、阿富汗东部以及中国新疆维吾尔自治区西部。——译者注

高仙芝翻越达科特山口和帕米尔高原是比汉尼拔[①]、拿破仑[②]和苏沃洛夫[③]等欧洲历史上的著名指挥官翻越阿尔卑斯山更伟大的壮举。

两天后，我们从巴罗吉勒山口翻越了兴都库什山脉的主脉，它是这条山脉上海拔最低的山口，海拔约 12400 英尺。那年的降雪量异常之大，导致本来易于通行的山口被大雪覆盖。当时的情况非常糟糕，如果没有阿富汗方面的援助，恐怕我们是无法将随行物资运过去的。

我很高兴自己来到了阿姆河的上游，倘若顺流而下，便离我从年轻时就魂牵梦萦的古巴克特里亚地区更近了。然而，由于政治环境不利，我无法前往那里，甚至至今仍未成行。不过，得益于阿富汗国王的帮助，我们沿贫瘠的瓦罕走廊东行至中国边境的途中获得了刚好够用的物资。

在阿姆河畔地势最高的古老村庄萨尔哈德[④]，我们受到了亲切至极的接待。驻守阿姆河流域的阿富汗边防部队指挥官希林迪尔·汗上校带着一支强大的护卫队前来保护我们。这位讨喜的老战士经历过阿富汗杰出统治者阿布杜尔·拉赫曼汗登基前后的所有动荡时期。事实证明，他对巴达赫尚地区的信息了如指掌，说起该地的人民和古代遗迹如数家珍。听这位绅士般的

---

① 汉尼拔（Hannibal），迦太基军事家，第二次布匿战争期间率领军队翻越阿尔卑斯山。——译者注
② 拿破仑（Napoleon），法国军事家，马伦哥战役前夕翻越阿尔卑斯山的圣伯纳隘道。——译者注
③ 苏沃洛夫（Suvorov），俄国军事家，远征意大利期间带领将士翻越阿尔卑斯山。——译者注
④ 萨尔哈德（Sarhad），村庄名，位于瓦罕走廊南部。——译者注

老军人述说他年轻时的经历，我感觉仿佛回溯了数个世纪的历史。他当年曾协助刚刚坐上王位的阿布杜尔·拉赫曼汗剿灭迅速崛起的伊萨·汗叛军①，按照中亚古老的方式重建秩序。我很希望能留在阿姆河畔，继续聆听这段鲜活的历史。但是，考虑到我的护卫队已经饱受磨难，善良的瓦罕村民也诉苦村子里本不富裕的资源因护卫队的长期逗留而面临枯竭，于是我不得不尽快出发。

沿阿姆河上溯的前两段行程异常艰难，因为沿河床的冬季路线已经被河水淹没，而高处的夏季山道由于大量积雪无法通行。所幸我们的巴达赫尚山种小马能够在陡峭的岩坡上自由穿行，其灵活性令人叹为观止。也多亏我们的护卫队悉心看护，才一次又一次地避免行李滑落到波涛汹涌的河水里。

由于天气寒冷，我们在布扎依贡巴德②的吉尔吉斯人③帐篷里留宿了一日，于是我便借此机会考察了卡克马同提尼湖④。它位于荒凉而广阔的高原谷地上，海拔 13000 英尺，是"世界屋脊"极具特色的地貌之一。由于此地平坦辽阔，远处积雪覆盖的山峦看

---

① 阿布杜尔·拉赫曼汗（Amir Abdurrahman）于 1880 年在英国人的支持下实施统治。根据澳大利亚报纸"Burra Record"于 1885 年 7 月 3 日刊登的一则阿富汗方面的消息，当时有一名自称伊萨·汗（Isa Khan）的人在俄国支持下，反抗阿布杜尔·拉赫曼汗的阿富汗政权。此处的叛军领袖伊萨·汗不应与历史上的阿富汗贵族伊萨·汗混淆。——译者注

② 布扎依贡巴德（Bozaigumbaz/Baza'i Gonbad），位于今阿富汗东北部巴达赫尚省瓦罕县。——译者注

③ 吉尔吉斯族（Kirghiz），中国的同源民族，汉译称作"柯尔克孜族"。——译者注

④ 卡克马同提尼湖（Chaqmaqtin Lake），原文中称之为小帕米尔湖（Little Pamir Lake），位于小帕米尔山谷中，即瓦罕走廊最东端。——译者注

起来仿佛低矮的丘陵，这些山峦的另一边是佐库里湖①。我知道，过了这里就是马可·波罗翻越荒凉的"世界屋脊"时所走过的路线，他对此有过生动形象的描述。十几个世纪前，一直以来被我视若守护神的中国旅行家玄奘法师从印度求法归来时也曾经过这里。马可·波罗之后第一个抵达这处大湖的欧洲人是 1838 年到访此地的伍德上尉②，而我直到 9 年后，才追寻着他们的足迹来到这里。

　　沿着阿姆河主要支流——喷赤河③上游的古道，我们到达了瓦赫吉尔山口④的脚下。柯曾勋爵⑤认为山路两侧的冰川就是阿姆河真正的源头，事实也的确如此。我们经过一天的艰难跋涉才翻越了这个山口，也穿过了阿富汗和中国的边界。当天凌晨 3 点我们便出发了，我们的阿富汗护卫队则继续驻扎在山口脚下，以防运输行李的瓦罕人和吉尔吉斯人半路逃跑。这个季节的瓦赫吉尔山口仍覆盖着厚厚的积雪。尽管早上的最低温度只有 25 华氏度⑥，但积雪表面很快就变得柔软，以至于我们不得不让吉尔吉斯人减轻强壮的牦牛背上的荷载，并且让它们走在后面。这些瓦罕

①　佐库里湖（Zorkul），原文中称之为大帕米尔湖（Great Pamir Lake），位于大帕米尔，即瓦罕走廊东北部的帕米尔河谷中。玄奘翻越帕米尔高原时曾途经此处，即《大唐西域记》中记载的"大龙池"。——译者注
②　约翰·伍德上尉（Captain John Wood, 1812—1871），苏格兰海军军官、探险家。——译者注
③　喷赤河（Ab-i-Panja），位于兴都库什与帕米尔之间，是阿富汗和塔吉克斯坦的边界，是阿姆河的支流。——译者注
④　瓦赫吉尔山口（Wakhjir Pass），瓦罕走廊东端的山口。——译者注
⑤　乔治·纳撒尼尔·柯曾勋爵（Lord George Nathaniel Curzon），1898—1905 年任印度总督，曾周游世界，对亚洲尤其感兴趣，著有《中亚的俄罗斯》《波斯和波斯问题》《远东问题》。——译者注
⑥　华氏度（℉）与摄氏度（℃）之间的换算公式为华氏度 = 摄氏度 ×1.8+32。25 华氏度约为 –4 摄氏度。——译者注

人和吉尔吉斯人出于对保护我们的阿富汗护卫队的恐惧，强撑着将我们的行李运过山口。即使如此，当我们抵达中国境内的第一站，即一片有燃料且干燥的地方躺下休息时，已是深夜。

当我登上塔克敦巴什帕米尔之巅，我发现自己又一次来到了1900年首次踏上中国土地时到过的地方。根据居住在深谷中地势较低一侧的色勒库尔人①所说，这里的冬天长达十个月，夏天只有两个月。公元642年，伟大的中国旅行家玄奘法师从久居的印度返回中国时也曾途经此地。我曾经追寻着他的足迹，到访过许多佛教圣地，现在我将继续跟随他的脚步前往更远的东方。

当地流传着一个奇怪的古老传说，相传曾有一位皇室公主从中国前往波斯，途经此处时为保安全，短暂地藏匿于此地的一座石堡中。我在下山途中找到了这座传说中的废弃石堡，这令我倍感欣喜。这座石堡位于塔克敦巴什河②畔一处阴冷的隘口，坐落在隘口之上一座几乎与世隔绝的岩石山峰顶端，当地人称之为克孜库尔干，意为"公主塔"，它在玄奘途经此地时应该已经荒废很久了。但由于气候干燥，这座古老城堡的城墙仍然清晰可辨。墙体用土坯砖和刺柏细枝相间砌筑而成。在更远的东方，我们可以看到，中国早在公元前2世纪修筑汉长城时就采用了相同的营造技艺。

在色勒库尔的首府塔什库尔干，我重访了其故城遗址。塔什库尔干故城占地面积很大，四周的石墙已经坍圮，中间是一座破败不堪的中式堡垒，如今已经演变成为一座小村庄。然后我继续

---

① 色勒库尔（Sarikol），清代古地名，今中国新疆维吾尔自治区塔什库尔干（Tash-kurghan）塔吉克自治县。色勒库尔人（Sarikolis），生活在塔什库尔干的说色勒库尔语的塔吉克族。——译者注

② 塔克敦巴什河（Taghdum-bash river），中国新疆维吾尔自治区喀什地区塔什库尔干塔吉克自治县西南地区的一条河流。——译者注

向东北方向的喀什进发，径直穿越了海拔近15000英尺的齐齐克里克岭。我们沿途经过了雄伟的慕士塔格峰①，跨越了一连串小山口。尽管面临着融雪和湍流造成的困难，我们的行进速度依旧很快，在6天内走了将近180英里的路程。尽管行程紧张，我还是在途中收集了确凿的地形学和考古学证据，印证了这条路线与我的中国保护神玄奘法师在1200多年前走过的是同一条路线。

抵达喀什后，老友乔治·马戛尔尼②先生（如今已受勋为爵士）热情地让我留宿在家中，他是英属印度在中国的代表。借宿期间，我一直忙于各种事务工作，从组织探险队，到购买马匹和骆驼，不一而足。马戛尔尼先生凭借职务之便以及他的个人影响力，为我的考察活动争取到了中国地方政府的支持。更重要的是，他向我推荐了一位称职的中国秘书——蒋师爷③。我之前学过一些新疆地区通行的维吾尔语，做到能说并不困难。但很遗憾，我一直没有充足的时间认真学习当地官员使用的汉语。

遇到蒋师爷真是我的荣幸，他不仅是一位优秀的老师和秘书，而且还是一名忠实的助手，为我的科研工作排除万难。我跟蒋师爷学习了一些基本的中文会话（遗憾的是，我只学到了拗口的湖南地区官话），在长达数月的漫长而艰苦的旅程中，他的陪伴为我带来了不少欢乐。受过教育的中国人都拥有内化于心的史学禀赋，因此蒋师爷做起考古工作自然如鱼得水。他身材瘦小，

---

① 慕士塔格峰（Muz-taghata），亦称喀什噶尔山，属于昆仑山脉。——译者注

② 乔治·马戛尔尼爵士（Sir George Macartney，1867—1945），中文名马继业，他当时的身份是英国驻喀什的游历官，1908年改称英国驻喀什领事，1911年升任总领事。——译者注

③ 蒋师爷（Chiang Ssu-yeh，？—1922），全名蒋孝琬，湖南人，在新疆担任莎车县衙门师爷，故人称蒋师爷。——译者注

一辈子都在衙门里供职，这样一位养尊处优的文人却能欣然接受沙漠中艰苦不便的探险工作，着实令我有些惊讶。每当我们抵达绿洲，当地中国官吏拿出好东西接待我们时，他总能表现出高超的鉴赏能力。他十分健谈，风趣幽默的话语让全队人员的精神为之一振。这些年来，我一直十分想念这位机敏而忠诚的中国朋友，可惜他早已离开人世。

6 月 23 日，我从喀什出发前往和田，沿东南方向的商道需要走两个星期。和田绿洲历史上一定同现在一样，是塔克拉玛干南部最重要的耕作区。当我第一次在这里考察时，我便在绿洲东北方向的沙漠深处发现了已经废弃的古代遗址，并发掘出土了大量佛教时期的文物。我知道这个地区的考古价值很高，一定还有其他埋藏，因此后来一直惦记着在该区域进行更大规模的发掘。但是，由于夏季炎热，清理沙漠废墟的工作需要等到 9 月后才能进行。在此期间，我只得将注意力转向地理研究和其他方面的工作。

我在莎车停留了几天，这是一片广阔而繁荣的绿洲，塔里木河从山中流出，为绿洲带来了充足的灌溉水源。离开莎车，我继续向南来到昆仑山脚下。如今看来，我在编写第一次探险的详细报告《古代和田》时使用的一些证据和史料已经需要更新了。我在宁静的小绿洲柯克亚 ① 抽空整理了这些资料，整理到最后发现，我竟然已经掌握了许多关于鲜为人知的巴克波人 ② 的人类学数据和资料。起初他们很抵触我的调查，躲在深谷中不愿出来，仿佛我真的要砍下他们的脑袋似的，而我所做的只是用完全无害的仪

---

① 柯克亚（Kök-yar），也称库克牙，今隶属于新疆维吾尔自治区喀什地区叶城县。——译者注
② 巴克波人（Pakhpo），生活在塔里木盆地南部的伊兰族残部。——译者注

器进行测量和拍照而已。虽然经历了这些麻烦，但我也得到了充分的回报。收集到的证据表明，这个小部落虽然现在和整个塔里木盆地的其他民族一样说突厥语族语言，但由于山地将它与世隔绝，其居民保留了大量阿尔卑斯人种的体貌特征。古时候的和田，甚至沿塔克拉玛干沙漠南缘向东延伸至更远处，都有该人种分布。我们有理由相信，巴克波人应该同居住在阿姆河上游的瓦罕人和舒格南人①等密切相关的族群一样，最初使用的是东伊朗语。根据和田地区沙漠中出土的古代文书记载，古和田语也属于同一语支。

　　我们选择了一条鲜为人知的小道穿越荒芜的昆仑山外坡，沿途用平板仪②进行了测绘，抵达和田时已是7月底。早在5年前的首次探险期间，我就把和田绿洲当作了自己珍视的中亚考古基地，如今再次到访这片生机勃勃的绿洲，我感到无比愉悦。同样值得开心的是，我受到了当地维吾尔族士绅和侨居此地的阿富汗商人，以及和蔼可亲的中国府尹——维吾尔人通常称这些官员为按班③——的欢迎。得益于府尹的帮助，我在接下来的4个星期内迅速完成了既定的任务，即对1900年调查过的和田以南的昆仑山脉进行补充调研，收集和田两条河流之一的玉龙喀什河上游水源头冰川更详细的地形信息。

　　我们沿着1900年发现的一条路线翻越崎岖突峭的山岭，在8月中旬到达了尼萨④河谷，紧接着便快速投入工作，勘测这条发

---

① 舒格南人（Shughnis），中国古代典籍中称之为识匿人。——译者注
② 平板仪（Plane table），一种传统野外测绘仪器，用于测定地面点的平面位置和点间高差。——译者注
③ 按班（Amban），满语，即朝中大臣。——译者注
④ 尼萨（Nissa/Nisa），位于今中国新疆维吾尔自治区和田地区和田县喀什塔什乡。——译者注

源自昆仑山主脉分水岭的冰流①。由于这里温差极大，岩石被严重
风化瓦解，碎石随处可见。为了布设测量点位，我们需要登上险
峻的山脊，山脊上光秃秃的，只有仿佛是泰坦②之手堆积起来的
巨石碎片，海拔14000英尺以上的地方则连碎石都没有了。这些
从山岭上滚落下来的大量碎石几乎堵塞了下面的冰流。冰流上覆
石块，裹挟着黑色的砾石，从几英里外看去，仿佛瞬间凝固的黑
暗洪流。透过巨大的冰瀑和布满孔洞的裂缝，我们可以看出冰流
确实携带着这些碎石稳定而缓慢地向前推进。从这里一眼望去，
裸露的冰面看起来几乎都是黑色的。后来在鄂都鲁兀尔冰川③，我
在极度困难的条件下，从冰川口向上攀登了大约5英里后达到了
海拔16000英尺左右的高度，才见到了从一座海拔逾23000英尺
的山峰脊线延伸下来的清澈洁净的冰雪，而那座高峰看起来似乎
仍然遥不可及。

两年后，我从西藏西北部荒凉的高原探险归来，途经此处，
终于爬上了这座雪峰的侧面，并得以从海拔20000英尺的分水岭
眺望这条大冰川源头的河床。至于我经历长时间攀爬，翻越布满
裂隙的冰川，最终抵达雪檐顶端的过程，以及在此过程中冻坏右
脚脚趾的经历，都是另外的故事了，在此不再赘述。

根据前序章节中提到的理论，上个冰川时期遗留下来的"埋
藏冰"在过去几千年中逐渐减少，这些冰川融水形成的河流水量
因而逐渐减少，绿洲中能够用于灌溉的水源也随之减少。归根结

---

① 冰流（Ice stream），大陆冰盖溢出冰川中流动速度快于其两旁冰体的部分。——译者注
② 泰坦（Titan），西方神话传说中的巨人。——译者注
③ 鄂都鲁兀尔冰川（Otrughul glacier），位于尼雅河上游。——译者注

底，昆仑山中各条冰川上堆积的大量碎石很可能是这一系列连锁反应的重要诱因。

在海拔约 13000 英尺处，即现在的喀什库尔冰川 ① 脚下约 3 英里的尼萨河谷源头，可以清楚地看见巨大的古老冰碛②。常年的严重降尘让冰碛上覆盖了一层厚厚的细黄土，我们多次见到北风卷起北方沙漠中的黄沙，这里的尘土就是这样被刮来的。只有在海拔 12500 到 13000 英尺之间的地方，由于水分似乎比其他地方要多些，所以生长着一些绿草和高山野花，使人眼前一亮。下面的山谷非常贫瘠，从满是岩石和沙砾的荒芜陡坡可以看出，这里的侵蚀发育速度很快。在昆仑山外坡一带，陡峭的锯齿状山峰和山峰间的幽深峡谷宛若一座迷宫，向我们展示出侵蚀作用下大自然的鬼斧神工。

在历史上的某些特殊时期，这里曾有一条穿越昆仑山主脉的古老路线，连接此地与西藏高原南侧的印度拉达克地区。我在其他场合讲述过我们探查这条古老路线时遇到的种种困难。其中不仅有自然环境造成的困难，也有当地人的阻挠。阻挠我们的既有小规模居住于此的半游牧山民，也有从和田流放到这里的特殊罪犯，总共约有不到 200 人，他们是这片荒凉山区的唯一居民。如此看来，人们称此地为喀拉古塔格③，意即"黑山"，似乎不无道理。

---

① 喀什库尔冰川（Kashkul glacier），位于尼萨河谷上游。——译者注
② 冰碛（Moraine），冰川所挟带和搬运的碎屑构成的堆积物。——译者注
③ 喀拉古塔格（Karanghu-tagh），位于今中国新疆维吾尔自治区和田地区和田县喀什塔什乡。——译者注

第四章

沙漠遗址的首次发掘

和田南部的山区由于地理条件严酷，没有留下任何历史遗迹。经过几周的努力，我完成了在该地区的地理考察任务，现在终于可以前往沙漠中的古遗址进行考古发掘了。我最初接触沙漠考古的时间可以追溯到 1900 年 12 月的第一次探险之旅，当时我就是从和田绿洲出发，向北进入了广袤的沙漠。那次考古的见闻和发现颇有价值，令我至今记忆犹新，以至于我觉得有必要邀请各位读者与我一同回顾这第一次沙漠考古的经历。

进入沙漠前的几个星期，我们一直在和田绿洲度过，绿洲虽然肥沃，但当时看起来却很荒凉。流经绿洲的喀拉喀什河和玉龙喀什河发源自不远处的昆仑山外坡，但当年刚刚刮过一场沙尘暴，即便离得很近，也完全看不到山景。沙尘暴让果园和苗圃中植物鲜艳的枝叶纷纷落下，让肥沃的平原上弥漫着英国秋日里那种雾气蒙蒙的氛围。我成功找到了玄奘法师在和田时曾到访并描述过的每一处佛教圣地。在这片数个世纪中持续耕种和灌溉的土地上，当年用土坯砖垒砌的建筑几乎没有留下任何遗迹，最多只剩一些辨认不出形状的低矮土丘。尽管曾经的佛教寺院如今已不复存在，但当地仍保留着一些古老的祭祀传统。

　　和田故都①遗址的位置十分明确，就位于一个名为约特干②的小村庄，大约在两河③之间的中间位置，距离现在的和田县城④以西约 7 英里处。过去的约 35 年间，由于"寻宝"的村民常年在那里挖掘，深埋于洪积⑤地层之下的"文化层"⑥已经被揭示出来并且被彻底打破⑦。奇怪的是，这些寻宝人的主要目标是金叶子，据说过去能挖到不少。据早年间一位中国行僧所说，这些所谓金叶子其实是贴金用的金箔，和田故都中的佛像和许多佛教建筑都使用金箔进行装饰。近年来，村民们除了找金叶子，也开始留意其他易于售卖的东西，比如带装饰的陶器碎片、陶俑（主要是猴形）、石刻和钱币。

　　虽然收集这些零碎的文物并调查与之相关的神秘遗址很有趣，但更令我感到高兴的是，在我将所有的补给和运输事宜安排妥当后，终于可以在 12 月 7 日这个雾气弥漫的苦寒日子开始我的首次冬季沙漠探险。我们沿玉龙喀什河顺流而下，河流在高大的沙丘之间蜿蜒，走过三段路程，我们来到了偏远的小绿洲塔瓦克勒⑧。

---

① 指古代于田国的国都。——译者注
② 约特干（Yotkan）遗址，位于今中国新疆维吾尔自治区和田地区和田县西 11 千米处的巴格其乡艾拉曼村。——译者注
③ 指喀拉喀什河和玉龙喀什河。——译者注
④ 即今和田市。——译者注
⑤ 河流出山区进入平原区后，因流速放缓，泥沙堆积，往往在出山口形成一片扇形洪积平原。——译者注
⑥ 文化层，考古术语，因人类活动而遗留下的遗物形成的堆积层，每个堆积层代表一定的历史时期，彼此叠压。——译者注
⑦ 一般新的文化层会叠压在老的文化层之上，但有时晚期人类活动会扰乱这种叠压关系，导致文化层被"打破"。——译者注
⑧ 塔瓦克勒（Tawakkel），即斯文·赫定笔下的"Tavek-kel"村，位于今中国新疆维吾尔自治区和田地区，地处塔克拉玛干沙漠腹地。——译者注

和田印商群体的阿克撒卡尔^①（意即头领）巴德尔丁汗是一位乐于助人的朋友，他将曾经雇用过的一位经验丰富的寻宝人吐尔迪介绍给我们当向导，带领我们前往东北方向直线距离约 60 英里处的废墟遗址。吐尔迪和其他同样在和田冒险寻宝却并不走运的一伙人将这处遗址称为丹丹乌里克^②，意为"有象牙房的地方"。

我还在塔瓦克勒雇用了两位勇敢的猎人协助我完成此次沙漠之行。他们俩一个叫艾哈迈德·梅尔根，另一个叫卡西姆·阿洪。几年前，赫定博士曾在该遗址进行过短期考察，而后沿克里雅河^③顺流而下，当时也是请的他们作为向导。他们十分优秀，习惯了漂泊的生活，所以吃苦耐劳。他们从一开始就为我提供了非常大的帮助，帮我征集到了此后发掘工作所需的 30 名劳工。农民们一方面出于迷信造成的恐惧，另一方面畏惧冬季的严寒，一向不愿意冒险进入沙漠深处。尽管我为他们提供了丰厚的报酬，全程为我提供良多帮助的和田按班——儒雅的潘大人也对他们进行过严厉的训示，但仍离不开这两位猎人的鼓励劝说才使他们克服心理障碍。

我自己有 7 头骆驼，加上在当地雇用的 12 头驴子，足以运送我们整支队伍的行李和 4 个星期的给养。驴子的好处是需要的草料很少，而骆驼则只需一些菜籽油。骆驼经常需要在没水没草

---

① 阿克撒卡尔（Aksakal），伊斯兰社会中的一种尊称，一般是指具有丰富知识、高尚品格、较有威望的部落长老，清末民初之时是新疆地区重要的地区协调人。——译者注

② 丹丹乌里克（Dandan-oilik），位于今中国新疆维吾尔自治区和田地区策勒县塔克拉玛干沙漠中的一处古遗址。——译者注

③ 克里雅河（Keriya），塔里木盆地南部河流，发源于昆仑山主峰的乌斯滕格山北坡。——译者注

的沙漠中连续跋涉数天，而事实证明，只需每隔一天喂不到半品脱这种发臭的菜籽油便能有效维持它们的体力。我们将之前骑的马匹送回了和田，因此所有人都必须步行。

12 月 12 日，我们终于带着最低限度的必需品和已经集结完毕的劳工队伍出发了，当时塔瓦克勒有近一半的村民聚在一起目送我们离开。两天前，两位猎人中较年轻的卡西姆已经带领一支小队先行出发，他们要在沿途所有可安营扎寨的地方打井，而他们留下的足迹便是指引我们的路标。

离开玉龙喀什河进入沙漠后的头两天，途经之处的沙丘都很低矮。虽然沙漠更深处的沙丘也不及我后来穿越沙漠时遇到的沙丘那般高大，但事实证明在流沙中无法快速行进。为了避免动物们过度疲劳，我们只好让负重的骆驼放慢步速，每小时只走 1.25英里。

起初还能见到生长茂盛的柽柳和芦苇丛，但在第二程途中它们就越来越少，而且连活的野生杨树都完全看不到了。幸运的是，每隔一段距离就有一些圆锥形的柽柳沙包，上面有茂密的柽柳丛，而柽柳枯死的根是极好的燃料。卡西姆的先遣队总是在柽柳沙包附近因风蚀作用而形成的低洼地打井，供我们扎营之用。对于这么庞大的队伍来说，水井的水量只能勉强满足需要，前两处营地的水质非常苦，几乎无法饮用。奇怪的是，我们离河道越远，水质反而变得越好。

现在正值沙漠中的数九寒冬时节。所幸白天行路时的气温尚能接受。虽然背阴处的温度从未达到冰点以上，但由于没有风，即便我畅快地呼吸沙漠中纯净的空气也不会感到不适。冬季的沙漠万籁俱寂，不受任何生物打扰，每当我在这种时节穿行于沙漠中，都会被这种宁静与纯净的环境彻底洗礼，感觉神清气爽。

夜间的最低温度可以降至0到–10华氏度[①]，我的小帐篷虽然有哔叽[②]内衬，里面却仍是冷得不得了。尽管暖炉中的余火尚未燃尽，温度却已降到–6华氏度[③]，这样的温度冷得无法写作。于是，我不得不蜷缩在行军床上厚厚的毛毯和毛毡中间。我的小猎狐犬达什（维吾尔语昵称唤作"裕尔齐伯克"，意即"旅行者爵士"）虽然有一件很好的毛皮大衣，也早就冻得找地方躲着去了。

进入沙漠后的第四天夜晚，先遣队中有两人折回来报告称，卡西姆等人没有找到遗迹的位置。现在，轮到我的"寻宝"向导——年迈的吐尔迪展示他关于这片死气沉沉的地区的丰富知识了，尽管他此前只从这条路线前往过丹丹乌里克遗址一次。吐尔迪在途中曾不止一次告诉我，他认为卡西姆走的路线太过偏北；但显然，出于职业礼节和自尊，他没有坚持自己的意见。现在，猎人们坦言他们无法找寻到既定目标，吐尔迪那张布满皱纹的脸上闪过一丝得意的神情。他与折返的两人进行了短暂的交谈，便确定了卡西姆的队伍所到达的地点。第二天早上，两人带着吐尔迪的详细指示返回卡西姆那里，引导他的队伍回到正确的路线上。

老吐尔迪凭借着30年来在沙漠探险中养成的直觉，以及从同样作为"寻宝人"的父亲那里继承的经验，即便在景致单一的沙丘中也能找到自己的路线。就这样，吐尔迪带我们绕过了几片

---

① 约合 –18 至 –23 摄氏度。——译者注
② 哔叽（Serge），一种斜纹的毛织品。——译者注
③ 约合 –21 摄氏度。——译者注

更高一些的沙丘，第二天晚上把我们带到了一片矗立着许多枯树的厚实沙地。尽管这些树已经枯萎变白，但吐尔迪等人仍能通过树干分辨出哪些是人为种植的白杨树、柳树或是其他树种，这清楚地表明我们已经到达了古代的耕作区。

在东南方向约 1.5 英里的一处边缘陡峭的洼地里，我们成功打下一口井，并在此扎营。第二天早上，在老吐尔迪的指引下，我们向南走了几英里便看到一些建筑残件，这说明我们已经置身于丹丹乌里克遗址中。根据我后续的调查，该遗址南北长约 1.5 英里，宽约 0.75 英里，在低矮的沙丘中零散分布着一些建筑遗迹，规模不大，但显然年代久远。风把一些地方的沙子吹开，露出用枝条和灰泥砌筑的墙壁，墙体已经倾圮，残高不足几英尺。其他地方的墙壁只能通过一排排露出流沙的木棍辨认出来。所有暴露在外的建筑遗迹都有被"寻宝者"搜寻过的痕迹。这些搜寻行为所造成的破坏通常十分明显。

吐尔迪对这处遗址十分熟悉，因此我们笑称这里是他的村庄。在他的引导下，我们对遗址进行了快速的勘察，掌握了足够的确切证据可以证明该遗址的特征和大致的年代。在吐尔迪及其同伴此前挖穿的破损墙面上，我很轻易就辨认出了残存壁画中的形象是佛和菩萨。显然我所处的位置是一处佛教寺院遗址。从壁画风格看，它们应绘制于伊斯兰教影响该地区之前的几个世纪里，这些佛教寺院和整个聚落可能也是在那时被遗弃的。我在佛寺遗址附近的废墟中捡到了印有开元年号（公元 713 年—741 年）的中国铜钱，这也证实了该遗址的年代。

老吐尔迪在这样荒凉的环境中感到很自在。他自幼便时常来这里游荡，他出色的记忆力使他能够迅速辨认出他曾经和同伴一

起挖宝的地方。所幸他们以前来时的补给和运力有限，无法在此
长期停留，也无法清理深埋在沙子里的建筑遗址。于是我选在距
离几处未被发掘的遗址都比较近的地方扎营。我们的骆驼被送到
东边的克里雅河边去吃草，而驴子则被送回了塔瓦克勒村。紧接
着，我们便开始了发掘工作，这让我们所有人忙碌了半个月。对
我来说，那是一段极为快乐的时光，不但有很多有趣的发现，也
增长了经验。

　　首先被清理出来是一座方形的小型建筑遗址，吐尔迪曾用自
己的方式搜寻过这处遗址，他称之为"布特哈纳"，意为"圣像
神庙"。覆盖遗址的沙子只有两三英尺厚，却没有被清理过。通
过清理它和其他小庙，我很快知晓了这类建筑的典型布局。这类
建筑总是有一个正方形的内殿，四面由等距的外墙垣围合，内殿
与外墙之间形成一个四方的环形通道，方便绕行朝拜①之用。这
种礼佛传统源自印度。墙垣用树枝和灰泥砌成，全部装饰有蛋彩
画②。从墙体下部残存的壁画来看，画面内容通常是大于真人尺寸
的佛陀形象，旁边还有较小的罗汉形象组成的一排排菱形图案。
偶尔也可以见到残存的神话故事画面，或是跪在大佛脚边的供养
人画像。不用说，这些供养人画像只有最下面的部分得以保存。
此外常常可以捡到大量佛陀、菩萨和乾闼婆③形象的彩塑浮雕，

① 绕行朝拜（Pradakshina），顺时针绕行寺庙、佛像、圣物、城市的礼拜方
式。——译者注
② 蛋彩画（Tempera painting），又称丹培拉，是用蛋黄、蛋青、胶水等调和颜
料后，画在石灰墙壁上的一种画。古时蛋彩画颜料常被用来画壁画。——译者注
③ 乾闼婆（Gandharva/Gandharvi），印度神话中一种以香味为食的神族，是服
侍帝释的乐神，能够演奏美妙的音乐。乾闼婆形象传入中国后经过演变，被称作
"飞天"（Apsara）。——译者注

它们都是从墙壁高处掉落下来的。

　　壁画和彩塑浮雕都表现出明显的希腊式佛教艺术风格，它在公历元年后的几个世纪里盛行于印度西北边境地区。这种艺术风格之所以能够为世人所知，是因为在古犍陀罗国——现今的印度白沙瓦地区和印阿边境地区的佛教寺院遗址中发现了大量此类雕塑。和田的佛寺遗址与古犍陀罗国相距甚远，这些佛教装饰艺术遗存的年代也比印度西部边境地区首次采用希腊艺术塑造佛教经典人物的时间要晚得多，但是其希腊式风格仍清晰可辨。

　　我们在清理受损较小的佛教寺院时获得了各种有趣的发现，我无法在这里逐一详细介绍，只能简略概述。寺院内殿的中央，一般都有一个制作精美的泥塑基座，基座上原本应立有一尊巨大的佛像，如今只残存双脚，但我们可以据此推断出佛像原本的大小。我在几处遗址中都发现有木版画倚靠着佛像基座摆放，仿佛是善男信女有意放置的还愿牌。

　　这些木版画被我带回大英博物馆，经过仔细的清洗处理后，我发现一些木版画表现的是非常有趣的神话故事。其中一幅描绘的是一个奇怪的鼠头神像①。玄奘关于和田的记述中有这样一则故事：相传有一次和田受到匈奴的入侵，幸亏鼠群和鼠王咬断了匈奴将领的马具，使敌军大败而归，从而拯救了这片土地。如果不是玄奘的这段记载，那么这些画作内容就很难解读了。我可以证实，这个故事在从西边通往和田的古道上，也就是玄奘当年听到它的地方，仍然流传着，只不过故事的细节经过了修改。

---

①　鼠头神像（Rat-headed divinity），出自丹丹乌里克一木版画，该木版画与《大唐西域记》中《鼠壤坟传说》相关记载相吻合，因此斯坦因认为该画描述的即是鼠壤坟传说中的内容。——译者注

更令人好奇的是，我后来发现其中一块木版上描绘了一位中国公主的形象，根据玄奘记述的另一则故事，她是将养蚕技术引入和田的第一人。在玄奘生活的时代，养蚕业就已经如同现在一样繁盛。相传，因为当时的朝廷禁止蚕种出口，这位公主便将蚕种藏在她的头饰中，偷偷带到这里。和田人感念她的所作所为，将这位聪明的女士奉若神明，并在都城附近建造了一座神庙纪念她，玄奘经过时，也曾拜访过这座著名的神庙。

前段所述的这幅木版画在很长一段时间内都令我非常费解。画面正中央坐着一位贵妇，衣着华服，头戴高冠，两侧有侍女跪坐。长方形木版的一端画有一个篮子，里面装满了看上去像是水果的物品，木版另一端画的东西由于掉色严重，起初很难辨认。左侧的侍女用左手指向贵妇的冠冕，当我意识到这个手势的含义时，谜题便迎刃而解。公主正是将蚕种藏在这顶凤冠下运出中原的。因此，木版画一端的篮子里装的东西是蚕茧，而另一端模糊的物体则是一台纺织丝绢用的织布机。

我探索并仔细清理了约 12 处建筑遗址，有证据表明其中几处是小型佛寺。这些建筑仅剩的墙基部分因埋没在沙子里而得以保存，我们首先在遗址中发现了若干零散的纸质文书手稿，然后又发现了完整的成捆书页。我一眼就看出这些手稿大多是用早期印度的婆罗米文书写的，部分佛经是用梵文书写的（梵文是印度的古典语言，北传佛教[①]的经典文献就是用梵文写成的），还有一部分手稿使用了一种当时我也不知道的语言，后来证明那是和田

---

① 北传佛教（Northern Buddhism），根据佛教由印度为中心向外传播的方向而做出的佛教传统分类，由印度经过中亚，再往中国和东北亚传播的一支，称为北传佛教。——译者注

人的本土语言。

这些手稿的字形和书写方式显然都来自佛教的故乡——印度。但相关学者对之前从和田"寻宝人"手中获得的部分材料进行研究分析后，证实了古和田语是伊朗语支的一个分支。这种语言同古代巴克特里亚和阿姆河中游流域一带各部族在公历元年后的数百年间所使用的语言密切相关。我们知道，佛教信仰及其教义很早就通过现在的阿富汗传入了伊朗东部地区，而佛教和与之相关的印度文化影响最初也通过阿富汗传播到塔里木盆地，后来才有了其他路线。在这种传播过程中，佛教信仰和佛像风格中便融入了伊朗元素。

我们在清理一座寺庙遗址时，在内殿中发现了一幅非常漂亮而且保存完好的还愿木版画，画面内容充分体现了伊朗元素对佛教的影响。画面的一侧是一个强壮的男性形象，从其相貌和衣着来看完全是波斯风格，但显然是一位佛教神祇。他的脸庞瘦长而红润，浓密的黑色胡须布满脸颊，这样的形象从未见诸其他任何佛教神像。卷曲的大胡子和浓密的黑眉毛使他的面相看起来更加孔武有力。他长着乌黑的长发，佩戴着类似于波斯萨珊王朝"万王之王①"头饰的金质高冠。他的腰身纤细，与波斯传统中对于男性的审美一致，穿着一件锦缎大衣。下身的小腿和脚包裹在黑色高筒靴里。腰间挂着一柄短小的弯刀。从脖子垂下一条卷曲的披肩，缠绕在手臂上，与通常在中亚菩萨像上看到的基本一致。此类神像通常画有四只手臂以示神威，这一幅也不例外。神像的三条手臂持握着法器，但可以被清楚地识别出来的只有其中两

---

① 万王之王（King of kings），古近东地区帝国统治者的称号。——译者注

样———一只酒杯和一根矛头，它们无疑都是世俗物品。

与此形成鲜明对比的是，木版的另一侧绘有一幅具有明显印度风格的三头恶魔形象。恶魔的身体肌肤呈深蓝色，除了腰部裹着虎皮，其他部位都是裸露的，四只手臂各执法器，双腿交叉，身下伏卧有两头公牛，这些都表明他与印度怛特罗密教^①的神秘传统有些许关系。这幅画的主题和风格似乎与画版另一侧的波斯菩萨像相去甚远，两者之间的关联着实令人费解。

解释这两个人物及其之间关系的线索直到15年后才浮出水面。当时我的第三次中亚考察已经接近尾声，我来到波斯东南边境锡斯坦地区^②的哈蒙绿洲，对赫瓦贾山上一处壮观的遗址进行考察。我在遗址中一面年代较晚的墙壁后方发现了一幅大型壁画，只可惜画面已经破损严重。壁画描绘了人们向一位武士致敬和献礼的场景，画中的武士样貌年轻，坐姿端庄。武士抬起的右臂持握一根弯曲的锤矛，锤矛的顶端是一个牛头。这把锤矛的形状与波斯史诗传说中的大英雄鲁斯塔姆^③所持的著名兵刃牛头戈完全吻合，这也是鲁斯塔姆在伊斯兰时代的波斯画像中的显著特征。

毫无疑问，赫瓦贾山壁画中的主要人物就是鲁斯塔姆，菲尔多西^④所著的波斯民族叙事诗集《列王纪》中明确记载了鲁斯塔姆与锡斯坦地区的联系。将赫瓦贾山壁画的鲁斯塔姆形象与丹丹

---

① 怛特罗密教（Tantra），笈多王朝时期由中印度地区开始盛行的一种神秘主义运动，对佛教密宗和印度教产生了一定影响。——译者注

② 锡斯坦地区（Sistan），古代地理概念，指今伊朗东部和阿富汗南部的区域。——译者注

③ 鲁斯塔姆（Rustam），又称罗斯坦，是古代波斯勇士的典范、民族英雄，生于波斯皇族，一个勇士世家，所用的代表性武器为牛头戈（Gurz）。——译者注

④ 菲尔多西（Firdausi，940—1020），波斯著名诗人，著有民族史诗《列王纪》等著作。——译者注

乌里克木版画上的"波斯菩萨"形象进行比较，我们现在可以看出菩萨右上方手臂中持握之物正是鲁斯塔姆那根弯曲的锤矛，其顶端斑驳难辨的部分则是牛头。

赫瓦贾山壁画的比较研究也有助于我们理解丹丹乌里克木版画另一侧所绘的三头恶魔形象的含义。在赫瓦贾山壁画中，我们看到鲁斯塔姆面前有一个与三头恶魔形象极为相似的人，正举起双手做膜拜状。根据波斯史诗中普遍流传的说法，此人极有可能是鲁斯塔姆的一位邪恶对手，鲁斯塔姆在经历艰苦搏斗后战胜了他，并迫使他臣服于自己的国王。如此一来，丹丹乌里克木版画两侧人物之间的联系便可以解释清楚了。

赫瓦贾山的壁画大约绘制于公元7世纪的萨珊王朝晚期，与丹丹乌里克佛寺遗址的时代相近。和田本地佛教寺庙中出现神化的伊朗英雄形象，说明佛教在传入中亚时吸收了其他文化的影响，这一点十分有趣。

丹丹乌里克遗址被废弃的时间可以借助出土的世俗文书手稿的年代加以确定。在一些疑似禅房的居住性建筑遗址中，我们发现了一些带有婆罗米文的小纸片。后来的研究表明，它们其实是用和田语书写的一些本地交易记录，比如借款契约、征收令等。从这些交易记录和佛教典籍手稿的古文书学特征来看，它们可能是公元8世纪的遗存。这一推断主要基于已故的霍恩勒[①]博士的学术研究做出，他与我共事时间很长，为我提供了大量帮助。其他禅房遗址中出土的一系列中国文献也印证了该推断的准确性。

---

① 鲁道夫·霍恩勒（Rudolf Hoernle，1841—1918），德国印度学家和文献学家。——译者注

巴黎的著名汉学家——已故的沙畹 ① 教授是我在中国文献研究方面的引路人，经他研究，这些文书包含有追讨债务的请款函、小额贷款的契约，以及某位小地方官的报告等。得益于中国史家对于纪年的重视，我们如愿在这些文书中找到了确切的年号，时间跨越建中二年（公元 781 年）至贞元六年（公元 790 年）。文书中称该地区为"列谢"，还提到一座名为"护国寺"的寺院。奇怪的是，寺里的几个和尚虽是出家人，却似乎做着放债的生意。其中一份文书显示，该寺主持使用的是汉语名，但借款人和担保人使用的是其他语言的汉语音译名，说明借方不是汉族人。

但这些文书最重要的价值在于它们为我们的断代工作提供了依据。从它们的特性和被发现时的状况来看，这些文书散落在底层用作僧舍或厨房的房间中，与垃圾堆放在一起，我们几乎可以断定，它们的书写时间应是该寺废弃前的最后几年，当人们最终搬离时，便将它们随手丢弃了。遗址中出土铜钱的年代不晚于上元元年（公元 760 年），这也完全印证了我们的上述推断。

根据中国史书记载，唐朝在贞元七年（公元 791 年）前后失去了对塔里木盆地的控制权，这与我们推断的丹丹乌里克遗址废弃的时间非常吻合。中原王朝影响力的瓦解和吐蕃人的入侵，使得和田陷入了一个特别混乱的时期。每当中原王朝经历政治大动荡，边塞小绿洲受到的影响总是尤为严重。因为这些绿洲完全依赖于灌溉系统，而灌溉系统只有在稳固和悉心的管理下才能得以

---

① 　爱德华·沙畹（Èdouard Chavannes，1865—1918），字滋兰，号狮城博士，著名汉学家，法国敦煌学研究的先驱者。——译者注

维持。从这个角度考虑，丹丹乌里克的出土文物有助于我们探寻此地其他古遗址遭到遗弃以及前文中暗示过的它们无法复垦居住的真正原因。

除了我的发掘所获之外，我还对当地的总体情况和生存条件进行了调查，获得了一些有趣的发现。我调查了湮没在低矮沙丘间的古代果园、道路、水渠，以及堆放着垃圾的简陋居址等遗迹。它们是无声的历史见证者，将有助于我们更好地理解下一章所要讲述的有趣的古遗址。

在此，我们只能做出这样一个大致推论：该遗址的一切迹象都表明，它是逐渐被废弃的，无关任何突发的自然灾难，并非是一些欧洲旅行者盛传的塔克拉玛干大沙漠天降黄沙突然埋没了古城。塔里木盆地所流传的天降黄沙淹没古城的故事，其实是索多玛和蛾摩拉 ① 古城覆灭传说的一种变体，而这两座古城比丹丹乌里克遗址要早得多。玄奘也曾听到过这个故事，而且与现在所流传的版本基本相同。这些故事作为民间传说颇为有趣，但科学调查无须考虑这些传说，对丹丹乌里克及该地区其他古遗址的调查还是要以清晰的考古学证据作为支撑。

在历次考察中，详细的地形勘测和考古调查使我确信，丹丹乌里克的土地依靠若干条水渠从远处引水灌溉，这些水渠在建成

---

① 索多玛（Sodom）和蛾摩拉（Gomorrha）是两座古代城市，《圣经》和《古兰经》中均有记载。《圣经·创世纪》第 14 章提到，耶稣因索多玛与蛾摩拉的罪恶，以天火毁灭两城。《古兰经》提到"索多玛与蛾摩拉盛行不良的行为，真主派遣罗得前去教化他们……当我的命令降临的时候，我使那个市镇天翻地覆，我使预定的连续的陶石像雨点般地降落在他们身上"。据考证两座古城位于约旦河东岸、死海以北。——译者注

后的至少5个世纪里将策勒①、达玛沟②和固拉合玛③等地的河水引到此地以南约40英里处的乌宗塔提④。乌宗塔提即是玄奘所说的媲摩⑤，马可·波罗称之为培因，如今那里也已是一片废墟。我在详细的报告中进行了相关探讨，得出的结论是，丹丹乌里克和媲摩相继废弃是基于同一个原因，即这两处沙漠深处的偏远聚落难以维持有效的灌溉。

① 策勒（Chira），位于今中国新疆维吾尔自治区和田地区，策勒大干渠从南向北贯穿全境。——译者注
② 达玛沟（Domoko），位于今中国新疆维吾尔自治区和田地区，主要水源为奴尔河，源于昆仑山脉喀拉塔什山北端。——译者注
③ 固拉合玛（Gulakhma），位于今中国新疆维吾尔自治区和田地区，境内有三条季节性河流，主要源于南部山区，山区降雨和冰雪融化是河流的主要水源。——译者注
④ 乌宗塔提（Uzuntati），位于今中国新疆维吾尔自治区和田地区策勒县达玛沟乡北沙漠边缘地带，为一处佛教寺院遗址，时代为汉至元。——译者注
⑤ 媲摩（Pi-mo），即坎城，马可·波罗称之为培因（Pein），位于今中国新疆维吾尔自治区和田地区策勒县北。《大唐西域记》载："战地东行三十余里，至媲摩城。"唐置坎城守捉于此。——译者注

第五章

尼雅遗址的发现

在丹丹乌里克南边的沙漠中，距离固拉合玛和达玛沟两座仍有人耕种生活的村庄更近的地方，还有其他遗址等待我们发掘。在我的第一次和第二次探险过程中，我对这些地方都进行了充分的考察，并判断它们被废弃的时间与丹丹乌里克应大体相同，或是略晚几个世纪。但它们不论是古老程度、趣味性、重要性，还是其他各方面，都不及如今已经湮没在尼雅河尽头沙漠中的那处聚落遗址。因此，我打算直接带领各位读者前往尼雅遗址。1901年1月，当我告别了丹丹乌里克和我的第一处沙漠考古现场后，幸运之神也是这样直接引导我来到了尼雅遗址。

一路向东经过 3 天的长途跋涉，翻过一座座沙丘，我们到达了冰封的克里雅河[①]。克里雅河发源于和田以东的昆仑山上，由于拥有可观的冰雪融水补给，它是该地区唯一一条能够深入塔克拉玛干沙漠的河流，但即便如此，最终也断流于高高的沙丘之间。我们溯洄而上——这次不再是步行，而是骑着事先安排好的马匹又走了 4 天，最终抵达了克里雅[②]绿洲，即于田县城所在地。于

[①] 克里雅河（Keriya-darya），发源于昆仑山主峰乌什腾格山北坡，现在是塔里木盆地南缘仅次于和田河的一条重要源流。——译者注

[②] 克里雅（Keriya），即今中国新疆维吾尔自治区于田县。——译者注

田是该地区的治所，管辖的区域地跨 5 条经线，面积很大，但辖区内几乎全是沙漠。于田城内友善的县官热情地接待了我们。

于田并不是一座老城，这里以"寻宝"为业的人也不如和田那边多。但在我到达于田后的第一天，便有一位年迈且备受尊敬的村民前来告诉我，他十年前曾在尼雅①北部的沙漠中，比纪念伊玛目贾法尔·萨迪格的著名圣地②更远的地方，发现了被沙子埋没过半的古代房屋。其他人也听说过这个"古城"（阔纳沙③）的故事，生活在塔里木盆地中的人习惯用"阔纳沙"一词来形容各种各样的废墟，即使是那种面积非常小的遗址。于是我在 1 月 18 日出发前往尼雅，沿着塔克拉玛干沙漠边缘的昆仑山前砾石地带走了 4 天，终于到达了这片小绿洲④。

我们抵达时正值伊斯兰教的斋月末，我们不得不停止白天的行动，在这期间，我意外收获了有关我将要前往的那处遗址的线索，事实证明它的确很古老，这使我感到非常高兴。一切都归功于年轻聪明的哈桑·阿洪——后来一直跟随我探险的驮夫，他偶然间了解到有位村民拥有两块从遗址中带出来的刻着文字的木牍。当这两块木牍呈现在我面前时，我异常欣喜地发现，木牍上的古老文字竟是公元 1 世纪盛行于印度最西北部的佉卢文。

为我带来木牍的村民是在去往伊玛目贾法尔·萨迪格麻扎的

----

① 此处指今中国新疆维吾尔自治区民丰县尼雅镇。——译者注
② 指伊玛目贾法尔·萨迪格（Imam Ja'far Sadik，699—765）的麻扎（伊斯兰陵墓）。贾法尔·萨迪格是伊斯兰教什叶派十二伊玛目支派第六任伊玛目、贾法里教法学派创始人。该麻扎为当地人假托贾法尔·萨迪格之名建造的纪念性衣冠冢。贾法尔·萨迪格于 765 年被害于麦地那，一生从未到过新疆，但新疆长期讹传着关于他在和田传教的传说，并被载入地方志。——译者注
③ 阔纳沙（kōna-shahr），即当地方言中"古城"一词的音译。——译者注
④ 同前文，指今中国新疆维吾尔自治区民丰县尼雅镇。——译者注

路上捡到它们的；但很快我就找到了这两块木牍最初的发现者易卜拉欣，他是村里一个年轻胆大的磨坊主。一年前，他在比伊玛目贾法尔·萨迪格麻扎更远的地方"寻宝"时，在"古城的一座房屋"中挖出了这些木牍。他没有找到任何宝藏，只找到了这些对他来说毫无用处的木牍。他带走了6块，除了在路上扔掉几块作为标记，其余的都拿给他的孩子们玩耍。当然，孩子们很快就把木牍玩坏了，当易卜拉欣看到我支付给捡到木牍的村民丰厚的赏金时，他不禁十分懊悔。

我不失时机地邀请易卜拉欣作为我们一行的向导。当晚，我在辨读这些珍贵木牍的过程中度过了愉快的一夜。由于字迹潦草，加之墨迹褪色，我无法立刻解读出上面的文字，但毫无疑问，我手中的这些文书是用早期印度文字书写而成的，这种文字比除石刻碑记以外印度发现的任何文献都要古早。仅凭这些文字便足以让我确信我所要去探索的遗址十分古老，但我当时还没有预想到那里将有多么丰硕的收获等待着我。

我们沿着水流渐小的尼雅河走了3天，便到达了伊玛目贾法尔·萨迪格的麻扎。由于满怀期待，而且天气晴朗，我们感到心情愉悦。但天气仍然非常寒冷，晚上的温度通常会下降到 –8 华氏度①左右。伊玛目贾法尔·萨迪格的麻扎是一处著名的朝圣地，传说这位神圣的穆斯林领袖曾率领数百名忠诚的信徒与"秦和马秦②"，即和田的异教徒作战并战死于此。

这里没有什么可让我流连的。除了一些朝圣者的庇护所、一

① 约合 –22 摄氏度。——译者注
② 秦和马秦（Chin and Ma-chin），两个词语皆源出印度，分别指大契丹国（辽）和于田国。——译者注

所倒塌的马德拉萨 ①（即所谓的学校），以及被朝圣者挂满成千上
万块还愿布条的树木，唯一引人注目的是一座古怪的小丘，山坡
覆盖着一层石盐 ②，石盐层上面布满碎石。河流尽头仅存的涓涓细
流在最终消失前，注入了一汪小池塘。我们将从加尔各答 ③ 带来
的两个镀锌铁罐在池塘中灌满了水，还在临时制作的麻袋和网兜
里装满了冰块。这是我们这支四五十人的队伍在沙漠中扎营最基
本的需水量。

从麻扎向沙漠更深处行进，野生杨树和柽柳组成的繁茂丛林
带逐渐被一大片低矮的沙丘取代，沙丘上面长着灌木丛，沙丘之
间还有一些扭曲枯死的老树。第二程路比较好走，在接近这一程
的终点时，我们经过了一片更加开阔的地带，在这里发现了陶器
碎片，还有用捆扎结实的灯芯草做成的围墙、一排枯死的果树和
人工种植的杨树，它们都证明这里是某个古代农场遗址。很快，
我们便来到了向导提到过的那两座"房屋"。

乍看之下，这些房屋基址像是坐落在台基之上。但细看便
知，所谓台基只是原始黄土地层，因没有像周围其他地方一样受
到风蚀而显得更高一些。这些房屋的建筑形制与丹丹乌里克遗址
的房屋形制基本相同，但是尺寸要大得多。虽然房屋内部已经满
是黄沙，但从尚未被埋没的墙壁上可以看出，这些房屋的木质梁
架也比丹丹乌里克遗址的更加精细和坚固。我在其中一个房间里
发现了一些雕刻精美的木片，上面有希腊式佛教雕塑中常见的装

① 马德拉萨（Madrasah）是阿拉伯语音译，伊斯兰学校之意。——译者注
② 石盐（Rock salt），也称岩盐，是氯化钠的天然矿物形式，海洋或内陆咸水
湖蒸发后形成的矿物结晶。——译者注
③ 加尔各答（Calcutta），印度西孟加拉邦首府，位于印度东部恒河三角洲地
区，胡格利河东岸。——译者注

饰图案，说明这些遗址的年代非常久远。

继续向北行进约两英里，穿过一些高大的沙丘，我们来到一处土坯砖建筑遗址，高高的圆锥形沙丘已经将它埋没过半。事实证明，这是一座小型窣堵坡，即佛塔遗迹，很久以前就被盗掘过。我们将营帐安扎在距离各处遗址远近适中的地方，以方便进行发掘，而且易卜拉欣自信地告诉我这里距离他发现那些木牍的地方也比较近。在我与这些无言的古代遗迹相伴入眠的第一个夜晚，我不免有些担心易卜拉欣的故事是否真实可靠，暗自思忖他声称自己留在那里的珍贵木牍还剩下多少等待着我去发现。

第二天早上，我赶忙带着易卜拉欣和我的挖掘工来到这处房屋遗址。出发时，期待与猜疑的情绪交织在一起，但当我接近遗址时，立刻变得喜悦而安心。从营地出发大约 1 英里后，我看到了易卜拉欣带领我们前往的那处遗址。它同样位于一处小小的高台之上，四周的地面因风蚀作用而显得低洼。我在攀登高台的斜坡时，一口气捡到了 3 块刻着字的木牍，这 3 块木牍就混在一大堆风化严重的木构件中。

登上高台之后，我欣喜地发现在其中一个房间里还散落着更多木牍。此时距离易卜拉欣把木牍扔在这里只过了一年。木牍上只落了一层非常薄的沙土，几乎无法保护最上层的木牍免受积雪侵蚀。好在根据我们离开于田县城后的经验，这里的降雪量很小，不过由于天气寒冷，山坡的背阴处仍有几片未化的积雪。事实上，最上层的木牍经过一年的曝晒已经褪色，部分字迹也已经消失。因此，我感到无比幸运，能够在易卜拉欣发现木牍后不久就在他的带领下来到这里。

易卜拉欣立即向我指出了他最初发现木牍的地点。那是位于建筑北翼中间的一个小房间的角落。他当时在土坯砖壁炉和房间西墙之间的小壁龛中，徒手从沙土中挖出了一堆木牍。这些古代木牍被发现时显然应该是按照某种顺序排列的，但因为这并不是他想要寻找的"宝藏"，就被他随手扔到了相邻的另一个房间中。

　　我的第一项任务便是让人清理易卜拉欣发现那些珍贵木牍的房间。这是件比较容易的事，因为房间面积不大，覆盖地面的沙土也没有超过 4 英尺深。在清理过程中，我们又在原始的夯土地面上和壁炉旁的坐台上发现了 20 多块木牍。接下来，当我亲自仔细搜寻易卜拉欣丢弃木牍的房间时，又找到了林林总总至少 85 块。随后清理建筑遗址北翼相邻的其他房间时，又获得了更多的木牍。因此，在结束第一天的工作前，我已经获得了数量可观的丰富文物。

　　这些木牍大多保存状况良好，以至于我甚至当场就能轻易辨认出它们的用途和外观的主要特征。除了少数几块长方形木牍外，当天发现的所有木牍基本都是楔形的，长度从 7 英寸到 15 英寸不等，并且有明确的证据表明它们最初应该是成对绑在一起的。我现在来说明一下这种固定方法的巧妙之处。木牍上的文字写在木板内侧，全部用草书体佉卢文书写，从右向左认读，句子与木牍的长边平行。一些木板 ① 的外侧有一个凹槽，用于放置泥封，后来证实它们起到类似信封的作用。在木牍有凹槽的一侧，

---

① 即"检"，"书函之盖也"。斯坦因发现的这些检牍分为上下两部分，上部的称为检，下部的称为牍。由于斯坦因在行文中未刻意区分检与牍，故下文中在描述细部构造时以"木板"代之，其余情况统一译作"木牍"。简牍不同于检牍，简牍中的"简"是竹简的简称。——译者注

通常有简短的单行文字。这应该是寄件人的地址或姓名。这些木牍两两绑在一起，可以相互保护，因此木牍里面的黑色墨迹看起来就像昨天书写上的一样清晰。

尽管这些木牍由许多不同的人书写而成，我们依然能够通过其鲜明的特征辨认出，木牍上的佉卢文与印度的贵霜帝国，即印度－斯基泰王国时期石刻上的字体应属同一种。公元 1 至 3 世纪，贵霜帝国的统治者控制了旁遮普地区和印度河以西地区。因此，即便尚未开展任何深入研究，我也十分确定自己正忙于收集的这些木牍具有悠久的历史和独特的价值。

不过，在这一天令人兴奋的工作中，始终有一个疑虑萦绕在我的心头，我的考古学良知不允许我过早地沾沾自喜。诚然，我第一天工作所获的 100 多块佉卢文木牍，即使没有超过目前所有已知佉卢文材料的总和，至少也能达到相同的数量级。但是，这些陌生的木牍会不会只是同一文本的若干副本？比如某部佛教经典中的祷词或摘录？

我一回到帐篷里，就迫不及待地开始研究这些木牍中保存最完好的一部分。根据以前研究佉卢文铭文的经验，草书体的文字和语言方面的所有不确定因素势必让识读工作面临重重困难，我对此早已做好准备。于是我裹着皮衣坐在帐篷里研究了一整晚，第二天早上温度计显示最低温度只有 –41 华氏度[①]，这一宿的研究使我获得了两方面的重要认知。第一，经过一系列的语言学观察，我确信这是早期印度的一种普拉克里特语言[②]。第二，同样可

----

① 约合 –41 摄氏度。——译者注
② 普拉克里特（Prakrit）语言，又称古印度俗语，"普拉克里特"一词在梵语中的原意是"天然的"，引申为"俗语"，是一种低地位语言。——译者注

以肯定的是，尽管大部分木牍开篇都有一句相同的文字，但全文内容差异很大。后来我破译了这句固定开头，写的是"大鄯善大王书^①"，由此看来，这些文书所传达的无疑是官方命令。我们似乎可以得出这样的结论：过去在中亚这一带，至少在官方文书中，使用过一种佉卢文书写的古印度语言。这样的事实很可能揭示出该地区迄今一直不为人知的、全新的、完全出乎意料的历史面貌。

我继续着手清理这座建筑遗址的南翼房间时，热切地希望能够发现更多木牍，事实证明这并非无端的期待。在一个似乎是供侍从使用的小前厅后面，连着一个大房间。这个房间 26 英尺见方，三面都有一个灰泥砌起来的台子，很像当代维吾尔族大户人家的客厅^②。房间中央现存 8 根柱子，呈正方形排列，表明房间曾经有顶棚，能够像现代房屋一样采光和通风。很快我就了解到，这片遗址的其他古代民居遗迹在布局和结构方面，也与如今绿洲中民居建筑普遍采用的设计极为相似。

由于年代久远，加之风化侵蚀，现场除了房间中折断的立柱，就只剩下依靠木结构支撑的墙垣，覆盖在遗址上充当保护层的沙子也只有 2 英尺厚。令我惊喜的是，即使条件如此，我还是在房间南侧的台子上发现了 60 块木牍，上面的字迹或多或少还能辨认出来。其中一些木牍被发现时成捆码放在一起，显然是屋主最后离开前留下的。但是从另一些相当数量的木牍放置的位置

---

① 大鄯善大王书（Mahanuava maharaya lihati），该释义出自关迪所著论文《古鄯善国佉卢文简牍的形制、功用与辨伪》，刊载于《西域研究》2016 年第 3 期。——译者注
② 客厅（Aiwan/Iwan），维吾尔语，意为一侧开有拱门的巨大房间。——译者注

可以明显看出，它们在建筑废弃后不久被挪动过。因此，一些木牍是在一大块织工密实的席子上被发现的，而这块席子应该曾经是房屋中央屋顶上的材料。另一些则是在一个小口壁炉附近被发现的，被屋顶掉落的席子盖在下面。这部分木牍能够完好保存，显然要归功于席子提供的保护。

从我们所获木牍的巨大数量以及其中未被"寻宝人"扰动的木牍保存状况来看，这间大屋子无疑曾经是一处办公用房。后来通过对木牍的研究，我们进一步明确了它曾是地方官员的官署。这些木牍文书在尺寸和形状方面相差甚大。我们在这里也发现了一些楔形木牍，但在数量上远不及长方形木牍，这些长方形木牍细部特征和排列方式也十分多样。其中一些木牍的尺寸相当大，长达 30 英寸。绝大多数木牍上的文字呈不规则排列，每列字数不多，且往往以数字结尾；透过各式各样的笔迹和涂抹痕迹来看，这些木牍上的内容并不能连贯成文，句子之间甚至彼此无关，因而它们很有可能是便笺、账目、草稿和其他随手记录的文字。

这间屋子中最具代表性的发现是两组长方形木牍，上面的文字书写得工整且仔细，但想要现场解读出文字的含义仍颇为困难。其中一组长方形木牍形状规则，长度从 4 到 16 英寸不等，写有铭文的一面在两端高出一块，像是刻意留白。开头的一行文字通常夹杂有一些普拉克里特语言，我很快就弄明白了这些文字的意思是"年……月……日"。显然我手中的是一些带有规范纪年的文书。另外一组长方形木牍尺寸更小，平坦的一面几乎没有文字，而另一面的中间凸起处总是有一个正方形或长方形的插槽，显然是用来盖泥封的，同时还书写有一两行横向的文字。这些木牍的组装原理其实很简单，我后来在一处垃圾堆中发现的一些古物令木牍上这些部件的作用不言自明。这些带印章的奇怪木板其实相当于木制的盖子或信封，恰好能卡在下层两端凸起的木板形成的凹槽内，以保护下层木板表面的信件或公文内容。

这座出土了丰富木牍的建筑遗迹上面覆盖的沙子并不深，不足以保护体量更大的文物。它本身倒是很好地说明了它和该遗址其他建筑遗迹所遭受风蚀的程度。这座建筑遗迹位于高出周围地面约 15 英尺的小台地上，这种现状无疑正是风蚀的破坏力造就的。被建筑残骸、墙基等覆盖的地面保留了原来的高度，但附近的空地却在风蚀作用下越来越低。古代建筑遗迹下面的地面其实也在风蚀作用下慢慢被剥蚀，逐渐凹陷。透过这处建筑遗迹的照片，可以明显看出这种缓慢侵蚀的进程；在前景的斜坡上可以看到一堆沉重的木料，它原本是建筑结构的一部分，现在已经完全倒塌。

在该遗址继续发掘了几处古民居后，它们的保存状况让我清楚地意识到这种缓慢而持续的风沙侵蚀对遗址所产生的危害。距离我第一次发掘清理的建筑物西北方约半英里处，在一个足有500 英尺见方的区域里，满是古代房屋倒塌后留下的木构残件。但由于此处的沙丘只有几英尺高，地面被严重侵蚀，墙壁所剩无几，房间里保存下来的东西更少。即使如此，我在仔细清理一番后还是有所收获。

在一个地面堆积沙土深达近半英尺到一英尺的独立房间里，我清理出大约 50 块木牍，还有各种木制的家用工具，包括捕鼠夹、鞋楦等。不幸的是，由于保存状况不佳，大多数木牍都已干裂褪色，以至于看不清任何字迹。剩下的木牍虽然扭曲变形，但仍能看出上面用佉卢文书写的字迹。根据木牍上出现的姓名和账目，我推断它们应是某种官署保存的记录。透过这些木牍的大小，我们可以猜想当时在此从事记录工作的文人使用木质材料书写的难度和不便。其中一块字迹模糊难辨的木牍竟长达 7.5 英尺！

覆盖在这一区域的沙子不太深，我很快就清理出相当数量的小房子。这使我对当地人的房舍和牛棚等建筑的典型布局方式有了一定了解。这些房子里没有什么有趣的发现，唯一值得顺便一提的是，我在外屋发现了一座冰窖。冰窖里面有一层厚厚的杨树叶，是过去用来铺在冰块上的，现在仍然保存完好。

离开我们抵达这片遗址后发掘的第一地点，我们又在另一地点发掘出两座大型房屋遗址，出土的文物特点更加多样，也更加有趣。其中靠东侧的房屋遗址，从其房间的大小和数量来看，屋主肯定是一个有地位的人。各个房间被沙土掩埋得比较深，因此建筑结构保存得也更好。这处建筑遗址十分引人注目的特点是它的中央有一间大厅，长 40 英尺，宽 26 英尺。支撑屋顶的巨大杨木正梁有 40 英尺长，正梁与支撑它的叉手[①]一样，都雕刻有精美的纹饰。用泥灰刷过的墙壁仍然保持着很高的高度，上面装饰有精心设计的蛋彩画，画面内容是大型花卉卷轴和花束。

大厅已经被最后的居住者抑或是来访者完全清空了，但我们在北面相邻的小房间里找到了有趣的文物，这些文物体现了当时的制造技术和艺术水平。我们提取到一些当地织物的样本，其中

---

① 叉手，中国古代抬梁式建筑中最上层的斜向支撑构件。斯坦因原文中使用的"corbel"一词是西方建筑外立面支撑阳台等外挑结构的三角形构件。结合上下文，推测此处所指的是叉手。——译者注

包括一张做工精细的羊毛地毯的残片，上面有精致的几何图案，而且配色和谐，只需稍加刷扫就能恢复其原有的光彩。顺便提一下，我们在厨房里发现了一些木质工具，在一个仓库后面发现了木弓和木盾等武器。但这里发现的所有木雕装饰品中，最漂亮的当属一把古代木椅，尽管这把木椅被发现时已经解体，残件堆放在一间外屋的地面上。木椅上雕刻的所有装饰图案都是我们熟悉的印度西北边境地区希腊式佛教浮雕中常见的元素。令我更加开心的是，我注意到这件雕刻艺术品的年代与此前发现的佉卢文记录的年代十分吻合。

在西南方向较远的另一座大型房屋遗址中，也发现了大量的奇特文物。在一个似乎是办公用的房间里，除了发现有带字的木牍外，还发现了形状各异的空白未使用的木牍、柽柳木做的笔，以及至今中国人仍在使用的筷子。更有趣的是，我们在过道中发现一把上半部分保存完好的六弦琴和一把雕工精美的扶手椅的残件。椅腿做成了立狮状，扶手则是臆想出来的希腊风格怪兽，所有残件都保持着原来的鲜艳色彩。

房屋遗址附近有一处苗圃，布局十分清晰。至今仍能看到高出地面 8 到 10 英尺的白杨树的树桩，排列成一个个小方块，围成一条条林荫道，就像现在从喀什到于田的每一处"博斯坦①"中所能看到的景象一样。我走在两道平行篱笆之间的乡间小道上，这条小道就如同 17 个世纪以前一样，这种感觉十分奇特，仿佛感知不到时间的变化。我用手杖在篱笆底部的沙地上随意拨动，翻出了很多杨树和果树的枯叶。我的挖掘工能够轻易地通过倒在

———————————

① 博斯坦（Bostan），维吾尔语音译，意即花园或菜园。——译者注

这里和遗址各处的古树树干分辨出哪些是曾经人为沿小道栽种的白杨树，哪些是桃树、苹果树、李子树、杏树、桑树等果树，因为这些都是他们自己家乡常见的树木。

如上文所述，从那些古代房屋的考古发掘结果来看，屋内所有具有价值或是能够继续使用的东西，都已被最后的居住者带走，或是在他们离开不久后被人洗劫一空。因此我只得寄希望于在垃圾堆中取得新的考古发现，而我很快便得偿所愿，取得了非常满意的结果。

在勘察遗址北部区域时，我发现了大约 6 处建筑群遗址，它们分布在南北长约 3.5 英里，东西宽超过 2 英里的范围内。其中一处建筑遗址已经残破不堪，也没有什么值得特别关注的地方，我在此地发现了一些暴露在外的已经褪色的木牍，经过半个小时的发掘工作，我又发现了 20 多块木牍。我在这里有两样新奇的发现：一块写有汉字的窄木片，还有一小块带有佉卢文纪年信息的皮革。

这些发现使我充满希望。然而，这毕竟只是一幢普通民居西端的房间，房间的墙壁只剩半截，我并未期待能在这里发现丰富的古代文物遗存。当系统性的发掘工作开始后，我们发现了一层又一层的木牍，中间还夹杂着各种垃圾。由此看来，这是一个多年堆积形成的古代垃圾堆，借用如今的概念来打比方，这些木牍就相当于过去那个时代的"废纸"。

从这个高出原始地层 4 英尺的垃圾堆中，我最终清理出了 200 多份木牍。它们与碎陶片、稻草、毛毡和各种织物的残片、皮革碎片以及其他有味道的垃圾混在一起，形成了坚硬的堆积层。想要将每一块木牍都做好标记并记录在册并非易事，一方面，严寒使我的手指冻得僵硬，另一方面，迎面吹来的东北风会从刚发掘出的垃圾堆中卷起阵阵尘土。然而，对每件文物被发现时的相对位置 ① 进行准确记录显然十分必要，因为这样可能有助于确定这些零散的木牍文书之间的年代顺序和内在联系。在 3 天漫长的时间里，我不得不闻着这些古代污泥和垃圾的气味工作，它们在经过这么多个世纪之后仍有刺鼻的味道。

这些出土文物的外形和材质十分多样，保存状况也非常良好。开始工作几小时后，我就清理出了以皮革为载体的完整佉卢文文书。这些文书写在制作精良的长方形羊皮上，总共发现了 20 多张，大小不一，但它们都是以同样的方式卷成整齐的小卷。写在皮子内侧的佉卢文字迹工整，黑色的墨迹仍然非常清晰。在每份文书的开头部分，都有一行固定格式的文字，其含义如前文所述，表明了文书的官方性质。文书的下方分别标注有日期，但通常只写到月和日。

这里出土的大量佉卢文木牍还完整保留着原始的泥封和固定木牍的绳子，这一发现揭示出与其使用场景相关的大量信息，甚为有趣。毫无疑问，木牍是一种文房用具。至此，我已经有幸确切地知晓了其使用过程中的所有技术细节。

楔形木牍主要用于短篇通信，特别是那种半官方性质的通信。它们无一例外地由尺寸完全吻合的成对木板组成。两块木板的一端被切成方形，另一端被削成尖头，并在尖头处钻了一个贯穿两块木板的绳孔。文字书写在下层木板光滑的内侧，上层的木板像信封一样保护着里面的文字。如果文书的内容比较长，还可

---

① 出土物彼此之间的位置关系。——译者注

以在上层木板的内侧继续书写。上层木板在靠近其方形端的地方逐渐变厚，外侧凸起的地方整齐地凿出一个方形的凹槽，用于加盖方形泥封。

一根两股的麻绳以一种巧妙的方式，先穿过绳孔，然后在靠近方形端（即右端）处将两块木板紧紧绑在一起。绳子顺着沟槽通到加盖泥封用的印槽，整齐地交叉捆绑。然后在印槽中填满封泥，并用封泥覆盖住穿过来的绳子。一旦发信人将其印章加盖到封泥上，上下两块木板就无法再分开，也就不能阅读木牍内侧的文字，除非破坏泥封或者切断绳子。这样就绝对杜绝了途中有人私自拆阅的可能性。

从那座被我视若珍宝的垃圾堆中还出土了一些长方形木牍，其绑束方式的巧妙程度丝毫不亚于楔形木牍。从我清理出的一些保存完好的双层长方形木牍可以看出，下层木板的两个短边都有一块凸起，上层木板正好可以嵌入下层木板凸起的两端之间形成的凹槽，上层木板上面的中部隆起处有一个正方形或长方形的凹槽，用于加盖泥封。同楔形木牍一样，先用一根绳子将两块木板横着绑在一起，再用泥封盖住绳子，有效防止有人私自拆阅写在两块木板内侧的文书。这些双层木牍被发现时，有的已经被开启过，有的则是未启封状态，不过绳子已经断掉了。在它们被扔进这个垃圾堆——或许我可以称之为古代废纸篓——之前或者在丢弃的过程中，大多数作为"信封"的上层木板就已经与下层木板分离。后来我将发现的所有木牍交给与我合作的杰出学者 E.J. 拉普森 [1] 教授研究——他曾先后在大英博物馆和其他机构任职。经

---

[1]　爱德华·詹姆斯·拉普森（Edward James Rapson，1861—1937），剑桥大学梵语教授。——译者注

他研究，大多数分离的木牍都能找到对应的另一半。

与这种古代木制文房用具有关的奇妙发现还有很多，我无法在此逐一详述。但应该说明的是，根据后来在东方更遥远的几处遗址所获的发现来看，这些构思巧妙的文房用具起源于中国内地，而且出现的时间很早。在此我还需要补充一点，纸的发明可以追溯到公元 105 年，在随后的几个世纪里，木牍逐渐被淘汰。然而这种全新的书写材料虽然更轻便，但显然并没有很快传到遥远的中亚地区。尽管事实证明尼雅遗址直到公元 3 世纪下半叶才被废弃，但在我的发掘过程中，竟没有发现一片纸。

另一方面，我在部分木牍上发现了一系列保存相当完好的泥封，它们是西方文化通过古典艺术作品影响到遥远的塔里木盆地的有力证明。我在清理第一枚完整的泥封时就惊喜地认出了一个风格古朴的雅典娜① 形象，手执盾牌和雷电。其他泥封上也有希腊神话人物的形象，比如站姿和坐姿的厄洛斯②、赫拉克勒斯③ 和其他形象的雅典娜。用来给这些封泥盖戳的印章也非常趋近于公元 1 世纪的希腊或罗马风格。

我在这里发现的一件未启封的木牍似乎最能代表这种东西文化影响的巧妙融合。它的上面有并排的两枚印：一枚印的图案是中国金石文字④，它是鄯善（今塔里木盆地东部的罗布泊地区）行

---

① 雅典娜（Pallas Athene），希腊神话中的智慧女神和战争女神。——译者注
② 厄洛斯（Eros），希腊神话中的爱神。——译者注
③ 赫拉克勒斯（Heracles），希腊神话中的大力神。——译者注
④ 金石文字（Lapidary characters），一般指铸在金属器物或者雕刻在砖石上的文字。金石学的研究对象除了前朝的铜器和石碑，广义上还包括封泥、竹简、砖瓦、玉器等文物。作者在此指广义上的刻在封泥印章上的这类书体的统称。参考游彪所著论文《金石文字的史料价值与解读方法》，刊载于《河北学刊》2007 年第 2 期。——译者注

政官员的印章；而另一枚的图案则是一个西方人模样的头像。

我第一次考察这片令人着迷的遗址所发现的这些文书，由于大多保存状况极佳，所以想要弄清楚与其特征和用途相关的历史细节相对容易。但是，我很快就认识到，想要详细解读这些佉卢文文书的内容还是一项非常困难的工作。由于这些佉卢文文书字迹潦草，发音令人迷惑，加之早期印度方言的特殊性，解读工作全仰赖三位博学的合作专家——剑桥大学的 E.J. 拉普森教授、巴黎的 M.E. 塞纳尔先生和耶稣会的布瓦耶神父 ①，多亏他们的学术热情与智慧，这些文书才能在 1902 年出版。

这些佉卢文文书被分成若干册出版，但由于我在尼雅遗址和此后在更靠东的几处遗址探险时发现的佉卢文文书数量实在太过庞大，再加上战争造成的延误，全部分册直到 1928 年才完成出版。而想要解读文书中的全部信息，还需要印度学家付出许多年的努力。

只有当释读工作取得更加深入的进展，我们才能全面了解这些文书所记载的该地区当时的经济和行政状况，以及民族和文化关系等信息。不过，目前明确掌握的线索也足够让我们略窥一斑。正如我从一开始猜测的那样，这些文书中肯定包含大量各式各样的官方信件。其中大部分是地方官员涉及治理和治安事件的报告和政令、诉状、传票、路引或海捕文书，以及其他类似的书信。另外还有付款凭证、征用记录、账目、劳工名单等大量五花八门的"文件"，它们通常书写在形状不规则的单片木牍上，列末往往以数字结尾。

---

① 布瓦耶神父（Augustin-M. Boyer, S.J., 1850—1938），法国印度学家和金石学家。——译者注

事实证明协议和契约在双层长方形木牍中占据相当大的比例，我在第二次考察尼雅遗址时，在一间很不寻常的储藏室中发现了许多此类未启封的正式文书，我将在接下来的一章中再讲到它们。其他双层长方形木牍的内容则是涉及私人事务的信件，显然寄信人不希望自己和收信人以外的人知晓信件内容。还有一些木牍上书写有梵文佛经，它们对于语言学研究颇具意义。

所有这些佉卢文文书所使用的都是一种古印度的普拉克里特语言，其中还掺杂了大量的梵文术语。我们有充分的理由相信，不仅是文字，就连这种语言也来自旁遮普省的最西北部地区和邻近的印度河流域。印度保存至今的与日常生活和行政管理相关的手书记录都不及这些佉卢文文书古老。如此看来，这些在喜马拉雅山以北发现的文书显得更加意义重大。在该地区发现的这些古代文书似乎印证了玄奘和古代藏文文献中所记载的古代地方传说，据记载，和田一带曾在公元前 2 世纪前后被来自旁遮普最西北部塔克西拉 ① 的印度人征服和殖民。

敕谕上统治者所用的尊号，以及在详细纪年文书中提到的统治者年号，都是纯印度式的表述，如摩诃罗阇 ②、天子 ③、众神之子等。它们与公元 1 世纪统治印度最西北部和阿富汗一带的贵霜 ④ 王朝，

---

① 塔克西拉（Takshasila），希腊人称"Taxila"，意为石刻之城，汉文佛经翻译时称为"呾叉始罗"，是今巴基斯坦旁遮普省的一个考古遗址，1980 年被联合国教科文组织列入《世界遗产名录》。——译者注
② 摩诃罗阇（Maharaja），梵语头衔，意为"伟大的统治者"或"伟大的君主"。——译者注
③ 天子（Devaputra），贵霜王朝时期对统治者的尊称。——译者注
④ 贵霜（Kushana），曾存在于中亚和南亚的古国（约公元 1 至 3 世纪），在其鼎盛时期（105 年—250 年）疆域从今日的塔吉克斯坦绵延至里海、阿富汗及恒河流域。——译者注

即印度－斯基泰王室的官方称号惊人地一致。文书中出现的人名几乎都是印度名，其中一些人的名字还体现出了与印度－斯基泰人统治的关联。但是，在这些近似古印度官方称谓的头衔旁边，也出现了明显非印度的头衔，个中原因仍有待考证。

　　我们经常在文书中见到和田这个地名，拼读方式几乎与现在完全相同，但也有时写作"瞿萨旦那"，意即"地乳"①。玄奘也对这个名称有所记录，据他所说此为"其俗之雅言也②"。不出所料，我们也在这些书信中发现了其他古代地名，比如尼雅绿洲和且末。在这些文献提到的地名中，我最终确定"刹多塔③"指代的就是尼雅遗址本身。《汉书》中将其中文名译为"精绝④"，并记载了其为和田以东的一个小国，该描述基本准确。

　　顺便一提，根据拉普森教授释读工作的初步成果，这些各式各样的木质文房用具具有固定的官方名称。例如，楔形木牍在文书中常被称作"基拉穆德拉⑤"，字面意为"密封的楔形物"。更重要的是，拉普森教授经过辛勤研究，最近成功确定了纪年文书中历代统治者在位时间的先后顺序，并且证实了他们的国都不在和

---

①　瞿萨旦那（Kustana），是当地人附会佛教传说对梵语词"Gostana"的音译，汉语意为"地乳"（Breast of the earth）。相传于田国王自称是毗沙门天王的末裔，先王因暮年无子，便前往毗沙门天王那里祈请后得到一个婴孩，此时，神祠前面的土地忽然隆起，形状就像乳房，婴孩就依靠吮吸这里的乳汁长大成人，由于这位神童是靠地乳哺育成人的，所以地乳就成了国号。引自张春海所著《穿透神话外衣看于阗》，刊载于中国社会科学报 2016 年 4 月 8 日第 5 版。——译者注
②　据玄奘的《大唐西域记》记载："瞿萨旦那国，唐言地乳，即其俗之雅言也。"——译者注
③　据原文"Chadota"音译。——译者注
④　精绝（Ching-chuëh），根据《汉书·西域传》记载，精绝国是西汉时期中国西部一个比较小的城邦国家，位于尼雅河畔的一处绿洲之上。古精绝国为西域 36 国之一，故址在今中国新疆维吾尔自治区和田地区民丰县。——译者注
⑤　据原文"Kilalmudra"音译。——译者注

田，而在鄯善，即现在的罗布泊地区。

　　奇怪的是，这些位于印度以北的遥远遗址——在印度传说中被泛称为"沙海"的地方，竟然为我们保留了用印度语言书写的日常生活记录，而且远比印度本土已知的任何手书记录都要早得多。大量的古代文书类文物可以证明这一结论。如前文所述，这里的佉卢文文书的书写方式与公元 2 至 3 世纪贵霜王朝统治时期印度西北部的佉卢文碑文非常相似。我还有幸在另外一处遗址中发现了一块独特的木牍，其佉卢文文字旁边有几行用贵霜王朝时期——即印度 - 斯基泰人统治时期——的印度婆罗米文书写的文字，这也为上述结论提供了充分佐证。钱币同样是具有说服力的证据，我在尼雅遗址发掘期间发现了大量东汉时期（公元 220 年覆灭）铸造的中国铜钱。

　　我一直希望找到能够证明遗址年代的确凿证据，最终一块刻有单行汉字的小木简让我得偿所愿。我在那座古代垃圾堆中一共发现了 40 多片这样的小木简。正如我所期望的那样，它们是官员手书的正式文件，经过沙畹先生的专业研究，我获得了一系列非常有用的资料。这些文书大多简要地记录了中国官府的政令，或者某些需要逮捕或放行的人的动向。其中提及的塔里木盆地和中国内地的古地名具有独特的历史意义。

　　最令我感到高兴的是，我那已故的汉学家朋友卜士礼博士 [①] 在伦敦研究时首次发现一片小木简上面完整而精确地记载了西晋武帝泰始五年（公元 269 年）的年号。根据明确的史料记载，晋武帝在位期间（公元 265 年—290 年），中央王朝重新对西域诸

[①]　卜士礼博士（Dr. Stephen Wootton Bushell，1844—1908），英国医生、东方学家，在中国陶器、钱币学、西夏文解读方面有所建树。——译者注

国实施管辖。很难相信该遗址在晋武帝时代之后仍有人居住。当中央王朝在这些地区的影响力消失，一定会伴生出巨大的政治和经济动荡，我们不禁猜测尼雅遗址的废弃可能与这样的动荡有着直接或间接的联系。

在清理北面其他一些居址时，除了几件精美的木雕建筑构件外，并没有什么新奇的发现。所以从某种程度上讲，在这里结束对迷人的尼雅遗址的考察会让我心里好受一些。接连 16 天不间断的艰苦工作，加上清晨和夜晚的严寒困扰，使所有挖掘工和我的队员都感到疲惫不堪。我知道沙丘中可能还埋藏着其他建筑遗迹，但是我派去调查的人却报告说没有任何发现，这显然是他们自己的问题。但是，据我此前收到的线报，尼雅遗址以东和以西的地方还有其他古遗址，而在沙尘暴频发的春季来临前，我只有相对有限的时间探访那些位于沙漠深处的遗址，因此我只得停止在此地的发掘工作。

于是，我在 2 月 13 日怀着不舍的心情离开了尼雅遗址，它给予了我丰厚的馈赠，也撩拨了我的心弦。当我们从另一条路线返回尼雅河尽头时，偶然发现了一片房屋遗址，由于周围有高大的沙丘遮挡，我们此前没有注意到它们的存在。这使我更加坚定了未来再访尼雅遗址的决心。

第六章

重访尼雅遗址并调查安迪尔古城遗址

　　当我在 1901 年 2 月离开尼雅河尽头沙漠中那处迷人的遗址时，我就热切地盼望着有朝一日能够更加深入地探索它。因此，如我在第三章所述，当我于 1906 年夏末的第二次考察期间再次途经和田时，便适时地计划并准备了对尼雅遗址的重访。从首次探访结束到再度探访之前的这段时间里我时常想，如果能从空中俯瞰，会更有利于寻找隐藏在巨大沙丘之间的更多古民居。但不论是用载人风筝还是气球都不现实，当时也没发明飞机[①]，即便有飞机也同样不具有可操作性。因此，炎热的夏季一过去，我就立即安排上次的寻宝向导易卜拉欣前往尼雅遗址，寻找我们之前未发现的遗迹。

　　我在和田和于田之间的达玛沟[②]进行了相当长时间的发掘，结束了那里的工作后，我于 1906 年 10 月 15 日再次来到尼雅绿洲。我从易卜拉欣口中得知，他的探寻工作取得了丰硕的成果，这让我备受鼓舞。同样令人高兴的是，我之前雇用过参与尼雅遗址发掘工作的工人这次也将随我一同前往。这次我决心在保证水源储备充足的情况下，尽可能多带些劳动力。于是，有"追随"我的

① 飞机的发明以 1903 年莱特兄弟试飞"飞行者一号"为标志。——译者注
② 达玛沟有多处佛教文化遗址。——译者注

工人现身说法，加上精力充沛的老伙计易卜拉欣在于田当地的影响力，仅用一天时间便召集到一支由50名挖掘工组成的队伍，同时准备好了4个星期的补给并添置了运输用的骆驼。

我们再一次沿着几近干涸的尼雅河畔茂盛的密林带走了3天的路程。野杨树和芦苇丛浓烈的秋色让人赏心悦目。从孤寂的伊玛目贾法尔·萨迪格麻扎返回的朝圣者队伍为这片静谧的丛林风景增添了一丝人气。在距离这位圣战者和殉道者安息之地几英里开外的地方，我们在既定地点休整，并且把所有水箱和羊皮袋都灌满了水。然后我们便离开了这最后一处有人居住并且能够获得水源的地方。两天后，我再次如愿在这片被沙土掩埋的聚落遗址中央附近的沙丘间安营扎寨。后来的调查显示，这片遗址区内的古代遗存零散分布在南北长逾14英里，东西最宽处约4英里的范围内。

抵达尼雅遗址那天的路线与我第一次到访时所走的路线略有不同，这一次我们途经了一些已经完全倒塌的古代居址和环绕古代果园的篱笆遗迹。当我再次置身于枯萎的果树和杨树之间时，不禁感慨，这些树木枝繁叶茂之时，罗马还处在皇帝的统治之下。我在一座简陋且严重风化的居址的角落里进行了试掘，便发现了一些保存完好的佉卢文木牍。这算是开了个好头，让我备受鼓舞，充满希望，它们无疑也证明了这处遗址与我于1901年在其北面4英里处首次发掘的遗址属于同一时代。

第一天傍晚，我在黄昏中悠然地翻过高高的沙丘，来到一处遗址。我在1901年考察时就发现了这处遗址，但当年迫于各种原因与它"擦肩而过"。我偶然间看到一块雕刻精美的木昂①，应

① 昂（Cantilever），中国传统木构建筑中荷载剪力的斜置构件，起杠杆支撑作用。——译者注

该是风吹沙动使它从沙丘里露了出来。我觉得自己似乎从来没有离开过，又感激命运将我带回这里。但此时的我还不敢想象这附近会有多么丰富的考古收获等待着我。

第二天早上，我们在光秃秃的沙丘间跋涉了大约 4 英里后，来到了一处新的地点准备开始发掘工作。此地位于我们上次发掘地点以西直线距离约 2 英里处，易卜拉欣此前发现这里分布有一片居址，而我们此刻所处的位置正是这片居址的最北端。由于有高大沙丘的遮挡，我们上次没有发现这些建筑遗址。古时候，生活在该地区的居民从尼雅河下游引水灌溉，而这片区域已然是灌溉沟渠覆盖范围的西北尽头。

我们首先清理出来的是一座体量相对较小的房屋遗址，沙土的埋深只有 3 至 4 英尺，我正好借此机会给我的印度"助手"——勇敢的奈克·拉姆·辛格和工人们进行了一次实操培训。遗址四周的地面因风蚀作用而变得低洼，这使得遗址看起来就像坐落在一块狭长的舌形台地上，从遗址延伸出一条灌溉沟渠，沟渠两旁的杨树已经枯死。我们在清理西端的房屋时发现了大量佉卢文木牍。我给予了发现第一块木牍的人一些中国银元作为奖励。此后我欣慰地看到这座房子的三间厅室里接连出土了一些用印度语言书写的古代文书和信件。这座房屋最后的主人可能是一位小官吏，所处时代大约为公元 3 世纪中叶，而这些文书则是他丢弃的"废稿"。

更让我感到高兴的是，我看到不少长方形和楔形木牍上面绑的绳子仍是原始未启封状态，甚至有几件木牍连泥封都保存完好。这些木牍的泥封上印有赫拉克勒斯像和罗马人民守护神①像，

---

① 罗马人民守护神（Genius Populi Romani），格尼乌斯（Genius）是"守护神"一词的音译，是古罗马信仰中拟人化的精灵。——译者注

　　这真是令人振奋的发现！我不禁感慨，亚洲腹地荒凉遗址中的出土文物竟与希腊和罗马艺术有着千丝万缕的联系，它们仿佛消解了时间和空间上的一切距离。

　　这处遗址中还出土了一些我很熟悉的生活用品和农具，包括一把带有希腊式佛教雕刻的木椅，一些编织工具，一只靴楦，一个大餐盘，还有捕鼠器等，它们都是木制的。根据之前的经验，我一眼就能辨认出它们是什么东西。同样，我也一眼就看明白了篱笆墙的多重建造工艺，墙体的灰泥层之间有精心安插的木柱和编织精良的枝条。

　　我们接下来的任务是清理一处靠近营地的体量大得多的建筑遗址。它的墙壁和屋内的所有东西都已经完全风化了，只余下褪色开裂的柱子高高地耸立在那里，标示出建筑梁架的位置。但是，当我检查一间似乎是外屋或者马厩的房间地面时，我很快意识到这里的地面之下是一个层层堆积的巨大垃圾堆。这座垃圾堆里的垃圾即使埋藏了 1700 多年，仍然散发出刺鼻的气味，东风将浮尘、死亡的微生物和所有脏东西都吹进了我们的眼睛、喉咙和鼻子，使我们的工作难上加难，但根据以前的经验，我们仍有充分的理由发掘这座臭气熏天的垃圾堆。我们锲而不舍地掘开一层又一层的垃圾，终于得到了回报，在挖到地表以下足足 7 英尺的地方，我们发现了一个小木箱，它可能是早期居民的垃圾箱。木箱里有各种奇怪的杂物：丝、棉、毛等各种材料的织物，铜质和骨质的印章，绣花的皮革，木笔，漆器的碎片和其他残破的木制工具等。

　　最令我高兴的是，我在这里发现了十几块书写有优美汉字的小木牍。经沙畹先生考证，其中大部分原本是给当地官员家庭赠礼时系在礼物上面的标签。其中一块木牍提到的收件人是当地一位官员的妻子，这条线索证明此地过去应是精绝国的领土，即《汉书》记载的位于且末与于田之间的国家。在箱子底部，我们发现了一小堆打成捆且保存完好的麦子，旁边还有两只已经成为木乃伊的老鼠尸体。

这座庞大但可惜风化严重的建筑遗址以前可能一度是某位重要人物的宅邸。因为它的厅堂很大，长 41 英尺，宽 35 英尺。我随后对遗址考察时还发现，遗址西南有一片超过半英里的区域没有被沙丘掩盖，而且地面上密布着陶器碎片和其他硬物残片。显然这里曾经密集地分布有房屋，这些房屋的墙壁用土坯砖或者夯土建造而成（如今该地区城镇和村庄中的普通住宅仍使用这种材料），不像富人的房屋那样使用高级的木材和篱笆结构，所以无法长期抵御风的侵蚀。

为了寻找遗址区向南延伸的住宅遗址，我们忙碌了好些日子，在此就不详细讲述探索的细节了。一些建筑被风化得很厉害；另一些保存得比较好，但内部空间已经被厚厚的黄沙填满，清理起来着实费力。几乎每处建筑遗址中都出土了写有佉卢文的木牍，包括书信、账目、草稿和记录。此外，还出土了一些建筑物上的木雕构件、居家用品和工具，反映出当时的日常生活和盛行的产业。尽管这座"小庞贝①"最后的居民没有留下任何值钱的东西，但从大多数独立房间都配备有壁炉、舒适的炕台、木质柜橱的情况看，他们当时的生活应该十分安逸。这些住宅附近几乎都有带篱笆的花园，两旁栽种有杨树和果树的林荫道。因为有沙丘的保护，果园中那些早已枯死发白的果树——主要是桑树——仍

---

① 庞贝（Pompeii），古罗马城市，被维苏威火山喷发后的火山灰覆盖，完整保存了当年的格局。此处作者将尼雅遗址比作庞贝古城。——译者注

残高 10 至 12 英尺。

　　但起初最令我着迷的其实是周遭荒凉的景象和开阔的视野。遗址区这一端已经超出了柽柳丛生长的区域。一望无际的黄色沙丘横亘在我面前，如同汪洋大海一般，只有在零星的沙丘顶部露出一些发白的树干和一排排房屋开裂的立柱，除此以外没有什么可以打破这片沙丘波浪一般的单调景色。它们总令我联想到一艘仅剩下木质龙骨的沉船。这里有清新的微风和大海一样的寂静。

　　我们在这里进行了两周严谨而富有成效的工作，由于篇幅有限，所获得的丰硕成果无法展开详述。不过，在此地发现的一大批古代文书，因其被发现时的情况较为特殊，我会简单说明一下。当时我正在遗址区最西边的一片建筑群中清理一座大型住宅遗址。我在上一次考察时便发现了它，但由于时间有限，来不及进行全面发掘，于是我任其继续隐没在沙丘中，幸而它一直原样保存至今。在这座建筑遗址的中央大厅附近出土了一些精美的木雕建筑构件，这证明它曾经应是一座富贵人家的宅邸。在一间似乎是前厅的房间中出土了一些尺寸较大的佉卢文木牍，其中一件足有 3 英尺长，说明屋主曾是一位有一定影响力的官员。

　　我寄希望于在屋主的书房里发现更多文书，这个愿望很快就实现了。在与中央大厅相连的狭窄房间内，我刚挖了几铲就发现了归档整齐的文书①。不一会儿，出土的木牍便超过了 100 件。它

────────────

①　原文为 "the first strokes of the 'Ketman' laid bare regular files of documents"，该句使用了拟人修辞，直译为"我敲打了几下这个奉行'塔基亚原则'的房子，它就吐出了文书"，引申为"乍看之下房间中空无一物，但我挖了几下就挖出东西了"。塔基亚原则（Ketman/Taqiyya），指穆斯林在遇到难以抗拒的压力时，可以隐瞒自己的信仰，而假装信奉一种自己不相信的教派，或进行一桩自己认为不正确的工作。——译者注

们中的大部分是用于传达政令的楔形木牍；其他的则是长方形木牍，主要是账簿、清单目录，以及——套用今日的概念——各种各样的"公文"。很显然，我们偶然间发现的是被丢弃在地上的公务档案，由于有 5 至 6 英尺的沙土掩盖，它们的保存状况非常好。各个独立房间中的土层清理工作仍在继续进行，这时，我的"追随者"中最富经验的挖掘工——诚实的鲁斯塔姆取得了一个奇特的发现。

在清理工作刚开始的时候，我就注意到在距离成捆木牍出土地点最近的墙边，有一个泥土或灰泥堆积而成的大土堆。虽然我嘱咐了工人不要去扰动它，但当时我只是认为这个土堆是偶然出现在这里的。我看到鲁斯塔姆从这个土堆和墙壁之间挖出了一件保存完好的双层楔形木牍，紧接着他又像我的猎狐犬达什刨开老鼠洞一样，迫不及待地用双手刨开地上的泥土。不等我提出任何问题，我就看到他得意扬扬地从地下约 6 英寸处抽出一块完整的长方形双层木牍，木牍上的两枚泥封完好无损，作为信封的木板也未被开启过。随着洞口扩大，我们看见墙基下面朝向墙壁的一侧填满了层层叠摞的这种木牍文书。

显然，我们发现了一间隐秘的小型档案室。这样的新奇发现令我感到高兴，不仅因为文书本身的价值和它们完美的保存状态，还因为这些文书被发现时的情景能够提供非常有价值的信息。我们最终一共清理出 36 件长方形木牍，除了少数几件例外，其余木牍上的绳子都捆绑完好，并且在绳子穿过上层木板的地方盖有泥封。我此前发现过几次这类文书，也推测过它们的用途，这次的发现显然证实了我的猜想。这些木牍都是合同或者契约类文书，为确保能在必要时发挥效力，它们必须保持原始的密封绳和泥封完好。

非常有特色的是，仅有的两份打开的文书上面都工整地写着"神人皆爱的尊敬的索亚卡州长①"，我在以前发掘出土的许多散落的文书中也看到过他的名字和头衔。根据鲁斯塔姆的猜测，那一大堆泥土是一种标记，这种猜测无疑是正确的。屋主将文书悉心地封存好，又放置了一堆泥土作为标记，说明他是在紧急情况下被迫离开的，但仍抱有希望有朝一日能够回来。

搬运这些文书时必须非常小心，以免泥封受损。其中一些封泥上甚至有两到三枚阴文印记。我的小心谨慎获得了充分回报，当晚我在帐篷里清理这些文书时发现，几乎所有的印记都如同刚加盖时那般清晰，而且大多来自采用古典工艺制作的印章，印记上的图案有古风时期②的宙斯像、手持棍棒和身披狮皮的赫拉克勒斯像、厄洛斯像、雅典娜普罗马科斯③像，以及一些戴头盔的人物半身像等等。令人称奇的是，希腊的刻印艺术竟能在这片遥远的地区留下它的痕迹，同样神奇的是，这些由索亚卡作保的关于土地和其他财产的契约被沙丘悄然掩埋数个世纪之后，我竟然成了它们的实际拥有者。但是哪里的法庭能够支持我继承契约上的财产呢？

---

① 　索亚卡州长（Cojhbo Sojaka），"Cojhbo"又作"Cozbo"，意为州长、大州长，是主管该地区行政事务的最高领导。参见李博所著论文《三至五世纪鄯善国收养契约探析》（刊于《中南大学学报（社会科学版）》，2013年），其观点转引自林梅村的著作《沙海古卷——中国所出佉卢文书》（文物出版社，1988年）。——译者注
② 　古风时期（Archaic Greece），艺术史语境下的一个古希腊历史时期，约为公元前800年—公元前480年。古风时期与后来的古典希腊时期相对应，用于定义古希腊这两个时期风格迥异的艺术作品。——译者注
③ 　雅典娜普罗马科斯（Pallas Promachos），即战斗在前线的雅典娜。——译者注

随着我们的发掘工作逐渐向遗址区南面推进，尽管仍然可以看到尚且存活的灌木丛，但周围的环境变得愈发阴郁和寂寥。这里密布 40 至 50 英尺高的柽柳沙包，从沙包顶上伸出来枯活参半的柽柳，我们就在这些沙包之间寻找古代遗迹。一边是从沙丘底部露出的遗址，另一边是风蚀凹陷的地面，它们共同构成了一幅奇特的荒凉图景。寒冷的东北风吹起的尘霾为天空增添了一抹恰到好处的色彩。最终，我们来到了遗址区最南端的一块较为开阔的地带，眼前的景象让我们感觉如释重负。那里的住宅遗址很小，但在附近进行一番调查后，我们还是取得了一些有趣的发现。

距离我这次考察发现第一块木牍的遗址仅 60 码 ① 远的地方，有一片用来种植桑树的正方形地块，那里枯死的桑树树干残高可达 10 英尺甚至更高，它们曾经可以为旁边的一汪池塘遮阴，如今池塘的位置仍是一片洼地。西边最近的一处柽柳沙包后面有一座约 90 英尺长的人行桥，横跨在一条干涸的河床上，这应该就是曾经为池塘提供水源的河流，由一道水渠将河水引入池塘。有两座支撑桥面的栈架仍然挺立着。河床的左岸有一片枯萎的苗圃，绵延 200 码以上。虽然古河床已经完全被流沙覆盖，但仍可以看出它穿过低矮的沙丘和枯死的丛林，朝西北方向蜿蜒约 2 英里。总体而言，干燥是这片陌生的土地最鲜明的写照。

越过一个可能是风蚀形成的神秘深坑，在一片柽柳沙包的一侧、距离那座人行桥不远处，我们惊讶地发现了一大片保存完好的苗圃遗址，它见证了该地区所经历的沧桑巨变。各种果树和棚架上的葡萄藤整齐地排列着，虽然它们已经枯死 1600 多年，但

---

① 码（Yard），英制长度单位，1 码合 0.9144 米。——译者注

仍然清晰可辨，清晰得甚至有些吓人。

1906 年 11 月，我从尼雅遗址朝东北方向出发，经过且末前往若羌遗址。我在沙漠中跋涉了 400 多英里，在沿途多地饶有兴致地开展了地理学和考古学调研。值得一提的是，我有幸在安迪尔河^① 东边的一处古遗址取得了一些发现，这些发现对于解答特定的历史问题具有显著意义。我们从伊玛目贾法尔·萨迪格麻扎出发，一路艰难跋涉，从濒临干涸的尼雅河与牙通古孜河^② 到同样消失在塔克拉玛干沙漠中的安迪尔河，途中翻越一连串高大的沙丘，终于到达了这处遗址。

1901 年我首次考察安迪尔遗址时，在一座有环形城墙拱卫的城堡内进行过考古发掘并清理出一座小型佛寺，其形制与我在丹丹乌里克遗址发现的那些佛寺非常相似。这里出土的有趣的文物中，有一些藏文佛经残卷，这是迄今为止已知最早的藏文佛经文本。寺庙内殿墙壁上刻有汉文题记，记录了一位中国内地官员来访的历史事件，其年代为唐玄宗开元七年（公元 719 年）。汉文题记和藏文佛经都说明这座城堡在公元 8 世纪时仍在使用，当时已是吐蕃人统治塔里木盆地的末期。

现在令人奇怪的是，大约在公元 645 年前后，伟大的中国旅行家玄奘也是经同一路线从尼雅到且末，他在沙漠中跋涉了 10 天，所经之处已荒无人烟。但他明确地记载了在如今安迪尔遗址的位置有一些废弃的聚落遗址，据他所说，这便是中亚历史上著

---

① 　安迪尔河（Endere river），位于今新疆维吾尔自治区和田地区且末县与民丰县交界处，"安迪尔"在维吾尔语中意为"河边的河"。——译者注
② 　牙通古孜河（Yartungaz river），又名亚瓦通古孜河，是位于今新疆维吾尔自治区和田地区民丰县中部的一条河流。"牙通古孜"源自维吾尔语，意为"野猪出没的地方"。——译者注

名的"睹货逻国^①故地"。

我在第二次考察时的发现最终证实，这处古遗址在历史上确实曾一度荒废，但几个世纪后又重新有人在此定居。由于风吹沙动，城堡附近低矮的沙丘改换了位置，露出一片我此前没有注意到的风化严重的古代住宅遗址。堆积在遗址上的废弃物一定程度上起到了加固作用，让建筑残存的部分不至于完全坍圮，我让人仔细清理掉这些垃圾后，发现了一些佉卢文木牍。这些木牍显然是公历纪年之初几个世纪的文物遗存，恰恰对应着吐火罗国存在的时期，也是印度－斯基泰人势力最强的时期。

后来我又获得了明显的证据，再次证实了玄奘记述的准确性。环绕城堡的城墙显然修建于他到访之后，因为我发现城墙有一处地点的下方叠压了一座公元纪年之初几个世纪间形成的垃圾堆。垃圾堆中出土的一块佉卢文木牍可作为证明。重要的是，当人们在玄奘所看到的废墟上修筑城堡并重新定居时，恰逢中原王朝再度对塔里木盆地施行管辖的时期，中原王朝的管控确保了塔里木盆地的和平与安全。后来我又对安迪尔遗址进行过一次考察，发现了更多文物遗存，它们都属于玄奘当年经过时便已经废弃的早期时代遗址。

---

① 即吐火罗国（Tukhara），玄奘译为"睹货逻国"。吐火罗，古代民族名，原聚居在塔里木盆地一带的原始印欧人。——译者注

第七章

米兰遗址

1906 年 12 月初，我来到了若羌小绿洲。虽然现在若羌只是一个小村庄，但它却是该地区的治所和首府，辖区范围从东到西跨越 5 条经线。整个地区不超过 500 户人家，其中还包括以半游牧和捕鱼为生的罗布人[①]。这足以反映出整个地区荒凉的特征。东边是我在本书第一章中提到过的大面积干涸湖床，以及这片史前汪洋最后的遗存——罗布泊。塔里木河汇聚了这个以它命名的巨大盆地流域范围内的各条河流，将这些不多的水源注入罗布泊。

该地区现在被称为罗布，马可·波罗在公元 13 世纪末途经此地前往契丹——当时的中国最西端的时候，也将此地称作"罗布沙漠"。这里能够耕种的土地极其有限，经济效益一直很差，但这块领土对于古代的中国人而言非常重要，因为它是沟通中国与中亚地区最早的通道。因此，中国的《汉书》以及后世诸多史书都时常提及此地，起初以楼兰为名，后来以鄯善为名。

有确凿的证据表明，当玄奘于公元 645 年返回中原途经此处时，若羌绿洲已经是罗布地区的首府，而且在此前的几个世纪里

---

① 罗布人（Loplik）是一个社会群体概念，但 20 世纪初的学界将其视为一个少数民族概念，指居住在塔里木河中下游说维吾尔语罗布方言的土著居民。——译者注

也已经如此。这片土地长期被耕种翻动，即便历史上一度废弃，后来重新有人定居，至今仍在使用，因此遗留下的考古遗迹较为稀少。尽管如此，若羌对我来说还是一个重要的地方，因为在前往楼兰遗址之前，这是最后一片有人居住的区域，我需要在这里做行前准备。楼兰遗址位于罗布泊北部的沙漠中，由赫定博士于1900年首先发现，我一直计划去那里考察一番。

在接下来的章节中，我将描述我在第二次和第三次探险期间，在那片令人生畏、滴水全无的沙漠中的经历——历尽艰辛但卓有成效，而且颇为有趣。但在此之前，我先要介绍一下我在米兰遗址开展考古发掘工作时所取得的一些发现。1906年12月7日，我从若羌出发前往罗布沙漠的途中第一次到达米兰遗址。经过一系列紧张的试掘，我认识到了这处遗址的重要性，于是我在1月底回到这里进行了彻底的发掘。该遗址极为荒凉，位于若羌东北方向约50英里处，昆仑山布满砾石的荒芜北坡从这里伸入罗布泊的最西端，遗址的位置就在山坡脚下。历史上，罗布泊很可能是由于水量锐减才消退至比米兰遗址所在位置更靠北的地方。

这里有一条米兰河（Jahan-sai/Miran Darya），曾经被用来灌溉整个地区，如今这条溪流仍流经遗址区几英里的长度。罗布人在塔里木河岸附近的阿不旦①建立了一片聚落，他们既可以在那里种植小麦，又不必放弃在河中捕鱼的生活方式。我们抵达那里时，罗布人已经迁徙到了别处，但我们在河边狭窄的丛林地带找到了可以用作骆驼和马匹饲料的干芦苇、野杨树的枯叶和多刺的

---

① 阿不旦（Abdal），位于若羌县东北处，罗布人的居住地，意为"适宜定居的地方"。——译者注

灌木。由于毗邻河流，我们不必像往常那样担心用水的问题。但是，在几乎从未间断的刺骨寒风中接连工作3个星期的经历，成为我们所有人都难以忘记的痛苦记忆。一度有几天，除了我那个聪明机警的中国秘书蒋师爷之外，其他所有的助手都生病了。

我先是站在一座由土坯砖砌筑而成的墩台上一览了整个遗址。这座墩台虽然砌得结实，如今也已经完全坍塌，中间留下了一条"寻宝人"挖出的通道，我据此判断，这应该是一座窣堵坡（佛塔）遗址。从这里向东望去，可以看到布满砾石的宽阔平原上还分布着其他遗址，它们看起来就像内陆海中的低矮岛屿。据我那勇敢的罗布向导托克塔·阿洪所说，城堡是米兰遗址的主要遗迹，它从远处看上去很有气势。但当我来到城堡脚下并迫不及待地爬上它残损的西墙时，却发现它的建筑构造相当低劣，这说明它是一处年代相对晚近的遗址。

在城堡东墙内侧开展的试掘工作很快便证实了我的观点，但同时也揭示出它是一座值得研究的考古学富矿。城堡中的半地下房间逼仄粗糙，看起来并不适合居住，但与之形成对比的是，我们从几乎堆到房顶的垃圾中清理出大量文物遗存。发掘工作一开始，我们就找到了许多写有藏文的纸张和木牍。这座层层堆积的垃圾山里面有曾经的居住们留下的各种东西，从上到下清理的过程中陆续有或完整或残缺的古代文书出土。第一天的工作结束时，我们共清理出近200份文书。同时出土的还有各种被丢弃的工具、破旧衣物的碎片、兵器等，数量也有很多。一切证据都表明，这个极富考古学价值同时也特别肮脏的垃圾堆，是在吐蕃占领该地区的漫长岁月里逐渐堆积起来的。根据中国唐朝的史书记载，吐蕃人占领此地的时间是公元8或9世纪。

第二天早上，我继续前往东北方向 1.5 英里外的一处遗址进行探查，据托克塔·阿洪说，那里出土过一些雕塑遗存。事实证明，那是一座佛寺遗址，如今仅存基础部分。在墙基旁边堆叠的残骸上面，我看到了建筑装饰用的精美灰泥浮雕残件。在清理一小部分东侧墙基时，我发现了尺寸较大的灰泥雕塑残片。我基本可以确定这座寺庙的年代比吐蕃城堡的年代要古老得多。经过一系列调查，我认为米兰遗址是一个相当古老的遗址，曾经一度被废弃，后来有人重新在此定居，就如同尼雅和且末之间的安迪尔遗址一样。

在完成彻底的发掘之前，我一刻也不想离开这片蕴藏无限可能的遗址。但考虑到实际因素，主要是考虑到气候条件的制约，我们不得不推迟发掘计划。顺便一提，正是由于我依据不同地区极具差异性的气候条件精心制订了相应计划，才使得我第二次和第三次跨越广阔区域的地理学和考古学调查成为可能。所以，直到 1907 年 1 月 23 日我从荒芜的沙漠中返回后，才得以继续完成对这处吐蕃城堡的清理发掘工作。这次我们将帐篷扎在城堡的墙下。这里光秃秃的山坡毫无遮拦，我们原本希望城墙能够抵挡无休止的凛冽寒风，但事实证明，风会从四面八方吹来，我们所做的尝试都是徒劳。

我们对城堡遗址进行第一次试掘后便对它寄予厚望，它也的确没有辜负我们的期待。公元 8 至 9 世纪期间为吐蕃驻军提供庇护的房间和半地下小屋，设计和建造水平粗陋不堪，但蕴藏着从很多某种意义上讲极具价值的废弃物有待我来清理。城堡内一些地方堆叠的垃圾有近 9 英尺高。我们清理出数量惊人的泥土、各种炉渣、毫无价值的杂物、破旧衣物的残片以及破损的工具，但在这堆垃圾中，我们还发现了大量用木板和纸张记录的吐蕃文书，这些文书大多是残片，但也时常能见到保存完整的。在一个墙壁有烟熏痕迹的小房间里，我们发现了百余件此类文书。

城堡中用作炮楼的房间应该是最后被放弃的，因为房间的垃圾一直在持续堆积，垃圾的种类多样，而且多散发有恶臭。城堡的使用者一定是毫不在意污秽之物，才会任凭他们集中居住的房间接连变成一个个垃圾桶，以至于一些地方的垃圾竟然堆积到屋顶的高度。

我在清理和鉴别古代垃圾堆中的遗存方面具有丰富的经验。但论起脏污程度和恶臭的持久度，吐蕃战士"制造"的垃圾堆绝对首屈一指。一年多以后，当我在和田北部500多英里处的麻扎塔格山 ① 上清理一个残破的小型城堡遗址时，甚至在找到明确的考古证据之前，我仅通过垃圾的气味便准确地判断出它曾被吐蕃人占领过。在米兰古城出土的大量奇特文物中，特别值得一提的是数量丰富的漆皮鳞甲。这些鳞甲显然是成套的，尺寸和装饰各不相同。

凛冽的寒风终日不停，很难有闲工夫研究这些出土文物的具体细节。大部分时间里，我都会站在东侧城墙的顶部，观察遗址区内不同地点发掘工作的进度，我也因此完全暴露在寒风的猛烈攻势之下。而每当我下到发掘区域时，还会被混杂着污物碎屑的尘土迷眼。发掘环境最令人不适的地方是城堡的东南角，那里的城墙已经因风蚀而倒塌，使得我们完全暴露在风沙中。但恰恰

---

① 麻扎塔格山（Mazar-tagh hill），维吾尔语意为"坟山"，位于塔克拉玛干沙漠西缘，塔里木盆地中央西南部，唐称神山，吐蕃称薪山，又称红白山。——译者注

是在此处两间比较大的房间里，我们发现了大量的古代垃圾和
文书。

　　发掘工作结束后，我们在这里一共清理出 1000 多份木质和
纸质的吐蕃文书，经过 F.W.托马斯^①教授和 A.H.弗兰克^②教授两
位相关领域卓有建树的学者研究，这些吐蕃文书包含了五花八门
的公文，但大多是一些琐碎的内容，包括报告、申请、契约等，
所用的语言也都是日常生活用语。吐蕃文献中虽然有大量的佛教
经典，但涉及早期世俗生活的文字却极少。因此，这批各式各样
的公文别具价值，而且我们还能透过这批文书了解吐蕃统治塔里
木盆地的一个世纪中当地的情况。这些文书中包含大量军事相关
的内容，提及了需要补给或支援的边陲屯戍点，以及军队的动
向等。

　　在文书提及的众多地名中，我能考证出"大诺布城"指的是
若羌，而"小诺布城"即是米兰。"诺布^③"如同玄奘书中的"纳
缚波^④"一样，显然就是中世纪时对于现今整个"罗布"地区的叫
法。我们现在来说一说米兰遗址的那些早期遗迹。出土文书提供
的其他线索表明，这些早期遗址可能就是中国史书中提到的鄯善

---

① 　弗雷德里克·威廉·托马斯（Frederick William Thomas，1867—1956），英
国印度学家和藏学家。——译者注
② 　奥古斯特·赫尔曼·弗兰克（August Hermann Francke，1870—1930），德国
藏学家。——译者注
③ 　诺布（Nob），大诺布城（Castle of Great Nob），小诺布城（Castle of Little
Nob）。——译者注
④ 　纳缚波（Na-fu-po），即罗布。《大唐西域记》载："至纳缚波故国，即楼兰
地也。"——译者注

"故东城"，即扞泥 ① 遗址。

所有这些文书中没有一点儿汉字的痕迹，这表明中原王朝对塔里木盆地的控制与影响从公元 8 世纪的最后 30 余年间开始就完全消失了。另一方面，我发现了一小包皱巴巴的纸张，上面写有突厥如尼文 ②，这有力地证明了那些勇猛的西突厥人——无论是作为吐蕃人的盟友还是对手——曾在塔里木盆地的这个偏远角落对于推翻中原王朝在中亚的统治起到推波助澜的重要作用。已故的汤姆森 ③ 教授是破译已知最早的突厥语——鄂尔浑文碑铭的著名学者，他在研究了我发现的这些文书后发表了相关文章，认为它们大约是同一时期的遗存，文书中记载了长长的人员名单，他们显然是突厥士兵，而文书则是为他们签发的授权书或通行证。

毋庸置疑，这座吐蕃城堡的作用是扞守从塔里木盆地南部绿洲到中国内地最西端敦煌之间的交通路线。这条经过罗布泊南面的路线，与我将在后文中讲到的经过罗布泊北面的路线一样，从汉代以来就一直作为进入中国内地的主要通道。玄奘和几个世纪之后的马可·波罗都曾沿着这条路线穿越沙漠。因此，这条并不好走的沙漠路线对我来说具有丰富的历史研究价值。但在我踏上这条古道离开米兰遗址之前，我又在米兰遗址发现了比吐蕃占领时期更古老、更有趣的艺术品。

城堡附近零星分布有一些佛寺遗址，建筑塌毁后形成的土丘

---

① 扞泥（Yü-ni），见诸《汉书·西域传》，西域古城名，鄯善国都城，即楼兰都城。——译者注
② 突厥文（Old Turkic），是古突厥人创造并使用的一种文字，因为使用这种文字的碑铭主要是在鄂尔浑河流域发现的，故又称鄂尔浑文（Orkhon），又因其形似欧洲古代的如尼文，故斯坦因称之为突厥如尼文（Runic Turkish）。——译者注
③ 汤姆森（V.L.P. Thomsen）教授，丹麦语言学家。——译者注

尚未完全风化,那些艺术品就是在土丘中被发现的。确凿的考古证据表明,这些佛寺早在吐蕃人占领此地并修建城堡之前就已经荒废。我在第一次考察米兰遗址时就注意到了其中一处废墟,并且可以清楚地分辨出其两层的建筑结构。在风化作用下,上面一层的灰泥装饰已经完全灭失。但是当我们从堆叠的垃圾中清理出下层建筑时,一排半截的波斯波利斯① 风格立柱赫然映入眼帘,柱间壁龛的位置还残存有几尊真人等身大小的雕像。我们沿围绕长方形佛殿的通道将垃圾清运出来,随着清理工作的深入,一尊巨大的泥塑佛头出现在我们眼前。它足有 17 英寸大,横在庙宇中间。由于这尊佛头的材质只是混合了稻草的粗泥,想要把这件沉重的雕塑抬起来并包装好,确实不是一件容易的事。

这尊佛头和后来出土的其他几尊巨大佛头,都同样清晰地显示出希腊式佛教的造像风格。在清理通道的过程中,我在靠近佛殿外墙的地方发现了 6 尊排成一线的巨大交脚佛像躯干,之前出土的佛头应该就属于这几尊佛像。佛像膝盖以上的部分高 7 英尺多。透过这些巨大坐佛的衣褶可以看出,当年那位罗布雕塑家遵循了犍陀罗希腊式佛教造像经典的样式风格。

我在一尊佛像的底座附近发现了一大片用婆罗米文书写的梵语贝叶经② 。贝叶经的材质是棕榈叶,说明它是在印度书写的,上面的字体是婆罗米文,说明其年代不会晚于公元 4 世纪。这表明该寺庙很可能在吐蕃人占领前几个世纪便废弃了。

---

① 　波斯波利斯(Persepolis),阿契美尼德王朝的第二个都城,位于今伊朗扎格罗斯山区,1979 年列入《世界遗产名录》,体现了古波斯文明的艺术风格。——译者注
② 　贝叶经(Palm-leaf manuscript),写在贝叶上的经文,源于印度,贝叶即棕榈叶。——译者注

但是，当我在城堡以西 1 英里处一片窣堵坡坍圮后形成的小土丘进行发掘时，古典艺术深远持久的影响力给我留下了深刻印象。在清理其中最小的一座土丘时，我发现它的建筑结构质地坚实，外方内圆。它过去应该是一座穹顶结构的建筑，内部有一座小型窣堵坡。穹顶坍塌后形成的大量建筑残骸完全阻塞了塔基周围的圆形通道。我很快便清理出了带彩绘的灰泥残件。很显然，穹顶内部的墙壁上曾经有壁画装饰。当发掘到离地面约 4 英尺的位置时，墙裙上出现了一幅精美的有翼天使图案，这令我大为震惊。我怎么会想到，在亚洲腹地深处荒凉的罗布泊边缘，竟能看到如此经典的智天使 ① 画像？

我迫切而又兴奋地徒手清理出一个又一个的壁画头像，我很快认识到，这些壁画不论构图设计还是色彩处理，比我迄今为止在昆仑山南北见到的所有绘画艺术作品都要更接近古典绘画风格。画中人物睁着一双大眼睛，露出浅浅的微笑，看上去生动活泼，这让我想起了在埃及发现的托勒密王朝和罗马时期的木乃伊肖像画中希腊青年男女的精美头像。

当我还在苦恼于如何解释这些具有古典艺术风格且明显带有基督教圣像色彩的有翼天使时，我又在通道中发现了丝质彩幡的残片，为断代工作提供了确切证据。这些彩幡显然是还愿物，上面用佉卢文书写的文字与在尼雅遗址出土的木质和皮革文书上的文字十分相似，黑色的墨迹仍十分清晰，这些彩幡的年代肯定要早于寺庙废弃的时间。因此，米兰遗址和尼雅遗址一样，一定是在公元 3 世纪末或之后不久废弃的。

---

① 智天使（Cherubim），音译基路伯，是天使等级中级别最高的天使。——译者注

　　另外还有一些细碎的发现可以支撑上述结论，我在此就不详述了，值得一提的是，在清理紧贴着通道东南角残墙的土层时，我又发现了一些彩绘灰泥残件。这些残件曾经用于装饰高处的墙面，后来掉落在了下面的土堆上，因而没有摔坏，很快又被沙子掩盖并保护了起来。这些灰泥质地的残片十分易碎，上面一层薄薄的蛋彩画也很脆弱，要把它们安全地抬起并运走是一项非常棘手的任务。

　　我利用现场有限的资源将它们包装妥当，并且在异常艰苦的工作条件下完成了这些任务，对此我就不展开讲了。两年多以后，当我在大英博物馆重新打开箱子时欣慰地发现，由于采取了非常谨慎的包装措施，所有的彩绘灰泥残件都平安抵达了目的地。在博物馆中，我忠实的伙伴和助手安德鲁斯先生巧妙地使用带有铝网骨架的熟石膏板对它们进行了加固。通过小心翼翼地将碎片拼接在一起，我们复原了壁画的很大一部分，发现它们过去应该是装饰穹顶上部的饰带。

　　所有保存下来的壁画所展现的都是经典佛教故事。其中一幅画中的人物显然是佛陀，其身穿托钵僧式的红褐色袈裟，呈站姿，高举右手，做出著名的"无畏印①"。佛陀身边站立着6名剃发的僧侣，他们是佛陀的弟子。画中的场景明显是一座花园或果园，可惜保留下来的线索不足以推断出这幅壁画讲述的是佛陀本生故事中的哪一个。

　　不过，米兰佛寺遗址壁画遗存真正的独特之处和巨大价值所在是它们在构图、设计和色彩方面的艺术手法，而非圣像的宗教

---

① 无畏印（Abhayamudra/Gesture of Protection），佛教中的一种常见手印，基本姿势为右手抬起，手心朝外，表示神圣力量的保护加持。——译者注

意图。虽然画中表现的是佛教人物，但这些人物却是希腊风格的形象。画中的佛陀与弟子都是大眼睛，且直视前方，与后来中亚和远东地区所有画像中人物长长的吊角眼差异显著，仅此一点就足以证明上述结论。同样引人瞩目的还有衣褶，以及从袈裟中伸出的手掌所摆出的曲指手势等。绘画技法方面，这些壁画中凡是人物肌肤裸露的地方都带有规则的"光影"，这是一项最显著的证据。这种明暗对比法在西方古典美术中很普遍，但在印度、中亚或远东的古老绘画作品中，还从来没有出现过。

尽管这些壁画残片的图案多种多样，且蕴含丰富的意义，但从一开始就最吸引我的还是墙裙上那些精美的有翼天使形象。遗址中幸存的 7 幅有翼天使像都被我完好地揭取下来，如今分别保存在大英博物馆和我在新德里的个人收藏中。虽然这些天使所有的外貌特征都意在反映天界的仁爱精神，但他们的脸部又巧妙地融入了强烈的个人元素。只有通过观摩原物或是对照我在《塞林提亚①》中精心复制的图版，才能看出他们在眼神和头部姿态等细微方面的差异。但我至少可以谈一谈米兰遗址装饰壁画的绘制者所采用的一种西方在特殊建筑结构条件下使用的绘画技巧。圆形通道下部墙裙处有翼天使的姿态经过精心设计，使之与其所处的位置相适应，这样一来信徒绕塔朝拜时刚好能与有翼天使产生对视。

鉴于一些青年有翼天使形象与希腊式佛教浮雕造像的形制相

---

① 《塞林提亚》(Serindia)，又译作《西域考古图记》，斯坦因著，全书共五卷，前三卷为调查报告，第四卷为图版，第五卷为地图，主要记录了斯坦因 1906 年至 1908 年在中国新疆和甘肃西部地区进行考古调查和发掘的成果。该书英文版本出版于 1921 年。——译者注

仿，米兰遗址墙裙上的有翼天使画像最早应该可以溯源到古希腊神话中的年轻爱神——有翼的厄洛斯。但是这一呈递关系无疑还存在中间阶段，并且受到了东方文化观念的影响。简而言之，米兰遗址墙裙上的这些有翼天使形象与某些早期基督教派系中的天使形象有着奇特的密切联系。但我们应该认识到，有翼天使作为天上使者这一观念，在基督教兴起之前便已经存在于西亚多个宗教体系中。

我们目前尚未在希腊化的近东地区找到更古老的天使形象，以解释西方古典神话中的丘比特在何时何地转变成了米兰遗址墙裙上那有翼天使。但要解释这些天使形象为何出现在中国的佛教寺院装饰画中却不难。犍陀罗的希腊式佛教雕像借用了有翼的厄洛斯来表现佛教神话取材自早期印度传说的广为人知的乾闼婆形象。假设当年有人在参拜米兰佛寺时注意到这些有翼天使画像，可能会联想到叙利亚、美索不达米亚和波斯西部等遥远地区的有翼天使画像，如果他向寺庙的看守人询问这些画像的意义，看守人可能会马上告知他这些画像是乾闼婆。

但这种肖像学解释其实有点画蛇添足，因为我在仅仅约60码开外的另一座土丘发掘时，发现了一座形制完全相同的圆顶佛寺，其通道的墙裙上装饰的是一个世俗的西方人形象。

这处遗址同样是一个圆顶建筑，中央也有一座窣堵坡，周围环以圆形通道，窣堵坡和环形通道的规模都比先前发现的那处寺庙要大一些。发掘工作一开始，我就在外围方形通道不高的残墙上发现了类似的天使半身像，说明两座佛寺遗址的年代大致相同。穹顶坍塌后形成的建筑残骸阻塞了圆形通道，建筑内部的窣堵坡也由于寻宝人的挖掘而遭受破坏，但我在这些建筑残骸中发现了曾经用于装饰塔顶的精美镀金木雕残片。我在清理通道东侧的入口处时，发现通道的残墙上还装饰有一条壁画饰带，壁画的下方有墙裙。壁画饰带上的两幅人物画像旁边，有一些简短的铭文，是用佉卢文书写的某种印度语言。由此证明，这些寺庙和壁画可以追溯至公元纪年之初的几个世纪。

在西侧与入口相对的地方，一段围墙已经被早期的寻宝人夷为平地。因此现在我们看到的壁画分别位于两面半圆形的墙壁上。北侧的墙壁由于风化非常严重，上部的壁画饰带只有少部分得以保存，而下面墙裙处的壁画尽管已经褪色，仍可轻易辨认出它极其优雅古典的设计构图。能够体现其与古典艺术之间联系的特征包括画面中巨大的花环和手捧花束的少年——丘比特裸像[①]。在这些画像中，没有翅膀的丘比特与头戴弗里吉亚帽[②]的人物交替出现，后者明显脱胎自盛行于整个罗马帝国的对波斯神祇密特拉[③]的崇拜。在错落有致的花卉装饰的空白处，男人和女孩的头像和半身像交替出现。从这些人物的表情、衣着以及手中所持的物品来看，似乎是为了表现人世间的欢乐。无论是这些人像，还是南半部分墙裙上那些保存状况更好的手持花环的丘比特裸像，都看不出与佛教崇拜或神话相关的任何联系。这些人物中有一些优雅的女孩形象，身边装饰有花卉，手里端着酒壶和酒杯，或是弹奏着琵琶等等。她们的容貌具有希腊人的特点，似乎又掺杂了

---

① 丘比特裸像，裸体的胖小孩形象，通常带有翅膀。——译者注
② 弗里吉亚帽（Phrygian），古代生活在小亚细亚的弗里吉亚人所戴的一种帽子，在古希腊和古罗马文化中，弗里吉亚帽是东方的象征。——译者注
③ 密拉特（Mithra），古老的印度-伊朗神祇，原是雅利安人崇拜的对象，是契约之神，后被希腊-罗马文化接受并发展出密特拉教，希腊人把他等同于希腊神话中的太阳神赫利俄斯，密特拉教在罗马军队中颇为盛行。——译者注

黎凡特人①或切尔克斯人②的美感，而精致的发型则偏向近东或伊朗风格。

更引人瞩目的是样式繁多的男性半身像。其中一些青年的头像看起来具有罗马人的相貌特征，他们高举右手，几根手指伸直，另几根则弯曲着，好像在玩经典的猜拳游戏③。还有一些半身像留着浓密的胡须和头发，身着华丽的衣服，他们无疑代表着来自北方或西方的蛮族人。这些蛮族人的眼睛、厚嘴唇和眉宇间流露出的神情似乎都传达出对世上美好事物的热爱，他们高举于胸前的透明高脚杯将这种热忱体现得更加淋漓尽致。与这些西方和北方蛮族男子形象形成鲜明对比的是一幅年轻的印度王子半身像，他的胡子刮得干干净净，身上装饰有大量珠宝。王子头戴一块独特的尖顶头巾，面相和善，梦幻般的眼神流露出柔情，使人联想起希腊式佛教雕塑中乔达摩王子成佛前的著名形象。

遗址周围极其荒凉的环境更加衬托出壁画中这些人物的鲜活形象。在我看来，他们仿佛象征着生活中的各种乐趣。而我们却克服着各种不适，长时间在乏味的垃圾堆中翻找有关过去的线索，这与画中的世界形成了多么鲜明的对比啊！面对壁画中的这群年轻人形象，我恍惚间感觉自己置身于叙利亚或罗马帝国某个东部行省的某处别墅遗址，而不是在中国的佛教圣殿中。

----

① 黎凡特人（Levantine），黎凡特是一个模糊的历史地理概念，广义指中东托鲁斯山脉以南、地中海东岸、阿拉伯沙漠以北和上美索不达米亚以西的一大片地区，现一般指意大利以东的地中海地区。——译者注
② 切尔克斯人（Circassian），西北高加索民族，切尔克西亚（今北高加索地区）的原住民，身形高挑，相貌出众。——译者注
③ 猜拳游戏（Mora）具有悠久的历史，甚至可以追溯到古希腊和古罗马时代。——译者注

　　不过，只要看一眼东南侧残墙上现存的约18英尺长的壁画
饰带，便足以打消任何疑虑了。由纯正的庞贝红①打底的一系列
画面讲述了须达拏太子②本生故事，这是佛陀前世故事中最知名
的一个。这幅本生故事画从入口左侧开始，画面中虔诚的王子骑
着马出了宫门，他因为施舍的东西太多而被他的父王逐出宫殿。
4匹马拉着一辆古典的二轮马车行驶在他的前面，车上载着他同
样虔诚的妻子和两个儿子。然后画面场景切换到森林中，王子遇
到4位婆罗门托钵僧向他乞要马匹，于是王子便将马匹布施给他
们，自己则继续徒步前行③。由于后面的墙体破损，我无法了解接
下来的故事。但是，北半边墙壁的墙裙上方幸存下来的壁画描绘
了王子夫妇退隐山林后的隐士生活，以及最后他们圆满返回宫廷
的情景，这个故事便在此结束。

　　饰带和墙裙上的壁画显然出自同一人之手。不过，画家在绘
制饰带时明显遵循了希腊式佛教艺术针对这则传说故事早已固化

①　庞贝红（Pompeian red），庞贝古城房屋使用的红颜色，西方人用庞贝的名字
为它命名。——译者注
②　须达拏太子（Prince Vessantara），是佛陀（释加牟尼）众多次转世中的一
世。——译者注
③　此处原文对应翻译为"王子下马步行时遇到4位婆罗门托钵僧向他乞要神
奇的白象，于是王子便将白象布施给他们"，施舍白象的故事发生在太子被流放
前，推测应是斯坦因整理照片资料时弄混了壁画的顺序。这则本生故事的完整版
本应为：古代叶波国太子须达拏乐善好施，立下誓言，只要他有的全布施世人。
他的父王有一头白象，力大无穷，可抵得过数十头白象，因此每与敌国交战总能
获胜，是镇国之宝。敌国国王于是招募了8位婆罗门，让他们去往叶波国讨要白
象，须达拏太子履行诺言，将白象施舍给了婆罗门，自己则因此被国王逐出王
城，流放到檀特山改过自新。须达拏太子带着妻子和儿女前往檀特山的途中，又
陆续遇到几位婆罗门前来讨马、讨车、讨衣服和钱财，须达拏太子将这些东西全
部施舍出去，一家人步行来到檀特山。后来须达拏太子又经受住了帝释天的考
验，帝释天被他打动，帮助一家人回到王城，须达拏被拥戴为国王，邻国也送还
白象以示悔过，两国交好。——译者注

下来的传统表现方式，而在绘制墙裙上的世俗人物时，则从当时
罗马帝国东部地区的流行艺术中汲取了灵感。幸运的是，我很快
找到了能够明确支持这一推测的证据，在壁画中白象的大腿处有
一行简短的佉卢文题字，记录了画家的信息。法国著名学者布瓦
耶神父作为我所有佉卢文文献资料的重要合作研究者，解读出这
段佉卢文记录了画家的名字"提塔"以及他绘制壁画所得的报酬。
关于记录报酬数量的单词如何解释尚存争议，但对于画师名字的解
读没有任何问题。从语源学角度看，由于印度或伊朗语支中的任何
一种语言都没有"提塔"这个词，所以我敏锐地感觉到它应该就
是罗马人名"提图斯"使用梵语或普拉克里特语言表达的结果 ①。

在公元纪年之初的几个世纪里，提图斯这个名字在整个罗马
帝国东部都很流行，甚至一路向东传到了遥远的中国，所以我们
无需对这位画家和装饰家的名字感到惊讶。因为，根据托勒密在
《地理志》中辑录的泰尔的马里努斯的记述，罗马帝国与他出身
相同的欧亚人早在米兰佛寺修建前就已时常前往遥远的"赛里斯
国土"——中国——开展丝绸贸易。

壁画饰带中多次出现这行带有画家信息的铭文，它的下方
还有另一行与须达拏太子有关的佉卢文铭文，如果反复比对应该
不难弄清铭文的意思。虽然这组壁画的艺术价值很高，但受限于
天气原因和其他方面的困难，我当时无法对所有壁画进行拍照记
录。而且我很快意识到，由于承载壁画的灰泥墙特别脆弱，任何
大面积揭取壁画的尝试都会对其造成彻底破坏，除非先把后面的
墙体系统地切割下来，才能安全地揭取。这样一项艰苦的任务至

---

① 提图斯为 Titus，提塔为 Tita。——译者注

少需要一个月的时间，甚至更久。当时不可能抽出时间来做这件事，因为我计划穿越罗布沙漠前往敦煌，路程还有很长，沿途需要在多处咸泉取冰作为水源补给，而随着季节的改换，冰雪融化后不再便携，将导致后续行程面临用水不足的风险。所以尽管很不情愿，我仍不得不将这个困难的任务留到以后再做。

当时虽然遗憾，但事后证明我的决断非常正确。1908 年 3 月，我安排技术娴熟又勇敢坚毅的助手奈克·拉姆·辛格从和田回到米兰遗址执行这项壁画揭取任务，然而他抵达遗址后还未来得及开始工作就患上了青光眼。这位勇敢的锡克人[1]在一只眼睛失明的情况下，仍然坚持工作，最后导致双目失明。这是一个又长又令人伤心的悲剧故事，就不在此详细讲述了。

1914 年 1 月，当我再次返回米兰遗址时沮丧地发现，虽然我和奈克·拉姆·辛格离开时都小心翼翼地在寺庙内部回填了沙子和建筑残骸，但我们所做的这些努力并没能保护好它。在我的考古发现被报道出来的几年后，一位徒有考古热情的年轻日本旅行者曾试图揭取壁画，但他并没有做足准备工作，同时缺乏技术和经验。他这种愚蠢的尝试导致壁画被完全破坏，南侧半圆形墙壁下面的通道地面上一片狼藉的壁画残片就是赤裸裸的证明。幸运的是，在佛寺南侧这所谓的"考古工作"结束后，这位日本青年便放弃了揭取北侧半圆墙壁上的壁画。于是，我们经过长时间的细致工作，得以将墙裙上的这部分壁画完好无损地成功揭取下来。但对于我在这里首次发现的其他大部分壁画而言，我那些并不完善的照片和笔记本中的记录就成了仅有的资料。

---

[1] 锡克人（Sikh），指印度信仰锡克教的旁遮普人，主要分布在印度北方地区。——译者注

第八章

考察古楼兰

如前文所述，赫定博士于 1900 年的旅行途中首次在罗布泊以北滴水全无的沙漠中发现了古代遗址，我一直计划前去一探究竟。1906 年 12 月初的几天，在进入沙漠前，我在若羌绿洲做了一些准备。我计划在考察这处遗址可能保存至今的文物遗存后，带着我的队伍穿越马可·波罗所谓的"罗布沙漠"，沿着他曾经走过的这条已经被遗忘数个世纪的古老路线前往敦煌。为了避免重大风险，我需要十分仔细地安排运输和补给事宜。同时，我还要尽可能仔细地安排我的时间，因为只有冬季的几个月才可能在无水的沙漠里工作，在寒冷的冬季，能够以冰的形式来运输所需的水。

若羌虽名义上是地区首府，但只有相当于村庄的规模，辖区内几乎全是沙漠，资源十分有限，这使得我们的准备工作变得十分艰巨。我必须在 3 天之内组建一支由 50 名劳工组成的队伍以确保发掘工作的顺利开展，并为所有人准备 5 周的粮食供应，同时尽可能多地募集骆驼以供运输之用，因为我们必须携带足够多的水或冰，才能满足所有人在穿越沙漠的 7 天行程中、在遗址地的长期驻留期间，以及在最后返程途中的需要。

然而我穷尽当地一切资源也仅能凑到 21 头骆驼，这其中还包括一路跟随我吃苦耐劳的 7 头和我从且末租借来的几头，这着实是个棘手的问题。倘若不是我把塔里木河注入罗布泊之前流经的小渔村阿不旦作为仓库，将暂时不用的行李和物资寄存在那里以备日后穿越沙漠前往敦煌时使用，物资给养方面的问题恐怕会更加严重。

所幸这个荒凉绿洲的知县廖大老爷帮助了我们。很快，两位勇敢的阿不旦猎人加入了我的队伍，一位消瘦且年长的叫作穆拉（Mulla），一位身材魁梧的叫作托克塔·阿洪（Tokhta Akhun）。他们两位都曾参与过赫定博士的考察工作，因此不像其他人那样惧怕沙漠探险可能出现的风险。他们两人都没有从阿不旦这一侧进入过遗址，因此离开阿不旦沼泽地带之后的路程就不能指望他们充当向导了。但是他们熟悉我们将要穿越的这片地区的自然状况，并且作为猎人已经习惯了艰苦的环境，因此早已准备好面对寒冬时节沙漠中的挑战。我在若羌当地雇用了一些农民承担发掘工作，他们想到要在深冬时节离开自己的家园，去往东北方无水的沙漠中进行未知旅行，就感到深深的恐惧，这些村民的亲属也都哀叹他们注定在劫难逃。多亏两位猎人适时出现，令大家稍感安心。

经过费力的准备，我们终于在 12 月 6 日上午启程前往目的地。当我在绿洲边缘的最后一片田地上检阅集结好的劳工队伍时，突然发现这些罗布人带着浓郁的蒙古人面部特征。与从遥远的西部绿洲迁徙而来的突厥殖民者不同，这些人是土生土长的半游牧渔民的后裔。他们的亲人高喊着"约尔保尔松"（Yolbolsun）向我们告别，这是维吾尔语的"再见"，直译为"祝你有路可走"，我从未像此时一样感觉这句话的意义是如此的深远。

我们经过两程长途跋涉，穿越了一大片布满砾石的荒芜山坡，最终到达了米兰遗址并在接下来的几天里展开了艰苦的发掘工作，这些经历都已在上文讲述过。12月10日，我们到达了塔里木河流经的最后一座小渔村阿不旦。我将去往敦煌之前暂不急需的马匹以及所有的补给和行李都留在此地，并安排我最可靠的维吾尔仆人提拉·巴依（Tila Bai）留下来照看一切。我那位忠诚的中国秘书蒋师爷很想随我一起前往遗址考察，然而前面的路途漫长难行，以他的脚力肯定吃不消。虽然蒋师爷并不重，他的行李也不沉，但我们实在腾不出多余的骆驼给他，他只得遗憾地留在阿不旦等候我们回来。

第二天早上，我从阿不旦出发，渡过尚未结冰的塔里木河，开始了我的沙漠之旅。我们沿着初入罗布泊后遇到的沼泽地带向东走了一天，幸运地在水流渐小的塔里木河形成的一个淡水湖中发现了厚厚的冰块，可以作为我们的水源储备。我们让每头骆驼都驮了一只装满冰块的大口袋，每只口袋重达400到500磅[1]。我们将4个镀锌铁罐也装满了水，以备不时之需，不过铁罐里的水很快也冻住了。此外，我们还有大约30头驴子，也满载小袋的冰。这些驴子将驮着从最后一处水源地获取的水或者冰块继续行进两天，之后就地卸载物资，在那里建立一个中途补给站。当然驴子们也需要喝水，它们忍受了两天的干渴，在卸下货物后，便可迅速返回塔里木河。

至于骆驼，我们一开始便让它们痛痛快快地畅饮一番，每头骆驼都喝下约6到7大桶水，根据我们的经验，这些水量可以

---

[1] 磅（Pound），质量单位，1磅约合454克。

维持它们在沙漠中穿行数个星期。在寒冷的冬季，它们对水的需
求远远小于对草料的需求。一旦我们离开最后一片有植被生长的
地方，在抵达遗址北部几处周围生长有芦苇的咸泉之前，骆驼们
都没有草料可吃。不过，哈桑·阿洪作为我所有旅程中最优秀的
带队驮夫，早就在物资中准备了几皮袋菜籽油，途中给每头骆驼
不时地喂食半品脱这种气味难闻的金贵液体。我的驮夫们称之为
"骆驼茶"，事实证明在寒冷的冬天，骆驼在长时间没有任何草料
的情况下，这种营养丰富的菜籽油确实很有用。

我们在景色单调的盐碱地草原上又走了一天，在柴鲁特库勒
（Chainutköl）沼泽附近留下两人，那里有一处可供牲畜饮水的水
塘，水塘上面覆盖着一层薄冰。我将劳工们的储备粮留在这里，
使之成为一处前哨基地。我们接下来的路线由此转向东北偏北方
向，这与赫定博士在 1900 年所走的路线十分接近，只不过方向
正好相反。由于缺少参照物，我们只能借助指南针朝着赫定博士
在地图中标注的遗址位置前进。况且，自从赫定博士上次从北边
穿越这片荒凉的土地后，这里的地貌已经发生了明显的变化。当
年塔里木河春季泛滥后在北部这一带新形成了若干大湖，而今它
们已经完全干涸。在我们来的路上见到的零星几处水塘也因为吸
收了盐碱地中的盐分，水质异常之咸，以至于在寒冷的天气下都
没有冻结。

12 月 14 日晚，我们将最后一片矗立着枯萎的杨树和柽柳的
洼地甩在身后，在散落着灰白色柽柳残枝的高大沙丘间扎营。我
们在这里将所有驴子驮来的冰袋都小心翼翼地卸在最高沙丘的北
侧，建立了一个补给站，另外安排了两人带着驴子折返。他们将
负责从柴鲁特库勒给劳工们运送食物补给。

再次出发后，我们很快进入了罗布沙漠北部特征鲜明的风蚀地貌区。该地区地表由绵延不绝的土崖及土丘组成，彼此之间有陡峭的沟壑分隔。罗布人称之为雅丹地貌。雅丹地貌是在风蚀作用下形成的，风中夹带的沙子是侵蚀土体的有力工具。这些被称为"雅丹"的土丘都是沿东北偏东向西南偏西方向分布，说明该地区一年中最强劲、持续时间最长的风应该是在蒙古高压作用下，从蒙古高原吹向塔里木盆地最低处的"季风"。

我们需要迂回地穿行在坚硬的土崖和沟壑之间，这样的行进方式让人和牲畜都感觉异常疲惫。这样的路对于骆驼来说尤其艰难，因为它们脚掌上柔软的肉垫很容易被坚硬的地面扎破或是划伤。因此每次宿营时都有几头可怜的骆驼不得不接受"钉掌"。"钉掌"虽然痛苦但很有效，它是将一小块牛皮缝在骆驼的脚掌上，以保护脚掌上的伤口。这需要高超的技术，因为骆驼往往很抗拒"钉掌"。幸运的是，哈桑·阿洪是这方面的专家，还经常向其他驼夫传授经验，不过他的教学方法一点都不文雅，有时甚至会训斥和打骂。

在这片风蚀严重的荒凉地区穿行时，我们不时会穿过一些浅浅的洼地，洼地中有一些枯死后倒下的野杨树枝干。放眼望去，这些洼地仿佛河流的若干支流一般向着远方蜿蜒而去，最终消失在平坦而宽广的沙漠中。事实上，根据我沿不同路线多次穿越罗布沙漠这一区域时的观察，以及我们对这种地貌仔细测绘后获得的所有成果，我认为这些遍布枯树的洼地就是库鲁克达里亚（"干燥的河"）过去的河道终点，它曾一度滋润了楼兰遗址周围的土地，也曾在一些历史时期摆动并注入罗布泊边缘的沼泽地。我在《塞林提亚》和《亚洲腹地》两本书中已经充分阐述了支撑这一观点的地形学和考古学证据。值得一提的是，中国的史书典籍中也有关于这处古老三角洲和罗布泊东部干涸湖床的有趣记载，可以侧面支持我的论点。

我们刚刚进入这片荒凉的地区，便接连在严重风蚀的地面上捡到许多石器时代的石箭镞、石刀和其他一些小工具，以及非常粗糙的陶器碎片。每走出一段距离，就又能发现这类东西。尽管我们必须尽可能地保持直线前进，不能沿途左右搜寻，但途中频繁出现的文物足以表明这一带在史前时代末期曾有人类居住。

我们的队伍每天清晨便启程赶路，直到夜幕降临才停下休息，但由于自然地貌条件所限，一天最多只能走出不超过14英里的路程。况且在这片千沟万壑的区域需要迂回前进，想要一直保持在指南针所指的正确方向上也不是件容易的事。出于同样的原因，我还得仔细地用枯木或土块在沿途的显眼位置做好标记，以确保运送冰块和给养等储备物资的人能够循着一处处路标的指引找到我们。

在这片风蚀严重的硬质黏土荒原上跋涉的第二段路程接近尾声时，我们在地上发现了包括汉代铜钱在内的一些小型金属物件，以及大量制造工艺高超的陶器残片，这说明我们走过的这一带至少有某些地方在历史上曾有人类居住。但是勘测结果显示，我们从当前位置仍需要再向南走12英里才能到达赫定博士当年发现的遗址。

当时正值隆冬时节，我们需要直面凛冽的东北风。第二天半夜，狂风差点吹倒我的帐篷。我们驻留在该地区的整个过程中，寒风几乎就没怎么停歇。随着最低气温迅速降至华氏零度^①以下，我们全队的生活都变得异常艰难。多亏古河床附近有成排的枯树干可以为我们提供充足的燃料，不然大家将遭受更多痛苦。只要刺骨的寒风不停，即使阳光灿烂，我戴着最厚的帽子和手套也无法让我的头和手保持温暖。

12月17日，我们发现了越来越多的中国汉代铜钱、青铜箭镞以及其他小物件。最后，在当天下午，穿越了一条宽阔且显眼的干河床后，我第一次看到了远方窣堵坡坍圮后形成的土丘，那就是楼兰大致的位置，与赫定博士在地图上标记的地点完全吻合。劳工队伍在漫长的探索过程中逐渐积蓄的焦虑情绪被巨大的兴奋感一扫而光。我们又继续行进了约8英里的路程，穿过了陡峭的土崖和深沟，最终在夜幕降临时抵达窣堵坡遗址脚下，并在这片遗址群构成的奇怪而荒凉的风景中安营扎寨。

第二天早上，发掘工作便开始了，由于人手相对充裕，我们接连不断地工作了11天，完成了几组遗址中所有地表可见遗存的清理工作。同时我立刻遣人带走了骆驼，大部分骆驼被带去北方，托克塔·阿洪知道在库鲁克塔格山脚下的一处咸泉附近有芦苇丛可能让它们饱餐一顿；其余的骆驼则被带回南边的补给站去取我们储存在那里的冰块等物资。

那天早晨，我站在窣堵坡遗址的高台上环顾四周，眼前的景色似乎异常熟悉，同时又非常新奇。在南方和西南方，有几片木构和灰泥材质的小型建筑遗址。这使我想起了令我印象深刻的尼雅遗址，不过在风力作用下，这些遗址上覆盖的能够起到保护作用的沙土层比起尼雅遗址要薄不少。遗址区之外只有一望无际的

---

① 约合 –18 摄氏度。——译者注

雅丹地貌，永不停歇的东北风雕刻出棱角分明的硬土"雅丹"和深切的沟壑，按照与风向一致的方向分布。这景象看起来仿佛海面一般，只不过是分布有无数冰脊 ① 的冰封海面。

发掘工作从佛塔南侧不远的一处高于风蚀地表 18 英尺的台地开始。这是一处房屋遗址，过去应该建得不错，但仅有少部分残迹保存至今，覆盖在斜坡上的木料残骸显示出它曾经的建筑规模，但随着房基部分的土层受到风蚀，这部分房间已经完全垮塌消失了。然而，通过对残存遗址部分的发掘，我们发现了一些写在窄木片和纸张上的汉文文书。另外还发现了一些写有佉卢文的木板和纸片，其中木牍文书的形制与我此前在尼雅遗址发现的那种完全一致。

因此，从发掘一开始就获得的证据来看，边远的罗布地区在行政管理和商业贸易活动中同样普遍使用尼雅遗址文书中出现的那种古印度语言。罗布地区与和田相距甚远，而同一种印度文字和语言竟能够影响到塔里木盆地的最东端，这显然是一项具有历史意义的发现。我在这处遗址还发现了其他各种各样的神奇文物，受篇幅所限只能简略介绍。我发现了目前已知最早的羊毛地毯残片和一卷保存完好的淡黄色丝绸。随后我又发现了木制测量工具和一块带字的丝绸边料，于是我了解到那一小包淡黄色丝绸的宽度为 19 英寸，这是这种中国古代最著名的手工业品运往希腊和罗马时所采用的标准规格。

我们从一开始就在房屋遗址附近被风蚀得光秃秃的地面上发现了大量金属、玻璃和石质的小物件。其中包括许多背面铸刻有

---

① 冰脊（Pressure ridge），海冰在风力或海流作用下挤压重叠形成的犹如山脊一样的隆起。——译者注

精美图案的铜镜残片，还有金属扣和石印等。我们也捡到了不少
玻璃珠、琉璃珠和石珠。大量出土的汉代方孔铜钱是一项重要的
发现，这说明当时小规模的现金交易很多，也代表着贸易交流之
活跃。

在西南方向有一座大型建筑遗址，局部采用土坯砖建造，
尽管已经严重损毁，但仍能辨认出这应该是古代中国的行政机
构——衙门。赫定博士在一间过去可能用作牢房的小型密室里，
发现了大量书写在木板和纸张上的汉文文书，部分文书的年代介
于公元 264 年至 270 年 ① 之间。经过对建筑遗址的仔细搜寻，我
发现了更多此类文书，还有一些薄而卷的木片，显然是尺寸规则
的简牍在重复使用时从表层刮下来的刨花。

旁边的小型房屋与尼雅遗址的房屋采用了相同的建造工艺，
只是更加简陋，它们过去可能是当地非汉族官吏的住所，因为在
此出土的东西多为我熟悉的那种佉卢文木牍，其形制与内容都同
尼雅遗址的佉卢文文书十分相似。但最大的收获来自衙门建筑西
端外一个直径百余英尺的大垃圾堆。从那仍散发着刺鼻气味的一
层层质地坚硬的垃圾和其他废物中，出土了大量木质和纸质的汉
文文书。显然它们是从办公用房中清扫出来的"废纸"。通常纸
张会被撕碎销毁，至于木简则会被用作"引火木"使用，因而有
灼烧过的痕迹。

在这堆垃圾中，我也发现了少量写在木板、纸张和丝绸上的

————————
① 楼兰文书中的年号有景元、咸熙、泰始等。其中出现了"咸熙二年、三年"
的记载，此时司马炎已废魏改晋，年号"泰始"，但边远的西北地区由于信息不
畅，仍沿用曹魏"咸熙"年号，"咸熙二年、三年"即"泰始元年、二年"。引自
王晓光所著论文《楼兰出土西晋十六国简纸书迹》，刊载于《中国书法》2013 年
第 6 卷。——译者注

佉卢文文书。当时还有一项独一无二的有趣发现：一片写有"未知"文字的碎纸片，上面的文字让人联想到阿拉米文，后来证明这是如今已经完全失传的粟特语文书。公元纪年之初的几个世纪里，这种语言曾流行于偏远的粟特——现在的撒马尔罕和布哈拉地区。

已故的知名汉学家、我的朋友沙畹先生对我带回的汉文文书进行了释读，相关成果收录在牛津大学出版社出版的著作中，我第二次考察时发现的全部汉文文书都包含在内。这些文书同之前赫定博士发现的文书一道，有力地证明了该遗址是一处名为楼兰的驿站，它的名字源自古时这一整片区域的统称。在中国人最早于公元前 2 世纪末开辟的古道上，楼兰是向西进入塔里木盆地的桥头堡。

出土文书中带年号的大部分介于公元 263 年至公元 270 年之间，基本对应着晋武帝统治时期，他在东汉灭亡后，重新建立起中原王朝对"西域诸国"的统治。出土文书中年代最晚的一件写于公元 330 年，文书所用的仍是西晋的年号，但当时西晋已经灭亡 13 年之久。由此看来，这处小驿站当时显然已经失去了与帝国中央政权的联系。显然，没过多久，这座驿站和以它为起点的沙漠路线也就废弃了。

尽管该驿站规模很小，而且整个地区的资源有限，但在汉文文书中有足够的证据表明，只要路线畅通一日，该驿站的交通重要性便一日不减。这些文书中有一些出自西域长史①之手或者直接写给西域长史的报告残卷，还有一些显然不属于本地军队调动

---

① 西域长史（Commander-in-Chief of the Western Regions），古代官职名，东汉罢西域都护府，以长史行都护之职。——译者注

的军事文书。但大部分文书所载的是一片中国小型屯垦区的管理
人员关于粮食种植、储藏和运输等日常行政工作的琐碎记录。其
中屡次出现关于敦促减少将领和士兵食物配额的命令，进一步说
明了该地区越来越难以自给自足。

此地出土的佉卢文文书在字体、语言和其他方面都与尼雅遗
址发现的佉卢文文书非常接近，拉普森教授和他博学的法国同仁
已将它们整理出版。根据后来拉普森教授寄给我的节译本，我了
解到当地人称此地为"克罗来那①"。"楼兰"一词应该是最接近
原文语音的汉语译名。

至于清理那一大堆垃圾以及搜寻周围其他房屋遗址的过程中
发现的各种文物遗存，我就不在此细说了。但有一项奇特的发现
值得一说，它体现出大自然的破坏力给整个遗址打下的烙印。遗
址区南部和北部零星分布有一些破损严重的狭窄平台，经过仔细
研究后发现，它们曾经是城墙的一部分，使用夯土和柽柳枝条相
间夹筑而成。这是中国古代工官在该地区修筑防御工事时的常规
方法，能够抵御风蚀作用。

城墙最初呈方形，内侧边长约为 1020 英尺，它有两面墙体
与当地盛行的东北偏东风的风向平行，但即便是这两面最不容易
受到风蚀破坏的墙体，如今也仅存些许残迹。另外两面迎风的墙
体更是早已完全倒塌，并且在风力搬运作用下被夷为平地。我后
来在东部更远的遗址见到类似的遗迹后，才充分认识到风蚀作用
对楼兰遗址的影响，因而在 1914 年第二次考察楼兰遗址时，我
才得以透过东西两面墙体残存下来的些许痕迹辨认出它们。

---

① 克罗来那（Kroraina），佉卢文在英文中的音译，即楼兰。——译者注

　　12 月 22 日傍晚，我们完成了在这座古代设防驿站的考古发掘工作。现在还有驿站西侧约 8 英里处的另一组遗址群等待着我们发掘。这组遗址群是由赫定博士首先发现的。但由于他只从楼兰前往过那片区域一次，也仅仅停留了一天时间，而且只带了 5 名劳工协助他，因此该遗址群显然还有大片区域有待系统性发掘。对于我们来说，主要问题在于能否为它留出足够的工作时间，因为我们储备的冰块正迅速消耗。更令我感到焦虑的是，哪怕我们在遗址区停留期间的最低气温已经降至 -45 华氏度[①]，但从库鲁克塔格山脚下泉眼返回的托克塔·阿洪却报告称，那里的水非常咸，以至于仍没有结冰。出于同样的原因，骆驼也不愿意饮用那里的咸水。幸运的是，另一队骆驼为我们从来时建立的中途补给站带回了给养，使我们得以在 12 月 23 日转战西侧的遗址群。

　　接下来的 5 天我带领劳工们进行了高强度的发掘，尽管有些人病倒了，但仍有 30 人能够投入工作，最终取得的丰硕成果在此不做赘述，但有几项考察结果和考古发现值得专门提及。在对一座小型佛寺遗址进行细致清理的过程中，我发现了大量精美的木雕残件，其中甚至有长度超过 7 英尺的木雕横梁，上面的装饰图案带有明显的希腊式佛教风格。

　　风蚀作用同样给这处佛寺遗址和东南方约 1 英里外的一处大型居址造成了严重破坏。然而，我们后来还是在那处大型居址发现了大量有趣的文物遗存。其中包括雕工和漆工精美的家具；带有鲜明罗马风格图案的木雕镶板残片；带有装饰纹样的纺织品，如一只保存状况完好的拖鞋，上面装饰着西方样式的绣花图案，

---

① 约合 -43 摄氏度。——译者注

等等。在另一座小型佛寺遗址附近，有一处用篱笆围起来的古代果园，里面有些枯死的果树，这是该遗址群中唯一与古代种植活动有关的证据。还有其他的迹象表明，这处位于楼兰设防驿站外围的古代聚落之所以重要，不是因为其自身资源，而是因为它坐落在连接中国内地的交通线路上。

我十分渴望沿着这条交通线路向东穿越未经探索的广袤沙漠。但当时尚不具备挑战这项艰巨任务的条件，因为我们的冰块储存已经越来越少了。越来越多的队员生病，这是他们长期暴露在寒风中的结果。因此，在 1906 年 12 月 29 日楼兰西侧遗址群中所有建筑遗址的发掘工作也完成后，我安排测量员拉伊·拉姆·辛格带着我们的"考古成果"，与大部分队员一同返回了阿不旦。由于长期暴露在寒风中，拉伊·拉姆·辛格患上了风湿病，事实上，在我们抵达楼兰遗址之前，他就已经或多或少地丧失了战斗力。

我自己带着减员严重的队伍穿越未经探索的沙漠向西南方折返。经过 7 天的艰苦跋涉，我们安全返回了冰封的塔里木河。由于回程途中沙丘的高度不断攀升，这一路比从罗布泊出发时的路线要困难得多。沿路也未再发现任何遗址，只是偶尔见到一些石器时代的文物遗存，甚至来时经常作为古河道标识出现的枯树也见不到了。当最低温降至 –48 华氏度 [①] 时，燃料短缺的问题愈发凸显。我们返回若羌绿洲和米兰遗址的途中还开展了一些有趣的地理学考察，不过这些内容就不在此赘述了。

---

① 约合 –44 摄氏度。——译者注

第九章

循着古道穿越干涸的罗布泊

在接下来的一章中，我将介绍 1907 年 2 月至 3 月期间那一段漫长的沙漠之旅。在这段旅程中，我沿着马可·波罗曾经走过的路线从罗布泊抵达了敦煌，并且在这处中国内地最西端的绿洲附近发现了古代长城遗址。经过这趟考察，我确定了中国最早开辟的经由楼兰沟通中亚和西方的路线的东端起点。这条令人生畏的沙漠之路曾沿用数个世纪之久。但是，如今想要穿越这条沙漠之路，只能选择从楼兰一侧出发，而且即便如此，也注定是一项艰巨的任务。因此，我只得等到 7 年后的第三次考察期间才得以将计划付诸实践。

1914 年 1 月 8 日，我抵达若羌。这个小绿洲又一次成为我在罗布沙漠探险的基地。当时正值中国内部革命[①]，由此导致的动荡也波及西域，我也遇到了一件给我造成极大困扰的事件，事情本身不大，但影响深远，因此我将在此略作介绍。在我于新年前夕从且末出发前往若羌之前，我得知一群中国"革命军"——其实就是一群投机者或冒险家——前不久也刚刚去过若羌，据说他们袭击并绑架了当地的县长。且末的中国官员无力阻止这一暴乱事

---

① 当时是北洋政府时期，清朝刚刚灭亡，社会动荡。——译者注

件。因此，他贴心地给我准备了两封介绍信，其中一封写给那位
不幸的按班，倘若他已经想方设法重获自由并且恢复权力，我
就把这封信给他，否则我可以递上另一封写给"革命军"头领
的信，且末的官员猜测这些"革命军"可能已经接管了若羌的
政权。

从且末到若羌共有10程路，我们主要沿车尔臣河①行进，途
中没有遇到任何路人。我当时感到很奇怪。当我到达若羌时，我
发现两封介绍信都派不上用场。那一小撮"革命军"绑架并残忍
杀害那位倒霉的地方官后，"革命军"头领自封为临时按班，而当
地的穆斯林群体则冷眼旁观。但不到一个星期，一支由东干人组
成的小部队从遥远的焉耆赶到若羌。他们同样在见风使舵的当地
头人带领下悄悄潜入绿洲，然后奇袭熟睡中的"革命军"，将他
们一网打尽，或杀或俘。经历过这场动乱，当地失去了中央派驻
的官员，在其缺席的情况下，我也就无法指望从随和的罗布人和
他们懒散的头人那里得到有效帮助了。

这一事件影响了我精心设计的探险计划，导致我迟迟筹措不
到所需的物资、劳力和骆驼，这让我非常恼火。它只不过是一场
披着革命外衣的骚乱。从若羌出发后，我折返回米兰遗址，花费
近两个星期的时间，付出巨大心血，抢救下我在本书第七章中描
述过的那两座圆形建筑遗址中的精美壁画。在此期间，我收到了
英国驻喀什总领事乔治·马戛尔尼爵士的消息，据说中国新疆省
政府发布了一条限制令，让各地方政府禁止我们开展测绘工作。
这实际上相当于叫停了我所有的探险计划。我这位生性机敏的朋

---

① 车尔臣河（Charchan river），旧称且末河。——译者注

友立即求助英国驻北平①公使出面斡旋。但与此同时我也必须得尽力抗争，因为哪怕中国政府不对我实施强制措施，只是消极阻拦也足以打乱我的探险计划。

幸运的是，我并未如预计的那样收到来自若羌的禁令。后来我了解到，我的这次幸运逃脱得益于"革命"的适时爆发。合法的地区行政长官还没来得及发布任何禁令就被"革命军"处理掉了。接管衙门的叛军头领虽然在那里看到了上面的命令，但他有更紧迫和更有利可图的事情要做，接着他本人也被杀了。前来镇压叛乱的军队指挥官严格遵守中国的官方规定，不参与民政事务，并将衙门的文件封存起来，直到新任地方长官从遥远的省会迪化②赶来接管政务。这让我长舒一口气，因为我可以安稳地收集我所需的一切东西并进入干旱无水的沙漠，在那里再没有人能干涉我！

我此次的任务包括，对库鲁克达里亚干涸的三角洲区域和楼兰以东的古道展开新一轮探索，并对发现的遗址进行发掘。为了给探索古道这项充满挑战的工作留出足够的时间，考古发掘的速度必须要快，因此我必须在水源或者说冰源供应跟得上的前提下，带上尽可能多的劳工。我需要携带足以保证35人一个月最低用水量的大量冰块，足够所有劳工吃一个月和我的队员吃两个月的口粮，还有能够抵御冬季沙漠中寒风的必要装备，这些东西对于全队的30头骆驼（其中包括我们自己的15头）来说，无疑是太多了。如此一来，所有人都必须步行。

1914年2月1日，我带领这一大队人马从米兰遗址出发。第

① 北平（Peking），北京的旧称。——译者注
② 乌鲁木齐（Urumchi），时称迪化。——译者注

二天，我们从塔里木河终点附近的一个湖中收集了所需的冰块并用袋子装好。随后我们走过 4 程路，到达了首个目的地———一处巨大的戍堡遗址，它由我忠实的罗布人随从托克塔·阿洪在几年前首次发现。在风力作用下，遗址内外的地面受到严重侵蚀，甚至坚固的城墙也被完全破坏了。墙体由成捆的灌木枝条与夯土交替砌筑而成，我此前在考察敦煌以西的古代中国长城时见过同样的建造方式。我在清理戍堡内部的建筑遗址时，发掘出了大量的建筑木雕、工具、硬币等文物。这些出土文物证明了该遗址与楼兰遗址的废弃时间相同。过去曾有一条河流穿城而过，通过干涸的河道两侧枯死的一排排树木，很容易确定河道的走向。从河道的走向来看，它应该是为楼兰提供水源的库鲁克达里亚的南部支流。

沿着这条支流行走，我们便来到了第二处面积较小的戍堡遗址，在它的北面，还有一大片聚落遗址，其中零散分布着一些已经被严重风蚀的木构建筑遗迹。不过，一些区域由于堆有质地坚硬的垃圾，原始地层得以保存，我们在这些区域发掘出古代木质和纸质文书，从中可以识读出佉卢文和婆罗米文两种古印度文字，以及汉文和粟特文。一同出土的还有其他一些有趣的文物，比如一个精美的漆匣、华丽的丝织品和羊毛织物残片、木质农具残件等。这处聚落遗址应该也同楼兰遗址一样，废弃时间不晚于公元 4 世纪初。

这些确切的考古学证据具有独特的价值，可以帮助我们判断聚落遗址附近各种遗迹的年代。这为我们了解历史时期和史前时期罗布地区的水文地质情况和人类活动情况提供了线索。比如我们在附近已经被风蚀的地面上捡到了史前时代的大量石质工具，包括新石器时代的箭镞和玉斧等。

我们在前往楼兰遗址漫长的两程路途中，再次经过了一系列古河床。河床两边都是成排枯死倒下的野杨树，根据河床延伸的方向可以判断出这里过去应是库鲁克达里亚的三角洲区域。在风蚀作用下裸露的地面上，汉代铜钱、小型金属器残片、陶器残片与石器时代的文物混杂在一起。我们此次所走的路线与 1906 年第一次到访时的路线不同，但出土的文物和沿途观察到的情况是相似的，都再次证实了当时得出的结论。

2 月 10 日夜幕降临后，我们仍在连绵不绝的雅丹地貌中穿行，陡峭的雅丹土台对于骆驼来说异常难行，经过漫长的跋涉，我们最终到达了中国古代驿站——楼兰遗址。我们仍旧在那处熟悉的窣堵坡遗址安营扎寨。接下来，我一边派人进入东部和东北部未知的沙漠地带进行勘察，另一边安排人员发掘上次因时间紧张而忽略掉的外围小型遗址和埋藏较深的垃圾堆，并且取得了丰富的成果。在这次发掘清理的过程中，我又发现了更多木质和纸质文书，上面的文字有汉文、佉卢文和粟特文——我在 1906 至 1907 年间就发现过这种伊朗语族语言的文字。

经过一系列密切的观察，我还获得了一些有趣的发现：在这座古代中国的驿站被废弃后，河水一度又短暂地回流至楼兰附近，水位时高时低。这让沙漠植被得以重新生长，从而保护了地面的黏土，在一定程度上减缓了风力剥蚀和侵蚀的进程。这些观察结果表明，楼兰遗址在废弃后的 1600 余年里，并未像其他遗址一样持续受到风蚀破坏。低洼地带稀疏的柽柳丛和芦苇已经枯死，它们是河水回流时生长出来的，滋润它们的水源只能是来自库鲁克达里亚的河水。事实上，我在 1915 年返回库鲁克达

里亚沙漠河段的途中，曾沿着它的河床来到了沙漠西边荒芜的库
鲁克塔格山脚下，在那里的山谷间，只要挖一口浅水井，就能
打出咸水。我在第四次探访塔里木盆地（1930—1931）的旅程
中得知，新近的巨大水文地理变化影响了塔里木河的走向，导
致大部分夏季洪水在更靠北的地方注入孔雀河，并且交汇后的
河水再次流向下游的库鲁克达里亚和楼兰遗址。当我听到这个
消息时，丝毫不觉得意外。我希望能够有机会研究影响罗布盆
地的这一最新变化，但很遗憾由于中国政府的阻拦，我未能
成行。

2月中旬，我回到荒芜的楼兰遗址继续未完成的重要工作，
终于可以做更加激动人心的事情了。我依据帕坦族[①]制图员阿夫
拉兹古尔·汗的前期勘查结果进行了充分的准备，这位年轻的制
图员热心而且聪慧，他最初是以开伯尔步枪队[②]士兵的身份加入
探险队的，后来因功勋卓著升调到印度测量局。我们探索的这片
区域已有数个世纪无人涉足，勘察结果显示在东北方向上有一系
列遗址，这表明我迫不及待想要踏上的那条通往敦煌的中国古代
贸易和军事路线至少在起始段是朝这一方向延伸的。

在这一系列遗址遗迹中，距离最近的是一片古墓葬，位于距
离楼兰遗址约4英里处的一处平顶土台之上，土台与下方被风蚀
的地面之间约有35英尺的高差。土台边缘已经在风蚀作用下发
生一定程度的垮塌，导致部分墓葬暴露在外并受到破坏。但土台

---

① 帕坦族（Pathan），阿富汗南部和巴基斯坦西部的主要民族，又称普什图
人。——译者注
② 开伯尔步枪队（Khyber Rifles），英属印度时期作为英属印度陆军补充力量的
一支准军团，隶属于开伯尔 – 普什图赫瓦省边境军团（北团）。——译者注

顶部没有受到风蚀破坏，仍保存有一系列大型墓葬坑，经过迅速地清理，我们发掘出数量庞大、种类繁多的文物。

各种各样的陪葬品混杂在人骨和棺椁残片之间，有个人物品，如带雕花的铜镜、武器和家用工具的木制模型；有写在纸上和木板上的汉文文书；最值得一提的是，还有各种漂亮的织物，让我大开眼界。其中包括色彩和纹样精美的丝绸，奢华的织锦、刺绣和绒毯残片，还有质地粗糙的羊毛织物和毛毡。我很快了解到，这些各种各样的织物其实是殓衣的残片。在这条中国与中亚乃至遥远的西方之间最早开通的古道上，丝绸曾经是大宗商品，而眼下没有什么比这些织物残片能让我更直观地了解古代丝绸贸易了。

各种迹象表明，这些墓葬坑中的物品应该是从更古老的墓葬迁移过来的，而那些更古老的墓葬受风蚀作用或类似因素影响，已经暴露在外，甚至完全损毁。透过这些出土文物，以及它们所反映出的中国人至今仍虔诚遵循着的一种葬俗，可以断定其年代约为公元前 2 世纪末，即汉代首次开辟贸易通道并将影响力扩张至中亚地区的时期。

在此出土了大量纹样精美的丝绸和五颜六色的锦缎，充分揭示了中国丝织品的艺术风格和成熟的工艺，它们当年沿着这条古道从中国内地运抵楼兰，进而向西运往更远的地方。这些织造于公历元年前后甚至更早的中国丝织艺术品具有特殊的意义，因为它们的出土地点刚好就在最古老的丝绸贸易路线上。它们对于研究远东和西方之间早期关系的学者来说同样重要，因为在这些带有装饰纹样的织物中，有一些明显具有希腊风格的精美毛毯残片。无论它们是当地制造的，还是来自更远更靠西的中亚地区，我们都可以在这些织物上看到文化交流的影响，说明这条沿用数个世纪的沙漠古道也促进了自西向东的文化传播。

这些织物标本是中国装饰性纺织艺术迄今为止已知最早的实物遗存，关于其技术、材料和设计研究的诸多有趣细节，我已在《亚洲腹地》一书中做过详细介绍。值得一提的是，其中有一块古典风格的精美织物残片，上面带有赫尔墨斯 ① 头像的图案，反映出古希腊和古罗马的文化影响。另外还有一件明显出产自中亚地区的织物残片，奇妙地反映出中国和西方艺术相互融合的影响。这块织物的边缘相间分布有西方古典风格的装饰图案和中国汉代雕塑中十分常见的有翼天马形象。

我们继续向东北方向行进了 12 英里，很快便跨越了库鲁克达里亚河流三角洲的最后一道干河床——已经枯死数个世纪的野杨树和柽柳树仍矗立在那里。随后我们来到一处有围墙的兵营遗址，经过仔细考察，这里曾是从敦煌出发的中国使团和军队在抵达楼兰后的首个集结点。兵营的围墙经过两千年的风吹日晒依旧保存完好，它用成捆芦苇混合着夯土层层砌筑而成，建造方式与敦煌沙漠地带最西端的汉代长城一致，二者的修造时间无疑与中国首次在塔里木盆地派驻军队的时间相同。这处兵营是西进道路上的桥头堡，为往来人员提供了必要的支持。

兵营的围墙采用了与敦煌古长城相同的建造技术，很好地抵御了该地区最可怕的敌人——风力侵蚀。历经两千多年极具破坏力的风力侵蚀，这一圈厚重的围墙仍然没有受到太严重的损伤。但是在围墙以内，风蚀造成了巨大破坏，形成了地面以下深达 20

---

① 赫尔墨斯（Hermes），古希腊神话中众神的使者，也是商业、旅行、偷盗和畜牧之神。——译者注

多英尺的空洞。不过，在北侧墙体的遮蔽下，有一座垃圾堆完好地保存下来，我们从中发掘出很多带纪年的汉文文书，它们同在楼兰遗址出土的大部分汉文文书一样，遗存年代可追溯到这条古道最终废弃之前的历史时期，即公元 3 世纪末。

在距离这处设防兵营更远的地方，我们还发现了其他遗址。值得特别关注的是东北方向约 3 英里外的一处小型城堡遗址，它坐落在高达 100 英尺的台地之上，那里视野开阔，可以俯瞰四周荒凉的大地。它应该是由楼兰原住民驻扎的一处哨点。由于遗址位置较高，加上该地区自古以来气候干旱，我们在城外的墓葬中发现了保存状况良好的男尸和女尸。其中几处墓葬中的尸体和随葬品都保存得非常好。随葬品包括装饰有羽毛和其他狩猎战利品的尖顶毡帽、放置在他们身边的箭杆、质地粗糙但厚实的羊毛衣物，还有用于承装死者食物的编织篮等。这些陪葬品表明他们属于以放牧和打猎为生的半游牧民族，这与沙漠之路开通伊始内地人接触楼兰人后形成的印象一致，相关记载见诸《汉书·西域传》[1]。

俯视这些干尸，他们除了皮肤枯槁之外就像睡着了一样。两千年前，他们曾安然居住在荒凉的罗布地区，这种与古人面对面的经历让人感到十分奇妙。他们与阿尔卑斯人种的头部特征相近，我收集的其他人体测量学[2] 数据显示，阿尔卑斯人种目前仍在塔里木盆地的人口结构中占据主导。站在这处高台上极目远眺，我们确信这里已经接近生命赖以生存的河水所能到达的最东

---

[1]　《汉书·西域传》载："鄯善国，本名楼兰……民随畜牧逐水草……" ——译者注
[2]　人体测量学（Anthropometry），用测量和观察的方法描述人类体质特征状况的人类学分支学科。——译者注

端，再向东就是罗布泊干涸的湖床，地面上一望无际的盐壳在阳光照耀下闪着银光。

上述发现除了其自身固有的价值，对我而言还有一层特殊的意义，那就是它们为我仍在探寻的那条向东穿越可怕沙漠的中国古道提供了可靠的出发点和些许线索。但我们还不能立即踏上这条古道。我们那些吃苦耐劳的罗布劳工经过在无水沙漠中的长途跋涉，加之长时间暴露在刺骨的寒风中，已经疲惫不堪。当完成东北方向上最后一处遗址的发掘工作，我不得不把他们带回位于楼兰的大本营，让他们在那里休息调养。

在楼兰遗址，我那勇敢的旅伴——拉伊·巴哈杜尔·拉尔·辛格（Rai Bahadur Lal Singh）顺利归队，这让我倍感欣慰。此前，我曾派他从米兰遗址出发，沿濒临枯竭的塔里木河到孔雀河，然后再顺着这条"干燥的河"的河床来到楼兰，沿途进行测绘工作。一同到来的还有来自库鲁克塔格的勇敢猎人阿卜杜勒拉希姆（Abdurrahim），他不仅带来了毕生丰富的沙漠经验，还带来了几头强壮的骆驼，给我们的队伍注入了新的力量。其中一头骆驼在楼兰遗址诞下一头小骆驼，刚出生几天的小骆驼便可以自己走路，它后来随我们一起安然无恙地穿越了无水的盐碱沙石荒漠，展现出骆驼这种动物持久的耐力。

根据上述一系列遗址被发现地点的地形学线索推断，这条古代路线似乎向东北方向延伸而去。然而，根据此前的测绘结果，我们要越过中国古长城前往古道东端起点的最短路线在东南方向，两条路线的方向呈直角。这无疑是一个令人沮丧的发现，因为前面的路上肯定没有水源和其他维持生命所需的资源，剩余的物资不足以支持我们迂回探索沿途古迹。

想要安全穿越荒芜的沙漠地带，前期的周密筹备至关重要。我估计这次行程至少需要 10 天时间，而前几周艰苦的行程已经让我们的骆驼饱受折磨，接下来的行程势必是对这些动物耐力的严峻考验。因此，我有必要先带着我的队伍向北出发，前往远方库鲁克塔格山脚下的阿提米西布拉克①咸泉。经过 3 天的跋涉，我抵达了库鲁克塔格山脚下，并且在可以俯瞰古河道的砾石山坡上发现了一片中国古代小型墓葬。我们在阿提米西布拉克停留了几天，我们的骆驼在忍受了 3 周饥渴之后，终于有机会在芦苇荡中吃草饮水，从而储备力量。眼前这一小片生机盎然的植被也让我们感到愉悦。

2 月 24 日，我们带着补充的冰块和精心配给的燃料，开始执行各自的任务。拉尔·辛格带领一队人马前往盐渍板结的盆地——即古罗布泊干涸的湖床——东北缘的未知区域进行测绘。我和阿夫拉兹古尔带领另一队人马，探寻通向敦煌的中国古道在离开楼兰这处古代定居点之后的走向。这是一项兼具地理学和历史学意义的有趣任务，但也充满严重的困难和风险。

根据我对眼前这片土地总体特征的了解可以断定，在汇入若羌到敦煌的商路之前，我们无法获得水源补给，沿途的大部分路段也找不到用来融冰的燃料。这意味着我们需要艰难跋涉 10 天左右，而我们勇敢的骆驼已经在荒芜的沙漠中煎熬了数周，它们的耐力也是有限的。在这片资源匮乏的荒漠中，我们无法预料是否会遇到什么障碍，导致行程延误。该如何找到这条古道，并沿

---

① 阿提米西布拉克（Altmish-bulak），又称六十泉，位于库鲁克塔格南侧山前洪积扇处的水源地。引自杨镰主编的《西域探险考察大系：罗布泊探秘（上）》，新疆人民出版社，2013 年。——译者注。

着它穿越自古以来地球上最荒芜的大面积区域，这也仍然是个问题。我们没有时间仔细搜寻古代商队留下的蛛丝马迹。所以能找到什么几乎全凭运气，外加我根据既往观察做出的推断。不过，我的运气比我预期的要好。

我们向南艰难跋涉了两程路，沿途克服复杂的地形环境，在盐碱板结的陡峭土台和山丘间蜿蜒穿行。2月25日，我们到达了楼兰遗址外围的那处小城堡附近。我很幸运地在那里发现了更多遗迹，它们进一步证实了我的猜想，即从这里出发的古道折向东北方向。在该区域遍布枯萎植被的边缘地带，我看到一处高耸的台地，上面有一座已被严重风蚀的古代烽燧遗址，其形制与我在敦煌一带看到的中国古长城上的烽燧很相似。显然，我们已经到达了库鲁克达里亚河水曾经所能滋养地区的最东端。再往前走，再没有任何遗址可以为我们提供指引，因为我们将要踏入的这片区域，不论是历史上还是现在，都没有动植物能够生存。当我们把盐碱地上最后几株枯萎发白的柽柳留在身后，我感觉我们从死亡之地进入了生命禁区——除了曾经穿行在古道上的旅人，这一带再未有过任何生命。

但是，当我们按照罗盘的指引朝东北方向穿过布满土块和盐壳的荒原时，又似乎感觉命运在冥冥之中一次又一次地帮助我们。一路上我们发现了中国古代铜钱、小型金属制品、珠子和类似的物品，似乎是在告诉我们，4个世纪以来中国的使节、军队和商队穿越这片了无生机的荒原时所走的古道就在我们附近。尽管这条古道的走向有时令人费解，但古代中国人是基于他们对于地形的感知选择的道路，沿途的这些发现也表明我可以相信他们的选择。

在这里，我只能选取所获文物中最惊人和最引人注目的一部分做简要介绍。位于古代河流三角洲尽头的干枯植被早已被我们抛在身后，连最后一点踪迹都看不到了，这时我们突然发现盐渍板结的地面上散落着200多枚中国古代铜钱，分布在约30码的范围内，标示出古道的位置。它们从东北向西南呈明显的线条状排列，都是汉代的方孔钱，看起来好像是新铸造出来的。很显然这是过去运输队押送的钱币，由于串钱的绳子松了，导致它们从袋子或箱子的敞口处滑落出来。在相同方向约50码之外的地方，散落着一些未经使用的青铜箭镞，它们的形状和重量与我在敦煌古长城沿线发现的汉代箭镞完全一致。几乎可以确定这些钱币和箭镞是汉代向楼兰运送物资的某支车队中途掉落的。根据我们的猜测，这支车队大概是在夜间赶路时没有发现遗撒，所以导致这些东西一直留在地上，当时车队可能稍微偏离了正路，但行进的大方向仍然正确。

那一天漫长的跋涉途中，我们经过了一系列绵延很远的高大台地，它们已经被风蚀成奇怪的形状，看起来仿佛是塔楼、房屋和寺庙的遗址。我们很容易就辨认出这些风蚀土丘就是中国古书中提到的靠近蒲昌海①（盐泽）——罗布泊湖床——西北边缘的区域，中国人认为这里是神秘的"龙城②"遗址。我们继续向着东北方向行进了一天，穿过光秃秃的黏土和石膏地带后，最终来到一

---

① 蒲昌海（P'u-ch'ang），即白龙堆（White Dragon Mounds）雅丹地貌，罗布泊三大雅丹群之一，位于罗布泊东北部，是一片盐碱地土台群，自汉至唐被称为蒲昌海，又名盐泽（Salt Marsh）。——译者注
② 龙城（Town of the Dragon），出自北魏郦道元《水经注》第二卷："……水积鄯善之东北，龙城之西南。龙城，故姜赖之虚，胡之大国也。"姜赖是胡国的名字，虚即废墟的意思，胡指北方和西方的少数民族。——译者注

连串盐渍的风蚀台地面前。这里显然就是楼兰古道上令人生畏的
"白龙堆"，中国古籍中时常提到它，并且有详细的地理描述。对
于我们那些可怜的骆驼来说，在这种地貌间穿行非常艰难。它们
本来就已经受过伤，还要夜复一夜地忍受前文讲述过的"钉掌"
之痛。更糟糕的是，我知道后续旅程还需穿越罗布泊湖床上坚硬
的盐壳地。

途中我们一度以一处高大的台地作为参照物，在到达它脚下
之后，我打算爬上去把它当作一个瞭望台，就在攀爬的过程中，
我非常幸运地在斜坡上发现了一些中国古代钱币和金属制品，包
括一把保存完好的铁匕首和马笼头，这些物品表明此处过去曾是
古道上的一处休整点。站在台地上观察前方路况之后，我更确信
了上述猜想，因为台地脚下是一块没有盐渍的平坦地面，这是旅
人们在穿过坚硬的盐渍板结湖床之后抵达的第一处能够歇脚的
地方。

于是我立即决定继续向东穿越那片湖床，第二天的行程也证
明我选择的路线是正确的。这片湖床的地面如石头一般坚硬，硬
盐壳皱缩成一个个歪斜的小土块，彼此之间挤压成脊，行走在这
样的路面上对人和动物来说都极为艰难。平安地走完这20英里
让人疲惫的路程之后，我们跨过了"白龙堆"另一端的边界，踏
上了一片相对柔软的盐碱地，于是可以停下来休息一晚。我为自
己的选择感到高兴，因为后来的调查结果显示，我们选择了最狭
窄的地方穿越这片可怕的湖床，因此避免了在人畜都无法安然休
息的硬盐壳地面上过夜。

毫无疑问，这条古道的中国早期开拓者也是出于同样的考
虑选择了当前路线。走出"白龙堆"之后，我们来到了这片古盐

泽的东岸，在这里我们又发现了能够佐证古代交通往来的考古证据——古钱币和其他小件文物。我们沿着盐泽东岸又走了三程，这段路比较好走，但沿途仍然没有任何植被的痕迹，最终我们来到了罗布沙漠边缘的最后一片低矮沙丘，从北面可以一直俯瞰干涸湖床最东端的湾区。那里陡峭的崖壁与我们如今在海边见到的崖壁别无二致。顺着崖壁下的岸线行进时，我欣慰地发现了中国古道的明显痕迹：几个世纪以来，运输货物的牲畜和马车在穿越湾区盐渍板结的湖床时，反复碾压出一条又直又宽的道路。

我们从阿提米西布拉克出发后的第 9 天，终于首次在干涸的湖床边缘的沙地上看到了稀疏的灌木和芦苇，这让我们松了一口气。我们又向东南方向跋涉了很长一段距离，最终安全地穿过了宽阔、盐渍板结且遍布盐沼的湾区，在库木库都克①井所在的位置汇入了车辙压出的通往敦煌的古道。

我们在此无须探讨中国史书中记载的这条穿越约 120 英里不毛之地的重要交通线，自古以来是如何在没有水、燃料和牧草的条件下组织起来并维持下去的。只消知道这是一项伟大成就，对文明间的交流产生了重大影响。支撑它的主要因素是古代中国的政治威望、经济资源和组织能力，而非民众或统治者的军事力量。如此说来，这是一场思想精神方面的伟大胜利。

---

① 库木库都克（Kum-kuduk），意为"人工探洞"，是位于若羌县罗布泊东岸的一口水井。——译者注

第十章

发现古边境线

1907 年 2 月 21 日，我在米兰遗址完成了发掘工作并将出土文物妥善打包后，开启了漫长的沙漠之旅，穿越死寂的罗布泊，前往中国内地甘肃省最西端的敦煌。这就是马可·波罗当年"穿越罗布泊沙漠"所走的路线。比他早 6 个世纪，另一位伟大而又虔诚的旅行家——玄奘法师，在游历"西域"数年后，满载佛教经书和圣物返回中原故土时也走的是这条路线。

这条沙漠路线从南边绕过罗布泊，全长近 380 英里，虽然它的重要性不及楼兰古道，而且还要绕些弯路，但它在一连串历史时期中见证了频繁的商贸往来，只有当中原王朝在西域影响力减弱或是奉行严格闭关锁国政策的时候，它才会被人遗忘。当中原王朝最近一次重新收复塔里木盆地后，这条路线被再次开辟出来。自此以后，这条路线上不时出现来自和田以及莎车的商队，但商队通过的时间也仅限冬季的那几个月，因为沙漠中连续几程只有苦咸的井水，而冬季可以携带冰块解决饮水的难题。

当年马可·波罗将这段路分为 28 程，而我们仅用了 17 程，这意味着每一程要走的距离更长，不过这与我们在探索楼兰遗址及其周边地区时所遇到的困难相比根本不算什么。但是，由于我们这一路上一个人都没遇到，那死气沉沉的孤寂感很容易让人产生盲目的恐惧，过去行走在这条路线上的旅人大抵就是这样的感觉，如今我也能感同身受。

中国高僧玄奘法师和中国史家都细致地描述过这种感受。但是没有哪篇文献比马可·波罗先生对"罗布沙漠"的描述更生动形象。因此，我想在此引用一段由亨利·尤尔爵士 ① 翻译的他那不朽著作中的内容：

"这片沙漠跨度很长，据说从它的一端到另一端需要走一年甚至更长时间。这里是它最狭窄的地带，但即便如此，也需要历时一个月才能穿越。在它无尽的沙丘和沙谷间，找不到任何可以吃的东西。骑行一天一夜后，你就会找到淡水，能够让50到100人和他们的牲畜饮用，但无法供应更多人畜的需求……

"这里没有动物，因为没有它们的食物。但在这片沙漠中却时常有这样的怪事发生：当旅人们在夜间赶路时，如果其中有人掉队或是睡着了，当他试图再次追赶同伴时，会听到鬼魂说话，并会认为那是自己的同伴。有时鬼魂还会叫他的名字，他便会因此误入歧途，以至于再也找不到同伴们。许多人因此丧命。有时，迷路的旅人们仿佛听到了偏离正道的方向上传来大队人马的脚步声和说话声，他们以为那是自己的队伍，于是循声而去，当天亮时才发现自己走错了路，可此时已身陷绝境。即使在白天，也有人能听到那些鬼魂在说话。有时，你会听到各种乐器的声音，尤以鼓声为多。因此在这段旅行中，旅人们习惯于结伴而行，避免彼此间拉开距离。所有牲畜的脖子上都系有铃铛，这样它们就不容易迷路。人们在睡觉前，还会放置好标识，指明下一

---

① 亨利·尤尔爵士（Sir Henry Yule, 1820—1889），苏格兰东方学家和地理学家。——译者注

程的方向。只有这样才能穿越这片沙漠。"

我们顺着干涸湖床沿岸的盐碱地进行了长距离跋涉，然后翻越了横亘在库鲁克塔格东侧山脊与库姆塔格 ① 沙漠南侧高大沙丘之间宽阔的沙漠谷地。在这段行程中，我没有过多精力去想那些古老的民间传说，因为我满脑子都是沿途看到的有趣的地理现象，特别是当我们从一处看似是沙漠谷地尽头的地方通过时，眼前的景象乍看之下令人十分困惑。

那里有一个宽阔的盆地，北抵库鲁克塔格阴沉荒芜的山坡，南接高达 300 多英尺的沙丘，盆地中有一连串干涸的湖床，在它们之间以及周边是犹如迷宫一般高大陡峭的台地。这些湖床标志着疏勒河故道的终端湖，它如今的终点位于南部 15 英里以外的大片盐沼中。地图则显示，过去被认为是疏勒河终点的哈拉湖 ② 还要更靠东，距离此地相差一个经度。

我们发现的这处更古老的疏勒河终端盆地具有非常大的地理意义。该发现对于理解历史上塔里木河和库鲁克达里亚终点的河网变迁提供了颇具启发性的参考。这说明在某个较早的历史时期，汇集了大部分南山山脉冰雪融水的疏勒河最终流入了罗布泊。因此，当时罗布泊流域横跨亚洲腹地，从帕米尔高原一直延伸到与太平洋流域的分水岭。

我一直在想，自从勇敢的开拓者张骞出使西域以来，这条经由楼兰连接中原与"西域诸国"最早的古道上有着何等繁盛的往

---

① 库姆塔格（Kum-tagh），维吾尔语意为沙山，位于吐鲁番盆地东缘。——译者注
② 哈拉湖（Khara-nor），也称哈拉诺尔，位于敦煌西北约 33 千米处。——译者注

来交通，同时也时常会想，当时的旅人经历了何等的艰难困苦。据《汉书》中的简略记载，我们所说的楼兰古道东起一座汉代的边境戍堡，即中国早期史书记载中经常提到的"玉门关"。它得名于和田出产的珍贵玉石，从古至今，和田玉一直是塔里木盆地运往中国内地的一宗重要货品。但无论是中国还是西方学术界都不知道这个著名的"玉门关"的确切位置[①]。

我在若羌和阿不旦开展调查的过程中，也没有获得任何有关通往玉门关的路线上存在遗址的信息。法国外交官博南[②]先生曾于1899年尝试沿沙漠之路从敦煌前往若羌，虽然这次尝试没有成功，但他在一本出版物中简要提到，在从哈拉湖西侧的沼泽地折返前，他经过了一些烽燧遗址，甚至还看到了沿烽燧而建的墙体遗迹。博南先生的旅行小记中提到的那些遗址应该比较古老，但他没有提供任何地图或路线草图，因此我们无法确定这些遗址的位置。

幸运的是，来自阿不旦的老穆拉善于观察，堪称这条路线上的当代开路先锋，他曾告诉我，从那片蜿蜒曲折的高大台地走出来之后的第一程路途中便会看到一座"宝塔"——具有路标作用的小型塔式建筑。果然，3月7日晚上，当我们穿越一片布满砾石的荒原时，远远看到在偏离正道约1英里的位置有一个小土丘。当我走到它跟前，我十分欣喜地发现这是一座用坚硬的土坯砖建造起来的烽燧，它高约23英尺，建得坚固且保存相对完好。

---

① 今天我们熟知的所谓"玉门关遗址"本名为"小方盘城"，目前多数学者认为汉代玉门关设在小方盘城，但也有学者认为汉玉门关位于羊圈湾，玉门关的确切位置至今仍然存疑。——译者注

② 夏尔－厄德·博南（Charles-Eudes Bonin，1865—1929），法国外交官。——译者注

　　我再次看到了熟悉的柽柳枝条整齐地相间夹筑在这座烽燧的土坯墙中，由此可知它的年代无疑非常古老。它耸立在一条深峻的干河床边缘，易守难攻。与它相邻的是一座小型建筑基址，已经严重损毁，据推测可能是驻守将士的营房。我在此地发现的铁器残件、木雕和一块厚实的羊毛织物很快证实了我的猜想。后来的系统性调查表明，这是位于古代边境线最西端前沿的一座烽燧。

　　我们携带的马匹饲料已经不多了，而此地距离敦煌绿洲仍有 5 程路要走，因此我们必须抓紧赶路。第二天早晨，我们从疏勒河终点河床附近的营地开拔后仅走了 3 英里，我就看到东南方向不远处的砂砾山脊上还有另一座烽燧遗址。我让队伍沿着既定路线继续前行，自己则匆匆赶去调查这处烽燧遗址。它与之前发现的第一座烽燧遗址的结构相同。在周围平坦的砾石地面上，再未发现其他建筑遗址的痕迹。不过，我注意到附近布满砾石的土壤中生长着一排芦苇。我顺着这排芦苇，沿高地边缘走了一小段路，然后欣喜地看到，这条由芦苇构成的线笔直地延伸到东边约 3 英里处的另一座烽燧，芦苇生长的地方无疑就是修筑在两座烽燧之间洼地上的墙体。

　　经过一番简单探查，我发现自己正站在这道长城遗址之上。清理掉表面薄薄的一层流沙后，我们很快就看到了均匀的墙体，它由水平铺设的芦苇束和夯土层相间夹筑而成，整面墙体因盐分渗入而变得非常巩固。墙体外部，芦苇梢捆以与墙内芦苇束呈直角的方式堆码，形成一道护坡。芦苇束和芦苇梢捆统一为 8 英尺长，约 8 英寸厚。仅凭这堵精致、坚固且奇特的墙体本身，还不足以推断其修筑年代，但一个偶然的发现点燃了我寻找纪年证据的希望。

墙体顶部暴露在外的芦苇束中，可以看到彩色丝绸碎片和木板残片等物，其中还有一块像标签一样的小木牍，它看起来很古老，上写有清晰的汉字，但没有日期，只是写着"鲁丁氏布一匹"。而我那位优秀的中国秘书以谨慎的学术态度推断，这些应是公元 10 世纪以前所使用的文字。根据我有限的汉学知识，我大胆推测这可能是汉代的文物。

我当时并没有过多思考这些古代文物为何会与建造长城的材料混杂在一起。关键问题在于，我看到更多烽燧分别向西南方和东方延伸。因为我需要追赶已经朝敦煌方向进发的大队人马，因此我决定向东而行，对此我并未觉得遗憾。循着一座又一座的烽燧，地面上不时出现一段段的墙体遗迹。

部分区段的墙体遗存仍有 5 至 6 英尺的残高，而其他区段的墙体在风蚀作用下已经倒塌，仅剩平坦的砾石地面上一道微微隆起的痕迹。简单清理后，我在墙体的这些区段同样发现了芦苇或灌木梢捆。在我抵达当晚的营地之前，我已经掌握了确凿的证据，能够证明这些烽燧的作用就是守望这条连续不断的边防线。这让我一下子想到了罗马帝国防线，它是为抵御蛮夷入侵而修建的长城，从诺森柏兰①的哈德良长城②一直延伸到叙利亚和阿拉伯地区。

这是一个令人欣喜的发现，值得深入探索。这条有迹可循的边境线全长逾 50 英里，要分两程才能走完，沿途会经过一些

---

① 诺森柏兰（Northumberland），英国郡名，位于英格兰最北部，首府纽卡斯尔。——译者注
② 哈德良长城（Hadrian's Wall），位于英国，修建于罗马帝国占领不列颠时期，它一直作为罗马帝国的西北边界线。——译者注

烽燧，在北侧距离不等的地方也能清楚地看见一些烽燧。继续向前，一路上又遇到了很多壮观的遗址，直到通往敦煌绿洲的道路折向东南，我们才不得不跟着转向，穿越荒芜的砾石高地。

对敦煌以西沙漠中的所有这些遗址进行系统性发掘之前，首先需要筹备必要的物资并招募参与发掘的劳工。因此我必须向南前往敦煌，即古代"沙洲"的治所。最近的一次"回乱"给这片沙漠绿洲造成了巨大破坏，如今敦煌城周边仍是满目疮痍。事实证明，敦煌的人口稀少且懒散，我连发掘工作所需的最少人数都难以凑够。但是当地两位博学的官吏和一位老将军对我此行的工作表现出善意和兴趣，并且竭尽全力为我提供了帮助。于是，在3月24日，我带着12名吸食鸦片的苦力再度向沙漠进发。这是我所能召集到的全部劳动力。

为了验证古代长城是否如我所猜想的那样继续向东延伸，以及它是否或多或少沿着疏勒河及其南岸有所分布，我首先向正北方向进发。但经过两天的搜寻，我并没有如期望中的那样发现中国古代长城的遗址。后来的调查表明，由于疏勒河及其大型支流党河 ① 洪水泛滥，导致这一带的遗迹基本湮灭。但当我们把搜寻范围扩大到东边时，我再度成功发现了墙体和烽燧，这一幸运的发现使我感到非常兴奋。这段长城的长度约有 16 英里，并且中间没有间断。

这段长城坐落在一片荒芜的砾石台地之上，虽然海拔不高，但也远远高于洪水的水位线，而且部分墙体已经被低矮的沙丘掩

---

① 党河（River of Tun-huang），疏勒河支流，发源自肃北蒙古族自治县，流经敦煌，在北土窑墩注入疏勒河。由于兴修渠道，灌溉农田，现已不再注入疏勒河。——译者注

埋，因而保存完好。此处的墙体有 8 英尺厚，两侧墙面均保存完好，残高逾 7 英尺，可供研究其独特的建造方法。墙体由梢捆层和夯土层交错砌筑而成，由于土壤和地表水中都含有盐分，墙体板结后获得了如岩石一般的稳定性。

在该地区，这样的墙体足以抵御人为和自然力量的破坏。芦苇梢捆兼具韧性和强度，所以它比任何其他材料都能更好地抵御缓慢但持续的风蚀作用。当我看着眼前近乎垂直的墙面时，我不禁赞叹古代中国工匠的高超技术。在这样一片没有任何自然资源，甚至大部分地区连水都没有的广袤沙漠中建造如此坚固的长城，肯定是一项艰巨的任务。然而这项艰难的任务却在相对较短的时间内就完成了，事实证明，这段长城最终跨越了约 400 英里的距离，直抵额济纳河。

更让我感到欣喜的是，我们在大多数烽燧附近的垃圾土层和毗邻的营房遗址中找到了大量汉文木简。这些窄长的木简大多带有纪年，根据蒋师爷释读的结果，这些纪年对应的时间为公元 1 世纪，这令我们非常兴奋。由此可以确定，这段长城遗址早在西汉时期就已经有人驻守，而我手中拿的则是此次行程截至目前发现的最古老的汉文手书文献。

蒋师爷只是快速阅览一番便释读出文书的内容，这令我感到满意。这些文书的性质极富差异性。其中有军事简报或命令，有收受器械或补给后的复函，有私人信件，似乎还有学习书法用的字帖和习作残片。但想要完全掌握文书中的信息，还需要长期的研究。事实上，尚有许多令人迷惑的古体字和用词，有待大汉学家沙畹先生运用他的语言学知识才能解答。

木简就是那个时代的"纸"，这样说我们就比较容易理解这种文房用具了。最常见的木简通常是长约 9.5 英寸，宽 0.25 到 0.5 英寸的薄木片。一根竖长的木简通常能写下 30 多个汉字，用当时主流的字体书写出来，看上去十分工整。除了光滑的木片或竹片，还可以见到当地的书写材料——质地粗糙的柽柳木大量应用于非正式通信。柽柳木经过加工，被切割成各种精致的形状，用于简单的誊抄已然足够。在这片荒凉之地戍边的将士们显然已经习惯了在这种材料上写写画画，以此打发无聊的时间。

大量的木简都有刮削的痕迹，说明像样的书写材料匮乏且珍贵，因此被不断重复使用。从垃圾中找到的各式各样的文物还表明，似乎有什么事情困扰着这些驻守在沙漠中偏远哨所的士兵。根据文书记载，基本可以确定这些士兵大多数是罪犯，从帝国各地被发配到这个令人生畏的地方戍边。

4 月 1 日，我们完成了对周围所有烽燧的探查工作，恰逢好几场寒冷的沙暴掀起厚厚的尘雾，是时候向东转移了。但是我们这一小队中国劳工已经精疲力竭，无论如何都必须先返回我们在敦煌的营地。经过一天的休息调整，我带着新召集的劳工，以及长期工作所需的所有物资，向着西边沙漠中的长城出发了。这次我选择了一条新路线，首先前往敦煌附近的南湖绿洲，它只有村庄大小的规模，我在这里找到了与玉门关一同见诸《汉书》记载的阳关遗址。阳关也是一处军事要塞，其作用在于扼守通往塔里木盆地的南线，即沿着昆仑山脉最东端高大荒芜的山坡向西延伸的路线。从敦煌通往若羌的沙漠路线因为要穿越干涸的古湖岸，沿途的井水苦咸，无法饮用，需要携带冰块作为水源补给，因此每年春末至冬季无法通行，在此期间，旅人有时会选择南线作为替代路线。

　　我们在 4 月 10 日前完成了对宁静的南湖周边地区的考古调查工作。然后，我们折向北方有灌木丛生的沙漠地带，到了第二天，我们就到达了长城一线，距离第一次考察时扎营的地方不远。我很高兴能再次回到古代长城一线，更让我开心的是，基于我们对敦煌东北段长城遗址的发掘结果，已经能够确定它的年代之久远，这次有机会对遗址进行全面发掘，想必也将有不错的收获。这注定是一次艰难的任务，因为此次需要仔细调查和探索的区段很长，但气候条件正变得越来越恶劣，而且我们工作的地方距离任何一处可以获得物资补给的地点都很远。但这也是一项吸引人的工作，而且这片遗址出土的文物数量远超我的想象。

　　经过一个月忙碌的考古发掘，我们获取了有关这条世界上最古老的长城在防御体系和数个世纪中戍守官兵生活条件方面的信息，受篇幅所限，我无法在本书中系统性地介绍这一个月内的全部重要发现。我在《塞林提亚》一书中详细记录了考古现场所有的出土物和发现，以及数百份文书的释读成果。因此在这里，我们仅对一些富有特色的遗址进行概述。

　　长城最西段沿荒芜的砾石台地边缘延伸，每隔一段距离就有一座保存完好的烽燧。这些烽燧不管是土坯砖砌而成还是泥土夯筑而成，都建造得非常坚固，它们坐落在约 20 到 24 英尺见方的台基上，从下往上逐渐收窄。烽燧的顶部过去有一个由矮墙围护的小瞭望台或值房。大多数情况下，只有通过绳索才能攀登到烽燧顶部，砖块上的孔洞可以作为攀爬时的落脚点。

　　这些烽燧都经过精心选址，占得地利，便于防守和瞭望。因此，烽燧之间的距离存在显而易见的差异，距离远近取决于长城以外的地势是否易于观察。同样，烽燧会建在高地上，以便传递烽火信号。长城全线有一套组织严密的信息传递体系，夜间通过火光发出信号，白天通过烽烟发出信号。文献中对此有记载，我在现场发掘过程中也找到了实物证据。

在这个干旱无雨的地区，风蚀是古代遗迹最大的敌人，而这些烽燧已经建成有两千年了，如果不是遗址附近平坦的砾石地面表明这里受风蚀的影响较小，我大概会对遗址完好的保存状态感到大惑不解。我多次注意到，一个多月前我骑马经过时留下的足迹依然清晰可见。同样，当我七年后第三次探险再次回到这里时，我仍然能够辨认出自己当年留下的脚印，有时甚至能够辨认出我那只活泼的猎狐犬达什二世①的爪印，这不禁令人感到惊讶。

影响这条古代防线规划布局的决定性因素在于对自然条件的适应和对地理优势的充分利用。我们对长城最西端终点的考察充分证实了这一点。为了护卫并监管通往罗布泊的古道，长城一路沿着古道延伸，然后在穿越疏勒河河床后不远的地方急转，折向西南，继续延伸约 24 英里后，终结于沼泽地带。古长城转向的地方是疏勒河终端盆地的东北角。这一大片区域约有 300 平方英里，遍布湖泊和沼泽，一年中的大部分时间都无法通行。该区域的自然地貌形成了一条很长的天然屏障，可以有效地防止骑兵侵袭，因此古长城便止于此处。

---

① 达什（Dash），斯坦因饲养的猎狐犬名。斯坦因陆续饲养过 7 条狗，全部命名为"达什"。"达什二世"是其中的第二条。——译者注

第十一章

中国古长城沿线的考古发现

在讲述中国长城遗址中特别的考古发现之前，我们可以先来回顾一下已经在第二章中简要提到的史实，以便理解这道长城修建的背景及其主要作用。汉武帝元狩二年（公元前121年），汉武帝将匈奴逐出南山北麓的草原后，立即在这条通往中亚的廊道上建立了军事据点，以服务于他的"西进政策"。与此同时，据《汉书》记载，汉武帝开始在早期中国"长城"的基础上修建向西延伸的长城。毫无疑问，其主要目的在于保护这条通往塔里木盆地的贸易和政治扩张之路。

由于匈奴仍在北部的沙漠地带徘徊，因而必须确保这条漫长交通路线上的商贸往来和军事调动的安全。汉武帝修建的长城作为中原王朝向西扩张的工具，与早期的罗马帝国防线体系有着惊人的相似之处；因为据我们目前所知，罗马帝国防线最初就是帝国边陲战略道路系统的组成部分。英语中的"罗马帝国防线[①]"一词专指从边境戍堡延伸出来的古罗马军事道路，我们刚好可以化用这个概念来指代修造时间更早的中国长城。

---

① 英文中的"Limes"是特指"罗马帝国边墙"的专有概念，斯坦因为方便西方读者理解，在原文中多处用"Limes"来指代中国的长城（the Great Wall）。——译者注

根据《汉书》记载，我们可知从汉武帝元封三年（公元前108年）起，从现在的肃州至玉门关一线，陆续建立起一连串驿站和小型戍堡。那时的玉门关还位于敦煌以东的某个地方[①]。但在太初三年至四年（公元前102年—公元前101年），汉武帝向塔里木盆地的第二次远征获得胜利后[②]，我们得知，"自敦煌西至盐泽，往往起亭[③]"。此举旨在确保使节和商队的安全，并为他们在途中提供补给。毫无疑问，《汉书》中这段基于"中国历史之父"司马迁当时的记录整理而成的史料，与我所发现的墙体和烽燧遗址存在关联。

我们知道，尽管自然条件异常恶劣，汉武帝仍坚持不懈地推动面向中亚地区的贸易和军事西进政策。因此我们似乎可以合理推测，上一章结尾处提到的长城西端终点的修筑时间应该是公元前101年之后不久。我在清理长城西端一座烽燧附近的简陋营房时，发现了一大块带字的木板，上面有太始三年（公元前94年）的纪年信息，这项发现让我感到非常欣喜。木板上的文字显示当地的地名为"大煎都"，我在其他地方发现的文献也使用该名来指代长城的最西端区段。其中一份文献的年代可以追溯到太始元年（公元前96年），这项确凿的证据表明，长城当时已经西延至其现在的尽头了。

长城终点的西南方向上，沿着遍布沼泽的巨大盆地边缘，仍分布有一些烽燧，我们经过对它们的探索，充分证实了上述结

---

① 历史上，玉门关曾三易其址。——译者注
② 指西汉与大宛之间的第二次战争，以西汉胜利告终。——译者注
③ 出自《汉书·西域传》，意为从敦煌西至盐泽，建立起一系列军事驿站。——译者注

论。从这些烽燧彼此之间的距离可以明显看出，它们的主要作用是传递信号而非瞭望，因为它们外侧无法逾越的沼泽地形成了天然屏障。高大的土脊犹如手指一样从砾石荒原伸向宽阔的沼泽盆地。这是建设烽燧的理想地点，中国的古代工官也充分利用了这里的地势，在超过 24 英里的距离内建设了若干座几乎呈直线排布的烽燧，仿佛他们用窥管^①测量过似的。

几乎每座烽燧遗址都出土了有趣的文物。但就出土文物数量而言，没有一座烽燧比得上边境线以内约 2 英里处的一座小型驿站遗址，显然它是长城这一区段的政令中心。透过地面基址的轮廓可以清楚地看出驿站中简陋营房的布局。入口处的木质门柱仍在原位，围合灶台的薄土墙被烧成了红色，其中灰烬尚存。房间中出土的木质文书说明，这可能是某位官员的住处，其中一件木质文书上带有汉宣帝地节二年（公元前 68 年 5 月 10 日）的纪年信息。

我们在试掘遗址下方布满砾石的斜坡时，偶然间发现了一座垃圾堆，这里出土了一大批汉文文书，这无疑是更加重大的发现。在这块仅几英尺见方的区域内，出土的带字木简多达 300 余件。显然，它们是被集中丢弃在这里的官方档案。这些古代军中书启的"废纸"中，有不少带有纪年信息，其年代介于汉宣帝元康元年至五凤二年（公元前 65 年—前 56 年）之间。在此，我仅选择历史价值和文物价值最高的几份文书略作介绍，它们揭示出这道军事防线的组织方式和沿线的生活状况。

在此出土的文书中，有一些复述或摘引了皇帝关于在敦煌地

① 窥管（Dioptra/Diopter/Dioptre），一种古代用于测量高度及角度用的光学装置。——译者注

区屯田驻军并修建长城的敕令，另一些文书则提到了长城沿线的军队组织和不同军队的番号等，还有一些文书是关于长城沿线其他点段的报告和命令。相当数量的文书中提到了"土官"，说明驻守此地的官兵中除了汉族，也有应征入伍的夷人，这种情况在罗马帝国防线的沿线多地同样存在。神奇的是，我还在临近的一座烽燧遗址发现了半块写有古粟特语的木牍，这是当时的撒马尔罕和布哈拉所使用的语言。这显然是一块符木①。同样神奇的是，现场出土了许多带有元康三年（公元前 63 年）、神爵三年（公元前 59 年）和五凤元年（公元前 57 年）详细中国历法信息的文书，此外还出土了一部中国著名字书作品的残片②。书法是中国人需要掌握的一项重要技能，我们在此发现的大量木刨花表明，这里的官员或书启同其他地方的官吏一样，渴望提升他们的书法水平，因此会使用简易的木板进行练习，之后用小刀一次次地削掉字迹，再在新的木板表面上继续练习。

现在我们将要离开长城建成之初便有人驻守的最西端，到更靠东的区段快速考察一番。后来我们还在长城沿线的沼泽区域获得了许多有趣的发现和收获。但在谈及这些之前，我想先简单提一下我们在向东考察途中发现的"T VIII"号烽燧。当它第一次出现在我们眼前时，看起来仅仅是一个覆盖着砾石的低矮土丘。但从它的位置来看，它曾经应该是一座烽燧。经过考古发掘证实，这确实是一座砖砌烽燧的遗迹，也许是由于建造时施工不当，它已完全倒塌，并掩埋了毗邻的哨所的屋顶和墙垣。

---

① 符木（Tally），也叫账目棍，一种古代记事工具。——译者注
② 此处指的是《仓颉篇》，是秦丞相李斯撰写的启蒙识字书，南宋后一度失传，直到被斯坦因重新发现。——译者注

　　当我们完成对遗址的清理后，从中出土了各种奇特的文物，包括一根带有汉代长度单位的量尺，从形状看，可能是鞋匠使用的量足尺；还有一些木质印盒，盒子上有系绳用的凹槽，其原理与我在尼雅遗址和楼兰遗址见过的佉卢文木牍盖板一样。我还发现一根木签——它过去应该是盒子或袋子上的标签——上面写着"玉门关显明燧守军特制铜镞百枚"。长城沿线可以捡到许多这种箭镞。引起我特别注意的是一件保存完好的木盖，盖子上面有封泥印槽和绳槽，这与我在尼雅遗址发现的长方形木牍盖板非常相似。盖板下面有一圈凹槽，说明这是一个小盒子的盖子，上面用汉字写着"显明燧药函[①]"。1912年，伦敦韦尔科姆医学博物馆举办展览时，我欣然将这件古代医疗文物送去参展。

　　我们首次在长城沿线扎营的地点选在一个小湖边，那里有一段保存完好且非常有趣的汉代长城，一直延伸到哈拉湖。从南部布满砾石的山坡至疏勒河方向地势渐低，长城在这里要穿过一连串低地沼泽和小型湖泊。继续向东，长城蜿蜒绕过宽阔的哈拉湖，以及疏勒河流出哈拉湖后形成的一系列大湖和沼泽。长城在该区段的走向是中国古代工官精心选址的结果，以便借助天险御敌，从而在建设和防守时节省人力。我在前文曾提到，在长城西南方向的区域政令中心出土了一些文书，其中有一份皇帝的敕令，要求肃州太守："察地形，依阻险，坚壁垒，远候望[②]。"

　　我们对从小湖向东延伸约18英里的长城进行了调查，结果显示皇帝的敕令得到了非常彻底和巧妙的贯彻执行。每一块可能

---

① 此处译文系据英语原文回译，未找到中文原文。——译者注
② 引自王国维、罗振玉所著的《流沙坠简》，浙江古籍出版社，2013年。——译者注

成为敌人进犯通道的坚实地面都修建了长城，它们一直延伸到沼泽地的边缘。长城穿越湖泊和沼泽的地方，这些天险就取代了墙体，从而免去了数英里的建造劳动。我们试想一下，建造长城需要大量劳工，他们在荒漠中工作对于补给和运输而言是巨大的挑战，如此一来就很容易理解利用天险的好处了。

随着长城继续向东延伸至哈拉湖并折行其南岸，利用沼泽天险的好处更加明显。这条由疏勒河沼泽和哈拉湖所构成的"湿地边界"非常宽阔，除了两处疏勒河河床明显收窄的区域外，其他地方完全没有必要建造长城。

根据我在上文中对该地区地形特征的简要介绍，可知我们在寻找这一段长城时面临的困难更多。我将清理这种简陋遗址的工作委派给了机敏的中国秘书蒋师爷和来自孟加拉皇家工兵队第一队的聪明"助手"奈克·拉姆·辛格，我可以放心地将他们留在后方督导劳工工作。这样一来，我自己就有时间带领几个维吾尔随从骑着马对这一带展开调查了。我需要让他们提前告知我每处遗址会有怎样的工作等待我们去完成，以便我选择距离水源最近的合理位置安营扎寨。我们在荒芜的沙漠和盐沼间穿行数英里，探寻墙体和烽燧遗址，没有什么比这种方式更能领略这片荒凉边疆地区的奇特魅力了。虽然远方的烽燧可以为我们指引方向，但是穿行在沙漠台地上的沼泽和盐渍板结的湖床之间，同时要避开沼泽边缘的危险地带，这对我来说犹如一场障碍赛。

当然，探寻古代长城遗迹的过程更加激动人心。在相当长的一段距离内，长城的走向与当地盛行风的风向一致，加上长城修建在地势较低的地方，减少了风沙对墙体的侵蚀，因此残墙仍然较高，有些地方甚至能达到 12 英尺左右。而在其他区段，则需要非常仔细地观察地面上连续不断的低矮土堆——它们标示出长城的走向，以及砾石下方露出的整齐铺放的芦苇束。

每当我们找到一段高于地面的墙体，沿着它就很容易找到东边距离最近的烽燧。这些烽燧都经过精心选址，建在能够俯瞰附近低地的位置。被选定建筑烽燧的土台或小丘本身视野就很好，所以烽燧并没有建得很高，我们可以登临其顶部。过去在烽燧的顶端有一间值房，可以为守卫士兵提供保护，而今已成废墟，我坐在一片瓦砾中，目光在广阔荒凉的沼泽和沙漠上游走，很容易理解过去驻守在此的士兵过着怎样沉闷孤寂的生活。眼前没有任何活物能够将我的思绪从古代拉回来。

我脚下的废墟就是过去被流放至此戍边的士兵所居住的营房遗址，数个世纪以来都未被人或动物扰动。遗址附近通常有体量巨大的垃圾堆，由当年驻守官兵丢弃的杂物日积月累而成。在这种沙漠环境中，只需薄薄的一层沙砾就足以保护哪怕是最易腐坏的物品。通常我只需用我的鞋跟或马鞭在土堆上扫一扫，就能发现当年戍边将士们丢弃的垃圾，包括他们使用过的“废纸”——木简。从地面以下几英寸的地方捡到公元纪年前后的文物早已是我习以为常的事。

在漫长的考察过程中，我有时会在入夜后独自登临某座烽燧，看着凝固的人类活动遗迹和死寂一般的自然景观，我从未如此深刻地感受到两千年的岁月显得多么微不足道。当落日的余晖洒在一座座烽燧上，一眼望去，绵延十余英里的烽燧被映得闪闪发光，仿佛曾经涂在外墙上的灰泥层仍完好似的。当年在外墙涂抹灰泥自然是为了让人从远处更清楚地看到烽燧。在建筑残骸堆积的地方，墙体的保存状况较好，可以看到墙面上有多层白色灰泥，说明灰泥涂层需要经常重新粉刷。我不禁睹物怀古，遥想当年，戍边将士守卫着这些烽燧和墙体，时刻观察着可能出现敌情的北部低地，警惕那些灵活狡猾的匈奴人。

我们在墙体和烽燧附近捡到了大量青铜箭镞和一些文书，这些文书经过蒋师爷释读，使我了解到敌人侵袭和警戒事件在这一边境地区十分常见。我不自觉地望向盐沼一旁的灌木丛，匈奴人在黄昏时分发起冲锋前可能会在那里集结。他们一旦穿过这一连串的烽燧，便可长驱直入敦煌绿洲的任何地方，甚至到达更靠东的中国内地聚落。联想到几个世纪后导致东西罗马帝国朝野震动的还是这些匈奴人的后裔，我感到时间的概念和空间的尺度仿佛消失了。

夕阳斜照，映得过去的一切更加真实。此时此刻，绵延数英里的长城显得格外清晰，就连一些已经坍塌成一道低矮土堆的区段也清晰可辨。这时，我一眼就看到距离长城约 10 码远的平行位置，有一条笔直的车辙一样的痕迹。仔细观察后发现，这是一条狭窄但清晰的小路，几个世纪以来，巡逻的将士来回行走在粗沙地面上，慢慢踩踏形成了这条小路。这条奇特而神秘的小路沿着长城分布，距离商道数英里远，凡是长城的残高足以抵挡飞沙走石的地方，我们就可以一次次寻得它的痕迹。

我在第一次考察长城遗址的过程中还有另一项发现，乍看之下同样令人费解。我在许多烽燧遗址中都发现了一系列古怪的小土丘，它们通常有规律地交叉排列成五点梅花形或一字形，彼此之间相隔不远的距离。仔细观察后发现，这些小土丘的底部长约 7 到 8 英尺，完全由一层层交错摆放的芦苇梢捆堆叠而成，高度从 1 到 7 英尺不等。当初堆叠芦苇梢捆时，人们会在其中穿插野杨树的枝杈，以起到加固作用。不过现在已经不需要这种加固措施了。受长年累月的盐分渗透影响，芦苇梢捆已经变得像石头一般坚硬，但若是剥开芦苇，里面的纤维仍然富有弹性。

这些芦苇梢捆与建造长城时所用的芦苇梢捆尺寸相吻合。起初我以为这些成堆的芦苇梢捆是紧急补筑墙体时使用的材料。但后来我在一些远离墙体的烽燧上也发现了这样的芦苇堆。当我多次发现已经被火烧得碳化的芦苇梢捆，它们的用途便不言自明。这些成堆码放的芦苇梢捆是用来点燃并传递烽火信号的。遗址中出土的汉文文书也为长城沿线这种系统性组织并实施的烽火预警体系提供了大量佐证。

正如前文所述，本书的篇幅不足以让我逐一介绍出土文物。但我认为有必要提及我在该段长城某座烽燧的一个堆满垃圾的房间中，清理出至少 8 封叠放整齐的纸质信件，它们用古粟特语书写而成，直到我第二次考察之前都没有弄清信件的内容。其中几封信用丝绸包裹着，另一些则只是用绳子捆绑着。由于字迹潦草，加之其他原因，破译这些信件是一项艰巨的任务，不过现在我们已经知道，它们是来到中国的中亚商人的私人书信。保守的中国人习惯使用木简和木牍，而这些中亚人显然更喜欢当时新发明的书写材料——纸。

研究造纸术历史的已故权威专家冯·威斯纳[①]教授，经过显微镜观察，证实了这些信件是迄今已知最早的纸张。这些纸张是将麻类织物打制成浆后制作而成的，其制造方法与中国文献中所记载的汉和帝元兴元年（公元 105 年）造纸术发明之初的技法完全相同。这些信件和长城沿线其他地方出土的纸张残片与史料记

---

① 　尤利乌斯·里特尔·冯·威斯纳（Julius Ritter von Wiesner，1838—1916），维也纳大学植物学教授。——译者注

载的汉长城使用时间完全吻合，即除了最西端的一段外，汉长城
直到公元 2 世纪中叶都一直有人驻守。似乎只有公元 1 世纪初的
约 25 年间，因王莽篡汉导致长城疏于驻防。

公元 1 世纪初，长城的规模有所缩减，标志性事件是人们
在"沼泽地带"中部增建了一道垂直于边境长城向南延伸的墙
体，其修造时间比边境长城晚，坚固程度也更弱。就在此地靠近
商道的地方，有一座壮观的方形要塞遗址[①]，它的夯土墙体底部足
有 15 英尺厚，残高逾 30 英尺。尽管夯土非常坚固，但外墙已有
部分墙体剥落，这足以说明其年代之久远。我们没有在要塞内部
发现任何能够确定年代的文物，但在距其不到 100 码的地方发现
了一个小土丘，经过考古发掘，清理出一些建筑残骸和垃圾，由
此证明这里曾经是一处重要的古代驿站。出土的大量汉文文献证
实了这里便是著名的"玉门关"，汉时节制沙漠路线的交通要冲。
令我感到奇怪的是，我们在清理一口深井时发现了许多保存完好
的简牍，我推测这口井起初可能长期作为地牢使用，后来才变成
了一个垃圾箱。出土的大量文书中记载了长城沿线的军事组织和
边防事务等内容，在此就不展开详述了。

向北约 3 英里处，即后期增建的墙体与老长城交汇的地方，
我们又发现了一处驿站遗址，该遗址的垃圾堆中同样出土了大量
文书，年代跨越逾两个世纪之久，这些文书表明此处曾经也是一
个重要的区域政令中心。我们在此发现了一些与古丝绸贸易有关
的文物，其中包括写有汉文和婆罗米文的条带状丝绸残片。这些
条带状残片是从整捆丝绸上裁剪下来的，上面的文字明确记录了

---

① 即小方盘城遗址，传为玉门关。——译者注

这捆丝绸的产地、尺寸和重量等细节信息。同样令人好奇的是，这里还出土了一个捆扎整齐的小包裹，里面装着一支残箭，青铜箭镞尚存，羽尾箭杆已经破损成若干段。显然，这是在履行武备更新程序，正式的说法是"（残）箭一支归库，另易新者"。长城沿线出土的文献中，包含大量发放新箭以及用新弓弩替换破损弓弩的记录。

　　距离古代"玉门关"遗址以东约 5 英里处，在长城后方靠近商道的地方，有一处雄伟壮观的遗址 ①。遗址的构造起初令人颇感费解，它由三间彼此相连的厅室组成，总长约 560 英尺。它的夯土墙体非常厚实坚固，一些地方残高足有 25 英尺，而与此同时，墙上也预留了少量几处通风口。遗址有一圈外墙和一圈内墙，转角处建有敌楼。根据其特殊的建筑结构，我们很快便做出推断，这里过去应是一座补给库，服务于沿长城驻扎或行军的部队，以及沙漠之路上往来的官员和使团。我们在内墙一处墙角的垃圾堆中发掘出土的汉文文献证实了我们的猜想，据这些文献记载，此地存放有从敦煌绿洲运来的粮食和衣物。因此，我们所发现的是一处提供物资补给的前进基地，这不论是对于驻守沙漠边疆的部队，还是对于沿这条难行的沙漠之路往返于楼兰的旅人，都是必不可少的。

　　至此，我们在中国古长城西段的考察便告一段落了。1907年 5 月中旬，当我对长城的考察进展到哈拉湖东端时，天气越来越热，反复出现的沙尘暴也无法缓解沙漠的高温，再加上沙漠带给我们的其他各种折磨，队员们疲惫不堪，我不得不重新返回绿洲。次年秋天，我从南山考察归来的途中，确定了长城沿着疏勒河向东一直延伸至河流在玉门县绿洲附近折向南方的大拐弯处。

———————————

① 此处指大方盘遗址，又名河仓城，是西汉边陲储备粮秣等给养的军需仓库。——译者注

玉门县的名字便取自玉门关。

但直到 1914 年春天的第三次考察期间,我才重新对敦煌至额济纳河全长约 320 英里的长城进行了系统勘探。安西绿洲以东,位于疏勒河右岸靠近深削陡峭河岸的一段长城保存得不太完整,因为当地盛行的东北风十分强劲,风从北山令人胆寒的砾石高地上猛烈吹来,对沿河地带裸露的黄土地展现出惊人的侵蚀力。

再向东,长城更贴近荒芜的北山山麓。这里也有充分的证据表明,汉武帝时期的军事工官在面对如此艰难的自然环境时,表现出了坚忍不拔的精神和强大的组织能力。在营盘(士兵驻地)绿洲东北方向约 30 英里处,我们发现长城竟挺进并穿越了一大片自古以来就被流沙所覆盖的区域。在墙体尚未被沙丘完全掩埋的地方,我们看到这里的墙体厚度如常,但完全使用柽柳梢捆建造而成,残高仍有近 15 英尺。不难想象,当年为了保障这段长城参建和戍守人员的用水和补给,需要付出多大的努力。

至于我穿越这片沙漠荒原和砾石戈壁,继续追寻长城遗址直至内蒙古边界的过程,在此就不详述了。为迅速构建并持续保卫这条中国进入中亚的首要通道,需要巨大的系统性组织能力,我在前文中讲述的关于长城的一切已经足以体现这一点。但是,只要看看这片荒凉的土地,便可知这条通道的成功开辟绝对离不开中国百姓在修筑长城和落实汉代帝王雄心过程中所经历的苦难和牺牲。

第十二章

千佛洞石窟寺

我在完成第一次中亚探险后的几年间一直在谋划第二次考察，并迫切地希望这次考察能够深入中国内地最西北的省份——甘肃。而促使我将计划提上日程的主要原因是，我那已故的朋友、匈牙利地质调查局局长德·洛齐[①]教授告诉我，在敦煌东南方有一处神圣的佛教石窟寺，叫作"千佛洞"。德·洛齐是对甘肃进行现代地理勘测的先驱，早在1879年就曾作为塞切尼伯爵[②]探险队中的一员考察过千佛洞。尽管他没有考古学专业背景，但他充分认识到千佛洞石窟中精美的壁画和灰泥雕塑的艺术价值和考古价值，他对那些文物热情洋溢的描述给我留下了深刻的印象。

1907年3月，我到达敦煌绿洲后的几天时间里，终于如愿首次造访了这处神圣的石窟。千佛洞位于敦煌绿洲东南约12英里处，地处一片荒凉山谷的西侧谷口，开凿在险峻的砂砾岩峭壁之上。山谷中有一条从南山山脉最西端流淌下来的小溪，沿山麓地带一路穿过覆盖着流沙的群山，等它流到石窟下方的山谷时已几

①　拉约什·德·洛齐（Lajos de Lóczy，1849—1920），匈牙利地理学家。——译者注
②　贝拉·塞切尼伯爵（Count Béla Széchenyi，1837—1918），匈牙利探险家。——译者注

近干涸。溪流出山口是一片宽阔的碎石沙地，由此向旁边的悬崖上看，首先映入眼帘的是许多黑暗的洞穴，它们大多比较小，好似遥远的底比斯^①隐士居住的洞穴。这些洞穴大多面积狭小，而且几乎都没有壁画，我们据此可以推断，它们很可能是佛教僧人的住所。

再往上，可以看到数百个大大小小的石窟，从崖脚到绝壁，呈蜂窝状不规则地分布在阴沉的岩壁上，层层叠叠，绵延半英里多。这些石窟多到令人眼花缭乱，它们的墙壁上，或者说至少是从洞窟外能够看到的内部区域，均绘有壁画。其中两座洞窟中有巨大的佛像，一眼便能看见。为了给高达近 90 英尺的巨大泥塑佛像留出足够空间，工匠们层层向上开凿出若干洞窟，每个洞窟都可以作为采光和通往大佛像的通道。

原本大多数窟龛前面都有从岩壁上开凿出来的长方形前室或门廊，但由于外墙倒塌，装饰着蛋彩画的内墙如今已基本完全暴露出来。那些开凿出来的前室——无论是原有的还是修复时增建的——大多已被木制门廊所取代，不过这些木制门廊也已经严重糟朽。通往上层石窟的阶梯和上层石窟之间的连廊已经几乎全部塌毁，因此许多位于高处的窟龛已无法进入。但正因为没有连廊和门廊遮挡，我们可以轻易看到这些上层窟龛内部的布局和装饰，它们与开凿在山崖下部的大部分窟龛相比，并无任何本质区别。

---

① 底比斯（Thebais），古埃及城市。埃及的圣安东尼（251—356）于 285 年前往沙漠中隐修，后又移居到条件更为艰苦的废弃墓穴中苦修，由此开启了基督教的遁世隐修模式。引自田明所著论文《论修道制度兴起的埃及因素》，刊载于《历史教学》2008 年第 6 期。——译者注

　　尽管由于几个世纪以来疏于维护，下层窟龛外面和入口处的
原始地面上已经堆积起高高的流沙，但进入这些窟龛并不困难。
因此，我很快便弄清楚了这些窟龛的平面布局和总体结构，它们
总体上比较一致。从方形门廊进入石窟内部，要经过一条又高又
宽的通道，它可以起到采光和通风的作用。石窟内部均为一间矩
形内室，以正方形居多，从坚硬的岩石中开凿而成，顶部高挑，
呈锥形。

　　内室中通常有一方形平台，上面装点有彩绘泥饰。平台中央
通常是一尊巨大的泥塑坐佛造像，两侧列着菩萨、尊者和护法，
这几类雕塑数量不尽相同，但总是对称分布。我们不难看出，这
些泥塑在数个世纪的漫长岁月里饱经沧桑，既因材料易腐而受到
自然风化破坏，也受到反对圣像崇拜之人的破坏，还会因善男信
女的不当修复而受损。不过，尽管遭受了这么严重的破坏，石窟
中仍然保留着丰富的遗迹，它们见证了希腊式佛教艺术发展以
及中亚佛教传播至远东地区后，佛教造像传统悠久且持续的发
展史。

　　一些塑像的头部、手臂和上半身被蓄意破坏后，又在近现代
经历了补塑。粗糙的近现代修复工艺更衬托出塑像残存部分造型
的精致、衣褶的优雅和整体色彩的和谐。这些造像曾大量使用贴
金工艺，贴金的痕迹至今仍清晰可辨，那些大佛的塑造技法也十
分高超，从印度西北边境和巴米扬山崖石窟到新疆和田及周边地
区的佛教艺术风格，在此均有体现。

　　更令人印象深刻的或许当属数量众多且极具艺术价值的古老
壁画，所有大型窟龛和不少小型窟龛的灰泥墙面上均绘有佛教题
材的壁画。它们被发现时，大多保存状况良好。这显然得益于当

地极端干旱的气候和绝对干燥的岩壁环境，以及涂抹在砂砾岩表面的壁画载体——灰泥的强度和韧性。除了一个小型窟龛外，其他所有壁画都是蛋彩画[①]。

在窟龛的前室和甬道中，装饰壁画中的形象通常是高大的菩萨或罗汉，庄严地排列开来。许多小型窟龛内室的壁画上，绘有菱形构图的佛像和菩萨像，与我在丹丹乌里克和其他地方看到的壁画一样。大型窟龛内室的顶部也会采用菱形构图并结合繁复的花卉图案和花纹进行装饰，墙壁上施以大幅壁画，边角点缀有漂亮的卷草纹。大幅壁画下面的墙裙处，通常绘有供养人像，有时也绘有和尚或尼姑。

墙面上绘满了构图精良的大量人物形象。画面显然反映的是佛教天界，诸佛身边围绕着众菩萨、罗汉和护法。一些墙面展示出令人眼花缭乱的各种场景，看起来似乎是取材于世俗生活。旋涡纹上的汉文题记显示，这些场景出自佛教经典传说。但直到我将千佛洞中发现的绘有类似场景的丝绸画送到伦敦并经过专家鉴定后，我才确定这些壁画描绘的是佛陀的本生故事。

在这些充满传奇色彩的绘画场景中，天马行空的风光背景、中式特色的建筑、人物大胆的动作和写实的表现手法，都展现出鲜明的中国风格。优雅写意的卷云纹、花纹和其他装饰图案也同样独具中国风格。但是所有主尊佛像，以及遵循佛教章法绘制在它们身边的其他各式神像，无疑反映出印度佛像原型经由中亚传

[①]　原文此处还有一个半句，直译为"为行文方便，我在此使用'Fresco'一词"。"Fresco"特指湿壁画，强调作画技法；蛋彩画强调作画颜料的材质，蛋彩画绘制在墙壁上即属于湿壁画；湿壁画不一定使用蛋彩，而蛋彩画也不一定绘制在墙壁上。中文的"壁画"一词不存在上述歧义，故正文中未译出本句。——译者注

播后所形成的风格印记。尽管壁画的绘制手法和色彩搭配都已中国化，但这些佛像、菩萨像和护法像的面容、姿态和衣褶仍保持着希腊式佛教的艺术风格。

尽管这些壁画具有强烈的保守意味，但仍可从中看出不同的发展阶段。大量的考古证据表明，大多数大型窟龛开凿于唐代，即公元 7 世纪到公元 10 世纪之间，这处佛教圣地同敦煌绿洲一起在该时期经历了很长的繁荣阶段。沙畹先生曾研究过一通唐代碑记的拓片并发表了他识读出的碑文，其中记载了千佛洞最早的供奉活动始于晋太和元年、前秦建元二年（公元 366 年），因此应该可以找到唐代以前的石窟遗迹。但对于我这种没有经过汉学训练也不具备中国世俗艺术专业知识的人来说，是不可能寻找到这些遗迹的。不过，我可以很容易辨认出窟龛前室和甬道墙壁上晚期风格的壁画，它们虽然时代相对晚近，但技法娴熟且充满活力。这些位置的壁画暴露在外，更易剥落和损坏，因此年代晚近的题记中时常出现关于元帝国时期修复工程的记载。

从唐朝灭亡到元立国的几个世纪里，中原王朝无法再以长城作为疆界，而是直接暴露在北方突厥部落和南方吐蕃人的侵扰之下。这些动荡因素一定对千佛洞的繁荣和来此供奉的僧尼数量造成了消极影响。尽管敦煌在这一时期经历了种种变故和破坏，但显然仍保留了佛教信仰传统。当我逐一调查这些窟龛后，我确信马可·波罗一定是看到了这些数量众多的窟龛，并且对当地流行的圣像崇拜传统留下了深刻的第一印象，于是才在其游记的"沙洲"（敦煌）一章中花费大量笔墨描述了当地民众奇怪的偶像崇拜习俗。

时至今日，敦煌地区的善男信女仍然特别崇信这种吸收了中国民间宗教元素的佛教。我通过对千佛洞的首次匆忙考察便看出，尽管这些石窟已经明显衰败，但它们仍是"活态在用"的宗教场所。5月中旬，当我从沙漠中的古长城遗址考察归来时，恰逢一年一度的宗教盛会，它吸引了敦煌绿洲成千上万的村民和城镇居民，这给我留下了很深刻的印象。我意识到，虽然我有大量机会接触这里的文物遗迹并开展佛教艺术研究，但为了不引起民众的反感从而徒增风险，出于谨慎考虑，我应当暂时降低在该遗址的考古活动规模。

1907年5月21日，当我重新回到这处佛教圣地时，这里再次归于荒凉和寂静，于是我便在此安营扎寨，准备长期停留，不过这次让我满心期待的另有其事。我在第一次抵达敦煌后不久，就听到一则传闻，据说几年前有人偶然在一个石窟中发现了大批古代经书手稿。线报称这些古代经书手稿由一位道士看守，他是在重修窟龛时，无意间在一堵墙后面的侧室中发现了它们。后来这位道士奉官府之命，又将这批经书重新封存了起来，在那个兵荒马乱的年代，采取这样的安保措施不无道理。

我第一次到访千佛洞时，恰逢这名姓王的道士外出到绿洲上化缘。当时留守在那里的只有一位年轻的党项[①]僧人，我从他口中得知藏有经书手稿的密室位于主体窟群北端的一处大型窟龛中。这处窟龛的入口曾一度被山上滑落的石块和流沙阻塞，王道士怀着虔敬之心，历经数年，一点点整修窟龛，在此过程中他发现通道的壁画上有一条裂缝，凿开墙壁之后竟露出了一间小小的

----

① 党项人（Tangutan），中国古代西北民族，西夏的主体民族。西夏灭亡后，党项人逐渐与其他民族融合，党项之名也逐渐消失。但19世纪和20世纪的西方旅行家仍沿用该词指代党项人的后裔。——译者注

密室。

据说密室里堆满了经书手稿，数量足够装满好几车，它们使用汉字书写，连起来却不是汉语句子。这间密室现在已经安装了门板，并且也上了锁。我此次只看到了一份保存完好的长卷经书，这是年轻僧人拿来装点自己临时居住的小窟用的。蒋师爷粗略地看了看这份书法精美的中文长卷，便知道其内容是一部中国佛经。这卷经书没有明确的纪年信息，但无论是从纸张还是书法来看，它无疑历史悠久。至于更进一步的推断，还需等到我们看过藏经洞中的其他经卷后才能下结论。此次我印证了藏经洞的传闻为真，这令我备受鼓舞。

当我于 5 月返回千佛洞时，王道士已然在此等候。他看起来是一个非常奇怪的人，极度羞怯且紧张。他对自己所守护的东西一知半解，对神充满敬畏，对人充满恐惧，因此一开始并不好接触。这次我发现密室的狭窄入口已经被砖头完全封住了，想要立刻进入其中绝非易事。我那热情的中国秘书蒋师爷与他接触后，也认定这个王道士性格古怪，这令我更加担忧会在与他沟通时产生障碍。我提出要付给他本人一些钱，或者为他整修的窟龛捐资，但这并没有打消他的顾虑，不知是出于对信仰的坚守，还是担心引起当地信众的不满，也或许是两方面因素兼有。虽然他重塑的神像和在窟龛中添置的其他装饰看起来十分粗糙且艳俗，但是这位卑微的道士将整修窟龛视作一项功德，全心全意地投入其中，这令我深感敬佩。根据我们的所见所闻可以肯定，他多年来费尽心力筹集的所有善款全部用于重修窟龛的神圣工作，他几乎没有在自己和两个徒弟身上花过一文钱。

面对王道士有意或无意的拒绝，我们展开了漫长的博弈，具体过程就不在此赘述了。王道士对中国传统文化一窍不通，因此与他谈论我的学术兴趣毫无意义。所幸，我们可以共同追忆中国的伟大旅行家玄奘法师。得益于这个共同话题，加之蒋师爷老练的沟通技巧，我们最终成功说服了王道士。众所周知，我对旅行家玄奘法师敬重有加，这在我与王道士沟通的过程中起到很大作用。奇怪的是，王道士虽然对佛教既不了解，也不感兴趣，却像我一样用自己的方式表达着对"唐僧"（即这位唐朝圣僧）的崇敬。

王道士对这位伟大旅行家的崇拜之情有目共睹，他用相关题材的绘画装饰了石窟外面新修建的连廊。这些绘画用离奇有趣的方式展现了关于玄奘法师的传说，将我所崇敬的中国圣僧描绘成了中国民间信仰版本的明希豪森①男爵。然而在《大唐西域记》或《三藏法师传》中是找不到这些传说故事的。但这一点差别又有什么关系呢？我向王道士讲述了自己对玄奘法师的崇敬之情，以及自己追随玄奘法师的脚步从印度穿越荒凉的山脉和沙漠一路至此的经历，他显然被我用蹩脚的中文描述的事迹所打动。

---

① 明希豪森（Münchhausen），德国作家鲁道尔夫·埃里希·拉斯伯在《明希豪森男爵叙述他在俄罗斯的奇妙旅行和战役》中虚构出来的德国贵族。角色的原型是希罗尼穆斯·卡尔·弗里德里希·冯·明希豪森（Hieronymus Carl Friedrich von Münchhausen，1720—1797）男爵。该作品充满荒谬的喜剧色彩，刻画了一个既爱说大话又机智勇敢、正直热情的神秘骑士形象。——译者注

第十三章

密室中的发现

最终王道士被我的话打动，在入夜后悄悄地将一些从密室中拿出来的汉文经卷交到我那热心的助手蒋师爷手中，以供我们查看。接下来又发生了一件如有天助的巧事，让王道士认为一定是玄奘法师冥冥中的安排。我们仔细查看这些经卷后发现，卷尾的信息显示这些汉文经书正是玄奘法师从印度带回并翻译的译本，就连蒋师爷也对这一巧合颇为惊讶。会不会真的是圣僧显灵，让我在恰当的时机发现这批藏在密室中的海量经书，并以这些古籍作为对我的奖赏呢？

看到这仿佛神迹一般的巧合，王道士鼓起勇气，在天明后当着我的面打开了窟中藏经密室的那扇粗糙的门。在王道士手中小油灯昏暗的光线下，眼前的景象使我大为震惊。密室中成捆的卷轴从地面堆起足有 10 英尺高，它们层层堆叠，毫无顺序可言，后来的测算结果显示，这些卷轴占据了近 500 立方英尺的空间。而这间 9 英尺见方的狭小房间仅能勉强站下两个人。

在这间黑漆漆的密室里根本看不清卷轴上的文字。于是王道士拿出几捆卷轴，让我们在新建门廊的一个房间内尽快阅览，以避人耳目。经过查看，我很快认识到这份巨大的宝藏对于诸多研究领域而言都具有重要意义。首先展开的几卷是汉文经书，它们所用的纸张质地厚实，宽约 1 英尺，长度可达 20 码甚至更长。
这些卷轴的保存状态都很好，基本保持着封存之时的状态。

单凭字迹、纸张和排版方式等方面就可以明显看出它们的年
代之久远，我们在卷末找到了确切的纪年信息，其中一些可以追
溯到公元 5 世纪初。其中一卷汉文经书背面写有大量婆罗米文，
由此可知印度文字和梵语在当时的中亚佛教中仍然十分盛行。这
些关于古代宗教崇拜和学问的文物由于被封存在这片荒芜山丘的
石室中，所以躲过了历史洪流的影响。这片荒凉山谷的空气湿度
本就不高，密室更是完全隔绝了水汽。

我们怀着兴奋的心情翻阅卷轴，很快便意识到这座有待我
们探索发现的新奇宝库是多么丰富多彩。王道士将一捆又一捆的
卷轴拿出来让我们查看，我难掩激动之情，迫不及待地翻看着它
们。其中还出现了大量的藏文手稿，有长长的卷轴，也有整包的
贝叶，内容都是藏文佛教典籍。它们显然是公元 8 世纪中叶到公
元 9 世纪中叶吐蕃占据这片边境地区时遗留下来的。而密室的封
闭时间也是在这一时期之后不久。这一点可以从一块书法精美的
汉文石碑上得到印证，该石碑刻立于唐宣宗大中五年（公元 851
年），王道士先是在密室内看到了它，随后将其移至室外。

汉文和藏文经书中还无序地夹杂有大量用古印度文字书写的
长方形经书残页，它们出自若干不同手稿，有些用的是梵语，有
些是西域佛教徒用本地土语翻译的佛教经典。我以前发现的同类
文书，无论是数量还是保存状况都无法与这批手稿相提并论。

更令我感动的是，当我打开用一块褪色但结实的帆布随意包
裹起来的大包袱后，发现里面竟装着画在细纱般轻薄的丝绢或亚
麻布上的画作，密室为它们提供了绝佳的保存条件。其中还夹杂

有各种各样的纸张以及带图案和印花的丝织品残片，看起来应该是信徒们的还愿物。最初发现的大多数画作尺幅都比较小，长度为 2 到 3 英尺不等。它们的边角呈三角形，带有流苏，由此推断它们应该是寺院中使用的旗幡。将这些丝绢旗幡展开后，可以看到上面绘有精美的佛像，色彩柔和，鲜艳如初。

　　用于制作这些丝绢旗幡的料子都非常精细轻薄。后来当我看到更大尺寸的丝绢画卷时，才清楚地认识到这种精细织物在使用过程中损坏的风险很高。虽然这类丝绢挂画一开始便用更加结实的材料镶边，但由于它们要长期挂在寺院的墙壁上，在此过程中往往遭受很大损耗。它们在撤换时被随意地折过几道，而且叠得过紧，因此产生了很多折痕和褶皱。

　　这些丝绢挂画已经叠放了几个世纪，我不能刚拿到它们就试图将其全部展开，否则可能对它们造成进一步破坏。但是通过掀开几处折角的地方，我们可以看到画面中精致的人物群像。后来大英博物馆的专家们耗时 7 年之久，将它们展开并从中清理出数百幅画作，不难想象这项工作是何等精细和复杂。

　　我当时根本没有时间认真寻找还愿者的题记，也没有时间对这些画作展开深入研究。我最关心的是，我能把多少画作从阴暗的密室和粗心的看守人手中抢救出来。令我感到惊讶的是，王道士完全不了解这些唐代艺术珍品的价值，这倒也让我长舒一口气。因此，我可以先把第一天快速阅览后遴选出的最好的画作放在一旁，"留待进一步研究"。

　　我知道现阶段最好不要表露出太过热切的情绪，这种克制策略很快便奏效了。我的表现让王道士相信这类文物的确没什么价值。他显然希望通过牺牲这些丝绢画来转移我对珍贵的汉文卷轴的注意力，于是他更加卖力地翻找并递出一捆捆自认为是杂物垃圾的东西。我的收获着实让人欢欣鼓舞；在大量零散的汉文文书中，出现了越来越多世俗性质的文献，不少还带有纪年信息；还有绘制和印制在纸上的画作；几小包写有古印度文字的贝叶，以及图画和精美丝织品的残片，这些显然都是还愿物。于是蒋师爷和我在进入密室后的第一天没有休息片刻，一直工作到天黑。

王道士此前听到过一些关于我们的流言蜚语，因而感到惶恐不安，当下最重要的任务是打消他的顾虑。于是我便提前向他保证我会给他的道观捐一大笔香火钱。然而他一边担心自己的清名会受到影响，一边又希望能够获得这笔香火钱以完成他自己的宏愿，所以一直摇摆不定。最后，得益于蒋师爷友善的劝说，以及我所展现的对佛教学说和圣僧玄奘的虔诚信仰，最终成功取得了王道士的信任。

将近午夜时分，忠心耿耿的蒋师爷小心翼翼地来到我的帐中，亲自将我们第一天"精选"出来的一大捆文物带了过来，我对此感到非常满意。王道士跟我们约定，在离开中国的土地前，不能让我们三个人之外的任何人知道这些文物的来源。因此，搬运这些文物全靠蒋师爷一人，由于拿的东西越来越沉，不得不分批运输，他就这样又连续忙碌了 7 个晚上。

经过那几天紧张的工作，我将密室中堆积在上层的各类卷轴全部快速阅览了一遍，从中选出了非汉文的经书手稿、文书、画作以及其他我感兴趣的文物。随后我们将工作重心转向那些堆放整齐、捆扎结实的汉文卷轴。从各种意义上讲，这都是一项麻烦的任务。仅仅是清理被卷轴填满的房间这项工作，就足以让一个坚强的人感到沮丧，更何况是王道士。因此我们需要谨慎应对，并审时度势地给予王道士一定银钱，才能打消他不断反复的畏难情绪。

在这些成堆经卷的底层，我们发现了更多成捆的其他各类卷轴，这无疑是对我们辛勤努力的回报。由于上层堆积的经卷过重，位于下方的卷轴难免被挤压破损，但我们还是从中抢救出许多珍贵文物，包括一幅漂亮的刺绣画和其他古代纺织艺术品。我们快速查看了眼前的数百捆卷轴，发现在海量的汉文卷轴中还混有不少使用印度和中亚文字书写的卷轴。然而，不等我们完成对全部卷轴的检查，王道士忽然心生恐惧和悔意，连夜跑去了敦煌绿洲，走时把密室中我们还未来得及查看的珍贵文物锁了起来。但截至此时，那些我美其名曰要"留待进一步研究"的大部分卷轴，已经被我安全地转移到了临时储藏室中。

幸运的是，王道士前往绿洲后了解到，他与我们的友好关系并没有引起当地信众的反感，他的清誉也没有受到影响，这让他感到安心。他返回千佛洞后，终于认可了我抢救这些古代佛教著作和艺术品以供西方学界研究的行为是功德一件，否则这些文物迟早会因当地官府的不闻不问而损毁消失。于是我们得以继续商议认捐香火钱的事，这笔钱可以帮助他重修窟龛，如此一来他便可以宣称道观中所有相关事物都由他主管。

最后，按照我们的公平约定，王道士收到了大量银锭（即马蹄银），这弥补了他良心上的亏欠，也让他得以整修他所珍视的道观。4个月后，当我返回敦煌地区时，欣慰地看到王道士的心态已经平和了许多，他让蒋师爷代我从藏经洞中取出一大批汉文和藏文卷轴，以供遥远的西方学术机构研究。但直到大约16个月以后，当所有24只装满沉甸甸的卷轴手稿的箱子，以及另外5

只装满精心打包的画作、刺绣和其他同类艺术品的箱子，安全地入藏伦敦大英博物馆时，我才真正松了口气。

至于这批重大发现中我没有带走的部分，仍留在善良的王道士手中，但没有得到妥善保护，我在此顺便讲一讲它们的下落。大约一年后，法国著名学者伯希和①教授到访千佛洞。他凭借自己丰富的汉学知识，成功说服王道士允许他仔细翻阅了剩余的汉文卷轴。在这一紧张的工作过程中，他挑选出混杂其间的非汉文文书残卷，并识别出一些他认为具有语言学、考古学或其他方面独特价值的汉文手稿。显然，王道士此前与我的交易让他感到安心，于是便允许伯希和教授拿走了他查阅过的15000多份手稿和残卷。

1909年，这位著名的法国学者在返回巴黎的途中，在北平短暂逗留，其间，他从千佛洞带走重要汉文手稿的消息引起了首都中国学者的极大关注。于是不久后，北洋政府就下令将整个密室内所剩手稿悉数运往首都。1914年，我在第三次中亚考察期间重返敦煌，听闻了这条政令的执行情况，不免感到唏嘘，但也恰恰反映了当时的社会现实。

王道士像欢迎老朋友一样快步上前迎我，据他说，我捐给他的巨款已经在官府的层层盘剥下消耗殆尽。所有的手稿也都被随意打包后，装车运走了。马车还未离开敦煌衙门便发生了监守自盗的事，大量手稿被偷。1914年我返回敦煌时，还有官府的人向我兜售质量上乘的整捆唐代佛经。我在去往甘州和西域的路上，也在沿途各地抢救出不少这样被藏匿的宝贵文物。因此我不

---

① 保罗·伯希和（Paul Pelliot，1878—1945），法国语言学家、汉学家、探险家。——译者注

禁在想，这些被装车运走的手稿中，最终顺利抵达北平的能有多少呢？

1914 年我第二次来到这里时，王道士向我展示了他的公开账目，上面显示他从我这里收到的全部捐款都被妥善用于道观的整修。他自豪地指给我看那些窟龛前面新建的道观建筑和居士住所，都是用我捐赠的马蹄银建造的。鉴于他所珍视的古代汉文卷轴惨遭官盗，他表示非常遗憾后悔之前没有勇气和远见接受蒋师爷代表我提出的购买全部卷轴的提议。

不过，面对这次官府的劫掠，他很精明地把一部分他认为具有特殊价值的汉文卷轴藏到了一个安全的地方。作为我这次朝圣的成果，我从中又带走了满满 5 大箱总计约 600 卷佛教经书，由此看来，他藏匿的这批卷轴一定数量庞大。当然，我这次也支付了比上次更多的钱。

至此，我与千佛洞王道士的故事就结束了。但有关我从那里安全带出的丰富而珍贵的卷轴的研究成果，值得在这里简述一番。1909 年初，我回到英国后不久就开始了对这些卷轴的研究工作，同时也获得了许多极富科研能力的专家的热心帮助，而尽管很大一部分成果已经在我的《塞林提亚》和其他地方发表，仍有一些工作有待完成，由此可以看出这些卷轴的内容之丰富，价值之多样。

那些曾经用于装饰窟龛或作为信徒还愿物的大量古代佛教壁画和绘画遗迹显然最能引起公众的兴趣。所有此类艺术遗迹，数量有近 500 件，这还不算一些小尺幅的残片，它们都已经由大英博物馆的专家们仔细处理过，以便未来能够长久保存。关于这些文物的描述性清单收录在我的著作《塞林提亚》中，至于文物标

本的图片和说明则收录在劳伦斯·比尼恩[①]先生和我本人编写的
《千佛洞图录》中。韦利[②]先生也在大英博物馆出版的一本图书中
罗列了所有这些绘画类文物的详细目录。我将在下一章中对它们
进行大致介绍。

从密室中清理出的丝织装饰品丰富多样，包括各种带纹饰的
丝绸、挂毯、刺绣和印花织物。这些精美的古代中国织造艺术品
数量大、价值高，但因篇幅有限，我无法在此展开详述。不过至
少我可以粗略说明密室中卷轴的丰富程度，这将有助于我们理解
敦煌自汉代以来所见证的不同地区、种族和信仰之间繁盛的交流
活动。当然，我三言两语就能说完的概要信息其实是许多杰出的
东方学家多年来艰苦研究的成果。

千佛洞是敦煌绿洲上一处历史悠久的宗教圣地，大量的汉文
卷轴证明，汉传佛教僧侣是维持此地宗教活动的主要力量。我在
1907 年从千佛洞带走了约 3000 卷完整的汉文卷轴，其中很多还
是长篇幅的卷轴，此外还有近 6000 份文书和残卷。这些卷轴的
编目工作早先由伯希和教授负责，后来因故中断，大英博物馆的
翟林奈[③]博士从 1914 年起重新接手这项工作，由于卷轴数量过于
庞大，它们的编目直到近期才彻底完成并付梓出版。这些卷轴的
内容大部分是汉文佛教经典。日本佛教学者矢吹庆辉[④]的研究表
明，其中还有一些此前不为人知或已佚的著作。

---

① 劳伦斯·比尼恩（Laurence Binyon，1869—1943），英国诗人、戏剧家和艺
术学者。——译者注
② 亚瑟·韦利（Arthur Waley，1889—1966），英国汉学家。——译者注
③ 翟林奈（Lionel Giles，1875—1958），英国学者、翻译家、汉学家。——译
者注
④ 矢吹庆辉（Yabuki Keiki，1879—1939），日本佛教学者。——译者注

而且，其中有许多与中国历史、地理和其他学科相关的非宗教类著作残卷。还有数百份反映当地生活条件和寺院组织管理等方面的文书，填补了这一古早历史时期相关领域文字记录的空白。卷轴和文书末尾的确切日期显示，它们作于公元5世纪初至公元10世纪末之间。根据这些纪年信息以及伯希和教授所收集的资料推测，密室封闭的时间应该在公元11世纪初，当时党项人控制了这片边境地区，这样做的原因可能正是为防止党项人破坏宗教场所。

不过，这座巨大的中国文学宝库还有待未来许多年的艰苦研究。我在此仅介绍欧洲和日本学者已经取得的一两项有趣发现。其中有一件咸通九年（公元868年）雕版印刷的长卷，它是迄今为止已知最古老的雕版印刷标本，其文字和扉页插图展现出高超的技术，说明印刷术在此前便已经历长足发展。

另一项更重要的发现是，这些汉文卷轴中有中国化的摩尼教①经典。摩尼教是一种神奇的融合宗教，由摩尼创立，其中吸纳了许多基督教元素，这批文献的发现为研究摩尼教奠定了重要基础。因为迄今为止，人们对摩尼教的认识几乎都是来源于反对摩尼教的基督教文献，以及在吐鲁番发现的文书残片。摩尼教最初创立于波斯帝国的萨珊王朝时期，并在几个世纪里在整个中亚地区广泛传播。摩尼教向西传播到了地中海国家，而在东欧的某些异教派中，摩尼教的影响一直延续到中世纪晚期。

藏文卷轴在性质和内容方面与汉文卷轴大致相同，同样以佛

---

① 摩尼教（Manichaeism），又称明教，公元3世纪中叶由波斯先知摩尼所创立，融合了祆教、基督教和佛教元素。——译者注

教经典为主。但牛津大学托马斯[1]教授的研究表明，这些藏文文献中同样包含有关于当地历史等方面的有趣信息，因为敦煌地区和西部的塔里木盆地从公元 8 世纪中叶到公元 9 世纪中叶一直处在吐蕃的统治之下。正是在那个时期，藏传佛教第一次在中亚站稳脚跟，后来藏传佛教伴随着蒙古人的皈依在其统治区域内开枝散叶，时至今日其影响力仍存在于亚洲诸多地区。

已故的中亚语言学大师赫恩勒教授经过努力，完成了大量婆罗米文卷轴的编目工作，并证实了这些卷轴包含三种不同语言。其中大部分是佛经，但也有一些医学方面的内容。在梵文文献中，有一份大尺幅的贝叶经书，从其使用的书写材料来看，它无疑来自印度。它是目前已知最古老的印度手书文献之一。有几十份贝叶经和卷轴使用的是一种古老的中亚语言，这种此前"未知"的语言现在被归为和田语[2]或塞语，包括一个长度超过 70 英尺的巨大卷轴也是采用这种文字书写的。还有一些文书使用的是龟兹语[3]或吐火罗语，这是另一种曾经在塔里木盆地北部和吐鲁番地区使用的古代语言，这种语言值得我们特别关注，因为事实证明相较于其他亚洲语言，它与印欧语系的古意大利语和斯拉夫语族的关系更为密切。

从地理意义上讲，也许没有什么比千佛洞中出现古粟特地

[1]　弗雷德里克·威廉·托马斯（Frederick William Thomas，1867—1956），英国印度学家和藏学家。——译者注
[2]　和田语（Khotanese），印欧语系塞语（Saka）的一个分支，古代居住在今和田、巴楚一带居民使用的语言。——译者注
[3]　龟兹语（Kuchean），印欧语系吐火罗语（Tokhari）的一个分支，西方人称"乙种吐火罗语"或"西吐火罗语"，古代居住在今库车一带居民使用的语言。——译者注

区——今撒马尔罕和布哈拉地区——所使用的伊朗语支语言文书更能彰显敦煌多元化的佛教传播交流环境了。粟特语源自阿拉米语，而同属闪米特语族 ① 的其他语言也见诸一些突厥语文书。在这些文书中，有一卷精美的卷轴，记录了用古突厥语书写的摩尼教祷文。

唐时已经传入中国的摩尼教显然在敦煌地区也有信众。和其他地区的情况一样，敦煌的摩尼教僧侣与佛教僧侣和平共处，共同享受千佛洞作为朝拜圣地的旺盛香火。但能够证明摩尼教曾存在于敦煌的各种证据中最奇特的当属一部用古突厥语书写的完整书籍，书中的文字与北欧地区的如尼文文字极为相似，因此被称为"突厥如尼文"。这是一部占卜用的故事书，已故的汤姆森教授作为成功破译其内容的著名专家，认为这是流传至今的古突厥语文献中"最杰出、最全面，也是保存最好的一部"。

这件神奇的文物是那个曾经生活在从黄海到亚得里亚海之间广袤区域的民族及其语言的见证，就让我用它为关于亚洲十字路口——敦煌在古代东方、南方和西方之间交流联系的简短介绍画上句号吧。

---

① 闪米特语族（Semitic），亚非语系下的语族之一，其分支语言包括阿拉伯语、马耳他语、希伯来语、阿拉米语、阿姆哈拉语等。——译者注

第十四章

千佛洞中的佛教绘画

千佛洞密室中的绘画作品数量众多，特征多样，在此我只能选取特色标本简单介绍其中的一些主要门类。这些丰富的材料对于研究佛教绘画艺术极为重要，但鉴于佛教是外来宗教，我需要在介绍之前先简要说明这些绘画的起源和年代。

首先，一个非常重要的线索便是，绘画上还愿者题记所记载的年代与前面提到的汉文经卷及文书所记载的年代完全一致，即大约公元 11 世纪初的密室封闭之时。

但这间狭小而隐蔽的密室可能在封闭前的一段时间里，便一直用于存放各个窟龛和僧房中暂时用不到的宗教圣物。总之可以肯定的是，在密室被封之前，里面就已经存放有一些年代久远的物品了。因此，在我运走的数千份汉文经卷和文书中，一些有确切年代记录的可以追溯到公元 5 世纪初。在织物中，也有一些历史可以明确追溯到密室封闭前几个世纪的文物。

我们已经知道，藏经洞的大量中国经卷和文书中也混杂有使用遥远的南方、西方和北方地区语言书写的文书。同样的情况也出现在绘画文物中。我从粗心大意的王道士手中抢救出来的文物里，有一系列旗幡和绘画无疑出自中国西藏或尼泊尔的印度工匠之手。但这类画作的数量远少于出自汉族工匠之手的画作。关于后者的情况我在此暂且不表。

我觉得图像可能比我能提供的任何文字描述或概述说明要更具说服力。况且无论我对这些古代艺术文物的兴趣有多浓厚，我都不能以远东宗教艺术专家自居。如果不是得到大英博物馆的劳伦斯·比尼恩先生和已故的彼得鲁奇先生等专家朋友的帮助和指导，以及我的助手弗雷德里克·H. 安德鲁斯先生和 F. 洛里默小姐的协助，我也不可能在我的《塞林提亚》和《千佛洞图录》中完成对各种绘画文物的图像学分析。

千佛洞中的绘画之所以对研究远东艺术具有重大价值，是因为它们作于公元 7 世纪至公元 10 世纪的唐朝，当时正值中国艺术的巅峰时期，而在千佛洞的绘画被发现前又几乎没有任何唐朝的中国佛教绘画标本传世。当然，这些敦煌的绘画中，鲜有大师之作。它们中的大部分出自当地工匠之手，是为满足当地信众在祭拜还愿时的需要而绘制的。

但我所得的这些绘画作于中国内地最西部地区，同时这里也是亚洲文化交流的十字路口，因此我们能够从中更清楚地分辨出，哪些是受到发源于印度西北边境、与佛教学说一同经由东伊朗和中亚传播最终融入远东艺术传统的大乘佛教绘画风格影响，哪些完全是本土画师对中国早期绘画风格的表达。

从一组绘制有释加牟尼成佛前的传说故事的精美丝绢旗幡画中，我们可以清楚地分辨出上述两种风格的基本要素。这组旗幡同其他所有旗幡一样，都采用的是几乎透明的丝绢材质。它们过去悬挂在窟龛的前室或甬道中，轻薄的材质可以尽量减少遮挡光线。由于旗幡的两面都有绘画，不论它们怎样被风吹动，前来朝拜的信徒都能看到上面的画。

奇怪的是，同一面旗幡中有若干幅佛陀传说故事画，但彼此之间没有按严格的时间顺序排列。在其中一面旗幡顶部的右侧，是乔达摩菩萨在成佛前的一世恭迎燃灯古佛 ① 并从后者口中得知自己成佛预言的画面。燃灯古佛的形象、姿态和衣着都精细地再现了印度佛教中的传统样式。下方是一幅浓缩了乔达摩王子著名的"四门游观 ②"故事的画面，这个故事成为他成佛和涅槃 ③ 道路上的起点。再向下看是乔达摩的母亲摩耶夫人梦见一头白象驮着婴儿从云端而来的画面，这个场景预示了佛陀的诞生。最下方的画面描绘了身着中式服装的摩耶夫人和侍女从迦毗罗卫 ④ 王宫走出来的场景。

另一面旗幡上的绘画同样色彩丰富、栩栩如生，我们看到上方的画面中是一组"七宝"，根据佛教传说，每当转轮圣王出现便有"七宝"伴随 ⑤。因篇幅有限，我无法在此展开解释它们的寓意，况且相比之下，下面一幅乔达摩出生后沐浴的场景更为有

---

① 燃灯古佛（Dipankara Buddha），是按照时间维度划分的"纵三世佛"中代表过去的佛，"纵三世佛"中的另外两尊分别为现在佛释迦牟尼佛和未来佛弥勒佛。在乔达摩尚未成佛的前世中，燃灯古佛预示了他将在未来成佛。——译者注
② 四门游观（Four Encounters/Four Sights），是乔达摩·悉达多太子走出王舍城，于东南西北四道城门外看到老人、病人、死者、沙门，从而了解众生之苦并决意出家修行的传说。——译者注
③ 成佛（Buddhahood），佛意为觉者，成佛即是证悟佛果。涅槃（Nirvana），自体性灭尽，脱离烦恼和痛苦的状态。——译者注
④ 迦毗罗卫（Kapilavastu），古代释迦族的国都，乔达摩的故乡，位于今尼泊尔。——译者注
⑤ 转轮圣王（Universal Monarch），根据印度神话传说，当统一世界的君王出现时，天上将会出现一个旋转金轮，作为他统治权力的证明。轮王七宝（Seven Jewels）是转轮圣王治理国家必不可少的七样工具，转轮圣王出现时，自然会有七宝出现。据《佛说轮王七宝经》载，轮王七宝为"轮宝、象宝、马宝、主藏臣宝、主兵臣宝、摩尼宝、女宝"。——译者注

趣。印度传说中吐水让佛陀沐浴的雷云神那伽①，在中国画师笔下变成了龙的形象。最下方是一幅讲述"七步莲花"故事的绘画，相传乔达摩菩萨刚刚诞生便在宫廷侍女惊讶的目光中向四方各行七步，每走一步脚下都生出一朵莲花。

"七步莲花"故事的绘画同样也出现在另一面旗幡的底部。这面旗幡上部的若干画面则是按正确顺序展现了佛祖诞生时的场景。最上面一幅，描绘了熟睡中的摩耶夫人，其姿势与她梦见乔达摩菩萨投生时的姿势相同。接下来一幅是摩耶夫人乘轿前往蓝毗尼园；画师用中式绘画技法完美地表现出轿夫快速行走时的姿态。再下方，乔达摩从摩耶夫人右肋诞生的神奇场景则完全遵循了印度传说。但摩耶夫人用宽大衣袖进行遮挡的巧妙构图，以及花园后方山丘的表现技法，都明显属于中式绘画风格。

一块描绘有"四门游观"中两个场景的旗幡残片彰显出更加鲜明的中式绘画风格。画面中，乔达摩王子骑马离开父王的宫殿，上面一幅是他遇到年老体弱、身体佝偻的老人的场景，下面一幅是他遇到躺在地上的病人的场景。画面旁边有解释这些场景的汉文题记。

另有一些场景描绘了后来成佛的乔达摩王子离开王宫之后的生平故事。其中一面旗幡上方的画面描绘了乔达摩王子在宫中的嫔妃、侍女以及门外的护卫都熟睡后，趁夜色逃离王宫的故事。画面中，乔达摩王子骑着他最喜欢的骏马犍陟②，斩断世俗枷锁，

---

① 那伽（Nagas），印度神话中的神祇，是泉水、井水和河流的保护神，能够造雨。——译者注

② 犍陟（Kanthaka），乔达摩离开王宫前往苦行林时所乘的马匹名。——译者注

飞奔向自由，画中上层的云彩象征着这是众人在梦中看到的场景。在下方的画面中，受命前去寻找王子的使者因无功而返，被带到悉达多的父亲净饭王 ① 面前领罚，差使身后站着两位身穿紫袍的行刑者。

在另一面旗幡上，所绘人物和风景都具有中国特色。不过，画面中乔达摩王子忠实的骏马犍陟向它即将闭世修行的主人告别时的动人姿态则完全再现了希腊式佛教浮雕艺术的风格。接下来的画面中，我们看到的是王子进入森林修行前准备剃发的场景。再下面，一个消瘦的印度传统苦行僧形象代表着乔达摩在找到开悟的正确途径前苦修的经历。

我们还在另一面旗幡的顶部发现了两幅乔达摩王子与他的爱马犍陟和他忠诚的马夫阐陀 ② 告别的场景。旗幡最底部是国王派出的使者骑马追赶王子的场景，画面构图精良。

这些传统题材的佛陀生平故事绘画，采用了显而易见的中式绘画风格，而与之形成鲜明对比的是，画中的佛陀和菩萨形象则或多或少带有经由中亚地区传入的希腊化佛教艺术风格。这显然是个颇为有趣的话题。不论其背后的原因如何，我觉得这与基督教传说在意大利和弗拉芒 ③ 画家笔下发生变化的情况颇为相似。

在单个佛像的绘画中，表现释加牟尼佛和过去佛 ④ 证得无上

---

① 净饭王（King Suddhodana），悉达多之父，其名"舒投达那"直译为纯净的米饭，故名。——译者注
② 阐陀（Chandaka），乔达摩为太子时的仆役，为其驾车。——译者注
③ 即弗拉芒人（Flemish），西欧民族之一，主要分布在比利时北部。——译者注
④ 此处泛指所有过去佛，非特指燃灯古佛。——译者注

正等正觉 ① 和获得涅槃的题材虽然重要，却很稀少。中国的佛教信众与其他地方的佛教信众一样，喜欢那些地位较低但更接近人类的神，对于至高无上的佛，则采取了特殊的保守和尊重的态度。因此，画师在绘制这类佛像的衣褶时，总是忠实地复刻希腊式佛教美术造像的样式。

另一方面，单个菩萨的画像，无论是画在丝绸、麻布还是纸上的，都非常多。它们在风格和技法上有明显的差异，但从衣褶和装饰仍能明显看出其受到了希腊式佛教传统的影响。值得注意的是，菩萨像中具有特殊艺术价值的，同时数量也是最多的，便是大慈大悲的观世音菩萨 ②。他在佛教圣地敦煌占据重要地位。时至今日，中国和日本仍盛行对"仁慈女神"观音的崇拜 ③。

在一幅印度风格的观世音菩萨立像中，菩萨手持弯曲的柳枝，褪色的画面更加凸显了高超的构图和身形及脸部的细腻画工。另有两幅几乎真人等身的观世音菩萨像，庄严而高大，似乎是某位大师之作的摹本。

还有一幅画在纸上的观世音菩萨的精美画像，描绘的是他坐在岸边的柳树下，右手执柳枝的画面。根据日本传说，宋朝（公元 12 世纪至公元 13 世纪）的某位皇帝在梦中第一次看到了画中形象的观世音菩萨。而这幅画的意义在于，它证明观世音菩萨以这种形象出现在中国的时间远比传说中的要早。画面下方供养者戴的宽檐帽是公元 10 世纪中国男性的特色着装。

---

① 无上正等正觉（Enlightenment），佛教中觉悟的最高境界。——译者注
② 观世音菩萨（Avalokitesvara），意为"观察世间音声觉悟有情"，简称观音菩萨，也称观自在菩萨，意为"观察自在"。——译者注
③ 观音菩萨传入中国之初为男性形象，后逐步演变为女性形象。——译者注

其他丝绢旗幡上还有一些精美的菩萨像，但由于缺少铭文或特征符号，我们无从知晓它们所描绘的是哪位菩萨。其中两幅菩萨像线条优雅，色彩丰富，因而尤其引人瞩目。一位菩萨站在一朵青绿色莲花上，双手合十。其身形、衣裳和装饰都与中式风格的菩萨相吻合。但衣褶的画法却仍属犍陀罗样式，手法娴熟，配色和谐。

更有趣的是另一幅菩萨像。其快速运动的姿态兼具庄严性和力量感，面容明显不具有中国人的特征，这使得这尊佛像成为佛教圣地敦煌千佛洞中最令人印象深刻的形象之一。菩萨的身体呈直立姿态，头部昂起，重心放在迈出的右脚上，完美地展现出运动中的力量。画师通过描绘华盖上自然摆动的流苏和铃铛，巧妙地增强了画面的动感。菩萨的面部特征和他那种藐视一切的神情，与中国盛行的佛教神像风格或印度的希腊式佛教艺术风格都完全不同。菩萨头部奇特的异国风格与身体及衣服的曲线所表现出的中式风格形成了鲜明对比。整幅作品传递出一种令人迷惑的感觉。

在众多绘画中，除观世音菩萨外，还有两位菩萨也受到了信众们的特别关注。其中之一是文殊菩萨[①]。在一面保存完好的旗幡上，绘有一幅体型、姿态和服饰都呈现出明显印度风格的文殊菩萨像。一头狮子驮负着他的莲座，这是他的标志性坐骑，一个皮肤黝黑的马夫牵着狮子，此人应该是印度人。画中文殊菩萨的身姿、女性化的身形，以及短小的围腰布和透明的裙子，都带有鲜明的印度特色。和谐的构图和色彩搭配为整幅画面注入了生命

---

① 文殊菩萨（Manjusri），也称妙吉祥菩萨，代表智慧。——译者注

力。这种宗教绘画风格的原型虽然来自印度，却并不是从犍陀罗和印度西北部传过来的，而是从南方的尼泊尔和中国西藏地区传入中国内地的。

在这处远东佛教圣地的众多菩萨中，唯一能与观音菩萨平分秋色的是地藏菩萨①。旗幡画上的地藏菩萨形象十分易于辨认，他剃着和尚一样的光头，身穿托钵僧的袈裟。他常变现无数化身济度众生。在一幅精美的画作中，他被描绘成旅行者最信赖的保护神。画中的他盘腿坐在一朵盛开的莲花上，右手持握游僧使用的禅杖；头部和双肩披盖行者的披肩，左手持有一只燃烧的水晶球，以照亮地狱的黑暗。画面构图简洁，色彩宁静和谐，具有独特的魅力，表现出祥和之感。

在画面下方左侧有一个年轻的供养人像，可惜下身已经缺损。不论是与之相对的右侧还是中间绘有涡卷装饰的地方，均有留白。很遗憾，这种留白的情况在这些还愿画中十分常见。买家或许是在祭拜的路上或者是在寺院里购买的这些还愿画，因此可能没有时间或额外的钱银让有学问同时也擅长书法的先生在画上题字，于是预留给献纳题记的地方便留下空白。

地藏菩萨曾发愿要度尽六道众生②，其中甚至包括地狱众生，因而受到更多世人崇拜。作为幽冥教主，他可以利用自己的权力赦免和解救地狱中受难的灵魂。正是因此，我们可以看到画中的地藏菩萨身穿僧袍，佩戴头巾，端坐于石头上，号令十殿阎王。

---

① 地藏菩萨（Kshitigarbha/Ti-tsang/Jiso），梵语音译为乞叉底蘗婆（Kshitigarbha），汉语译为地藏（Ti-tsang），日语写作地藏（Jiso）。——译者注
② 原文为"地藏菩萨是六道之主（Lord of the Six Worlds）"，该说法似乎并不准确，应说"地藏菩萨是六道众生的导师"。地藏菩萨又称地藏王菩萨，但此处的"王"并非"主宰"之意，而是意为"自在"。——译者注

十殿阎王则身穿中国传统的判官服装，坐于桌案前。一个手执狼牙棒的地府鬼卒牵着一个有罪的鬼魂来到地藏王菩萨面前，这个鬼魂戴着枷锁，他在一面神奇的镜子里看到了自己曾经犯下的罪孽。同样，这幅画预留给献纳题记的位置也是空白的，涡卷装饰的位置也没有题写施主的名字。

在我们继续讨论更为复杂的作品之前，我们注意到在这些大型绘画中经常出现一群小神像。透过各不相同的大量旗幡画可以看出，这些小神像对敦煌地区的佛教信徒具有强大的感召力。他们便是护世四天王，也称四大天王。四大天王无一例外都是武士形象，身着华服和盔甲，脚踩蹲伏的恶鬼。四大天王的概念可以追溯到印度佛教神话，而画中的形象则是希腊式佛教艺术从中亚向远东传播过程中形成的风格。

在一部纸本画册中收录有四大天王的画像：掌管北方的是多闻天王，也称俱毗罗，一手持戟，另一手托宝塔；掌管南方的是增长天王，手持剑；掌管东方的是持国天王，手持弓箭；掌管西方的是广目天王，手持权杖 [1]。

透过四大天王的五官和服饰的某些变化，我们能够区分出这些绘画中的哪些采用了近似中亚地区的风格，哪些采用了中式风格。在描绘南方增长天王的众多旗幡画中，凶狠的面部表情、直视的目光、修长的腰身，可能就是脱胎于中亚的古老绘画风格。华丽的盔甲和服饰在中亚和中式风格中均有体现，而吊角眼则是中式风格所特有的，展现出人物柔和的一面。

另一个类似的经典案例是人物身姿的曲线美，通过飘逸的衣

---

[1] 需要特别说明的是，不同国家、地区和时代的四大天王像手中持握之物存在差异。——译者注

褶、抬起的手掌和伸开的手指表现出一种灵动感，这是中式艺术风格的特质。顺便一提，这些绘画也为研究古代防御盔甲提供了大量的图像材料。

在我们掌握的绘有四大天王的画作中，北方多闻天王占据了最重要的位置。这完全是因为在印度早期观念中，人们认为多闻天王就是印度财神俱毗罗。绘画中只有他一人有鬼众护随。因此，在一幅大师级的精美画作中，我们可以看到多闻天王乘云穿过波涛汹涌的大海，身后跟着一大群随从，其中有人也有鬼。

这幅精致的小画在艺术和图像学方面还有许多有趣的地方，我无法逐一详述。它以其细腻的画工、和谐的色彩和均衡的人物布局，给人留下了深刻印象。天王所佩戴的冠冕令人联想到萨珊王朝"万王之王"的帝王冠饰，其形貌毫无疑问源于伊朗。波涛汹涌的海浪和地平线上的山脉，完美地营造出空间上的距离感，中式绘画艺术的特色风格在此得到了生动表达。

在反映更高级别佛教神明的特定职责或集会场面的大量的绘画中，有一幅画可以作为确定此类中国早期佛教绘画标本年代的重要线索。这幅漂亮的画作所描绘的是观世音菩萨引导灵魂升天的场景[①]。这幅画构图庄重，画工典雅。画中的妇人身姿优雅，微微俯身，虔信地接受菩萨的指引，象征着她是一个虔诚的灵魂，从她的发型和服饰来看，最初人们认为这幅精美的绘画不早于唐代。然而，我在吐鲁番一座中国古墓中发现的一幅引人瞩目的绢画（详见第十七章）却推翻了上述猜想。尽管那幅绢画出土时已

---

① 画面出自《引路菩萨图》，现藏于大英博物馆。引路菩萨，也称引魂王菩萨，是观世音菩萨的一种化身。——译者注

残缺不全，但仍能看出它展示的各种世俗场景，其中妇人的发型
和服饰与引路菩萨图中代表灵魂的妇人的发型和服饰非常吻合。
那座吐鲁番古墓的年代可以追溯到公元 8 世纪初的 25 年间。由
此推断，这幅画所展现的穿搭方式属于唐初风格，而不是唐朝以
后的时期。

在描绘观世音菩萨与众侍从的大幅画作中，有一幅色彩非常
丰富的丝绢画，值得特别注意。它的绘画风格融合了中式绘画技
法、印度人物原型、伊朗和中亚影响以及藏地艺术品位。画面中
央，千手观音坐于圆盘之上，众侍从对称分列圆盘之外。单头多
臂的观音菩萨周身的背光中有许多只手，每只手掌上都画有一只
睁开的眼睛，象征着观音菩萨无所不在，眼明手快，能够并且愿
意同时拯救所有的信众。

背景上半部分的圆盘内是日光菩萨和月光菩萨，他们身后带
背光，下方的淡蓝色天空中飘落着一些造型呆板的花簇和枝丫。
背景下半部分的精致人物，依照惯例描绘的是婆薮仙人和吉祥天
女，他们坐于莲花上，做崇拜状。在他们的下方，有两个鬼怪的
形象，动感十足，头发火红，容貌怪诞。他们无疑是藏传佛教吸
纳怛特罗密教元素的结果，因而与怛特罗密教中的鬼怪相似。在
这对鬼怪之间的一方水池中，浮现出两个身穿盔甲的水神那伽，
托举起观音菩萨的圆盘。

我们在另一幅幸而保存完好的大型画作中也发现了千手观音
及其"曼陀罗①"，而且绘制手法更加精细，色彩也更加丰富。这
幅画的尺寸为 7 英尺 × 5.5 英尺。它的构图十分华美，我无法在

---

① 曼陀罗（Mandala），也称曼荼罗，意为坛城、道场，是密宗修持能量的中
心。——译者注

此详述它的全部细节。除了上面介绍的那幅画中的神灵之外，这幅画中还增加了许多对称排列的菩萨，还有印度神话中的因陀罗①和梵天②，以及明显具有湿婆教③特征的怪异神灵。底部的角落被更多神灵所占据，每一组神灵中都有一位女神。再下方是几组身着华丽服饰的四大天王像。在画作的下缘同样也有分列于火焰两旁的鬼怪形象。整幅画的技艺非常高超，丰富的用色与之相得益彰。

与这些华美的观世音菩萨画像相比，另一幅大型绘画就显得有些僵硬和朴素了：画作上部并排展示了观音菩萨的四种化身，下部是骑白象的普贤菩萨④和骑狮子的文殊菩萨。但这幅画也有其独特的价值，因为它是带有确切纪年信息的画作中最古老的一幅，画中的奉献题记表明这幅画作于唐咸通五年（公元 864 年）。另外赋予这幅画一定考古学价值的还有画面底部几位供养人及夫人们的画像，其中两位是尼姑形象，而另两位女性供养人的衣袖宽度适中且未佩戴发饰，这明显不同于公元 10 世纪画作中的女性形象，同样也不同于我们已知年代更古老的画作中的女性供养人形象。

供养人像中首屈一指的并非绘画作品，而是一幅漂亮的丝绣

---

① 因陀罗（Indra），原本为古代印度教神话中的太空、雷雨之神，进入佛教神灵系统后成为护法神，译作帝释天。——译者注
② 梵天（Brahma），原本是古印度神祇，印度教三大主神之一，进入佛教神灵系统后成为护法神，译作大梵天王。梵天是"梵"（Brahman）的神格化呈现。因循自婆罗门教时代就已形成的"梵我一如"观念，婆罗门（Brahmin）也被称为"小梵"（Brahman），大梵天王被称为"大梵"（Brahman）。——译者注
③ 湿婆教（Saivite），印度教中四个最重要的教派之一，尊崇湿婆为最高神明。——译者注
④ 普贤菩萨（Samantabhadra），象征理德、行德的菩萨。——译者注

挂画。它的高度足有 8 英尺，宽度约为 5.5 英尺。它应该只是某位匠人——确切地说是某位女工——复制的名家作品。但它以其庄重的设计、细致的工艺和精美的配色脱颖而出，成为我们收获的唐代画作中最令人印象深刻的作品之一。它展现的是释迦牟尼佛在王舍城——今日之拉杰吉尔——的灵鹫峰 ① 上开示佛法的情景，这是一个著名的佛教传说。画面中人物姿态和衣着的每一处细节都再现了印度佛教雕塑的传统风格，而整个画面的构图则充分展现出大师级的娴熟技法。

在佛祖身边成对站立着菩萨和弟子。尽管这幅绣画在悬挂时受到了损坏，但画中菩萨和弟子精美的头像仍得以保存。同样刻画精美的还有画面两侧降下的两位优雅的飞天，她们的披肩和卷云一同撑起飘扬的华盖。

特别值得关注的是，供养者及其夫人们的形象栩栩如生，服饰更是刻画逼真。男子头带尖顶且带尾饰的帽子，这种造型见于唐代之前一段时期的雕塑中。妇人们的着装同样独特，她们身穿高腰窄袖长裙，发型朴素。这显然是这幅绣画创作时代的流行着装风格，其时间肯定要早于上述那幅创作于咸通五年（公元 864 年）的画作。

在广泛且重要的佛教净土 ② 题材绘画中，许多画作都缺乏确切的纪年信息，而我们从妇人们不断变化的服饰风格中可以大致确定时代区间，由此帮助我们为此类画作断代。但在探讨这些画作

---

① 灵鹫峰（Vulture Peak），位于古印度王舍城（Rajgir）西，据佛教经典记载，为释迦牟尼佛开示佛法之地。——译者注
② 净土（Buddhist Heavens），有时也泛称为佛国，即是清净的地方，没有污染的庄严世界。斯坦因为方便西方读者理解，使用了"佛教天国"的概念，但需要注意的是，佛教中的天道仍属于六道轮回中的一道，与佛国不同。——译者注

之前，我必须简要地解释一下轮回的概念，它使得佛国对虔诚的信众产生了非常直接的吸引力。印度人从古至今一直坚信人死后会重新投胎，周而复始，这个公理一般的信念是所有佛教教义的基础。其主要目的在于告诉人们如何摆脱无休止的重生和重生后的苦难，并在涅槃中获得救赎，即要告诉人们涅槃才是最好的归宿。

但如今的中国大众似乎并不喜欢这种以个体性灭尽为目标的印度式消极人生观。中国的佛教徒不像印度人那样执着于哲学思考，而是追求安逸，他们相信作为对虔诚信徒生前善行和美德的回报，这些人的灵魂可以往生极乐世界，并在那里安享幸福，这样的幸福时光即使不是永恒的，至少也是无限长的。信徒们对往生极乐的想象颇具诗意，认为善良的灵魂会像婴儿降生般从莲花中化生。在敦煌壁画中，我们确实发现了一些描绘年轻灵魂快乐往生的画作。

大乘佛教在发展菩萨崇拜时，将菩萨作为诸佛的弟子，其中观音菩萨是阿弥陀佛（意为"无量光佛"）的弟子。诸佛分别有自己的净土，阿弥陀佛是西方极乐世界的教主，而往生极乐世界又是佛教信徒所期待和渴望的，因此在我们发现的大型丝绢画中，描绘极乐世界的画作要更为常见。

在专注于描绘该主题的画作中，有一幅值得特别关注，一方面是因为其简洁的构图使我们能够清楚地分辨出这类极乐世界主题绘画的基本特征，另一方面是因为我们有充分的理由相信它是一幅早期作品。这幅画因其强烈而和谐的色彩而引人注目，画面中央是端坐的阿弥陀佛，两旁是观世音菩萨和大势至菩萨[1]。下方

① 大势至菩萨（Bodhisattva Mhasthama/Mahasthamaprapta），阿弥陀佛的右胁侍。——译者注

端坐着两尊身形较小的菩萨。西方三圣①的背后列有 6 名佛陀的原始弟子，他们剃着光头，标志着他们是僧侣。画面上方的两侧各有一飞天飘然而下，做散花状。非常值得注意的一点是，这幅画使用了"高光"的技法来凸显肌肤的立体感。这种方法无疑源自希腊艺术，除这幅画以外，有且仅有另一幅画使用了该技法。

这幅画下方有一块用来书写还愿题记的空间，可惜并没有留下任何文字信息，不过左边的女供养人形象倒是可以证明这幅画古早的年代。画中跪坐在垫子上的妇人形象独具魅力，显然是根据真人描绘的，并且出自一位技艺高超的画师之手。妇人的面部和姿态都展现出一种十分虔敬的态度。她身穿高腰百褶裙，头发在脖子后面简单地打了一个结，这种装束反映出一种早期着装风格，与丝绣挂画中的人物装束十分相似。事实上，这种装束也见诸公元 7 世纪的一些中国浮雕作品。

这幅画中的许多特点在另一幅描绘阿弥陀佛极乐世界的大型丝绢画中也有体现：画面中，我们同样看到阿弥陀佛坐于中央的莲花上，两边是他的两位胁侍菩萨和护法。佛的莲座漂浮在湖面上，湖中还生出莲花的花蕾，包裹着即将往生的善良灵魂。画面中用于书写题记的留白处同样没有任何文字，留白处的旁侧画有一些小型跪姿人像，右侧是两位男性供养人像，左侧是一位女供养人像。这位妇人的服饰和发型与前一幅画作中精美的女供养人形象最为相似。

基于上述两幅画面设计相对简单的画作，我们便可以理解并

---

① 西方极乐世界教主阿弥陀佛、左胁侍观世音菩萨、右胁侍大势至菩萨并称西方三圣。——译者注

欣赏使用更加繁复的艺术手法展现佛教净土的画作，如其中一幅为我们描绘了药师佛 ① 的净琉璃世界。

画面中间的主尊佛坐于莲座上，做"说法印 ②"，其两侧为普贤菩萨和文殊菩萨，周围还有一些较小的护法菩萨，都身着华服，带有背光。佛的身后是 4 位剃发弟子。在画面上方的背景中，以中国画的透视法绘制了天宫，湖中的亭子里也画有许多神灵。

佛的正前方放置有一张摆满贡品的香案，两侧各有一位姿态优雅的仙女在进行供奉。在中央高台正对的平台上，一位舞者正翩翩起舞，两旁有乐师奏乐。这几乎是所有净土题材大型画作中的典型场景。不过，那些严格奉行印度佛教教义的信徒更倾向于追寻远离世俗的祝福，若是他们看到画作中描绘的一派歌舞升平，肯定会感到奇怪。画面右侧描绘了一些中式的世俗场景，意在表达佛会帮助他的信众脱离各种灾难。

另外还有一幅以药师佛为题材的绘画，画幅巨大，画面华丽。尽管它遭受了一定损坏，但其典雅的构图和精致的技法仍赋予了它特殊的价值。画面中，莲池上架起装饰华丽的露台和庭院，前来参加盛大聚会的各路神仙对称地分列其间。画面两侧还有一些不带背光的人物，其中有身披华丽铠甲的天王，也有魔鬼样貌的人物。

从中央高台伸出的大平台上同样有一名舞者在神仙乐师奏出

① 药师佛（Bhaishajyaguru），也称药师琉璃光佛或药师琉璃光如来。——译者注
② 说法印（Pose of Argumentation），佛教主要手印之一，以拇指与中指（或食指、无名指）相捻，其余各指自然舒散。——译者注

的旋律中翩然旋转。两个胖乎乎的婴儿也随着美妙的音乐旋律欢快起舞，这两个奇特的形象赋予了这幅盛宴场景以俏皮的色彩。这两名婴儿显然是重生的灵魂，正陶醉在往生净土的欢乐中。画面的前景中还有另外两名往生的灵魂，正襟危坐于莲花之上，似乎还未苏醒。其他各种有趣的细节只能在此一笔带过，比如画面两侧的重檐亭式建筑，又如顽皮地坐在栏杆上或是呈休息状的小菩萨。画面边缘颇具中式风格的场景表现了药师佛成佛前的一些故事①。

在诸佛的净土中，阿弥陀佛的西方极乐世界最受欢迎。阿弥陀佛及分坐两侧的观世音菩萨和人势至菩萨共同构成了西方三圣的惯常构图。他们下方的中间位置还有一些较小的菩萨坐像。从佛台延伸出的平台上，舞者在6名乐师奏响的乐曲中跳舞。舞者手中挥动的披肩，以及她飘逸的头巾，更加凸显出舞蹈的律动。画面一侧，新往生的灵魂乘着莲花飘向露台，准备加入神班。

我还要简单介绍两块壮观的丝绢画残片，它们来自同一幅画作，过去完好时可能曾悬挂于拱形窟龛的整面墙壁或是前室的甬道中。在这两幅丝绢画残片中，保存较好的一块即便残损，仍有足足6.5英尺高，约3.5英尺宽。两幅残片都是巨幅的拱形画面，过去两边应该还有侧翼，呈三张相连状，画中描绘的显然就是西方三圣。

其中一幅描绘的是骑白狮的文殊菩萨，一位皮肤黝黑的护法牵着他的坐骑，这个护法应该是印度人，但看起来却像黑人。围绕着文殊菩萨的豪华随行队伍由众多神灵组成，其中可以辨认出

---

① 药师佛成佛前曾发十二大愿普济苍生，但佛教典籍中并无关于药师佛前世身份的详细记载。——译者注

的有四大天王以及他们的小鬼仆从。

另一幅恢宏的丝绢画残片保存得更好，它描绘的是气势磅礴的游行队伍，画面中包含的内容相对更丰富一些。画面中，两位高贵的乐师昂首挺胸，吹奏着笛和笙。他们的身体曲线和飘动的宽大衣裳，传递出一种与画作主题非常契合的节奏感。吹笛者脸上流露出陶醉的神情，右侧乐师专注的神情同样被刻画得惟妙惟肖。

这些描绘佛教净土和神仙游行的绘画，以其精致的细节、细腻的画工和绚丽的配色，将我们带入一种神圣和平的氛围中，让我们真切地感受到画中人物轻快的动感和流动的音乐旋律。当我们带着这样的感受结束关于遥远的亚洲腹地十字路口的佛教绘画艺术标本的探讨时，我们意识到，敦煌千佛洞的密室为我们保留下这些艺术品，是多么值得感激的幸事啊。

第十五章

南山山脉中的考察

　　1907 年，当我完成在敦煌绿洲的工作时已经入夏。因此我急切地想结束在炙烤的沙漠中的考古工作，转战巍峨的南山山脉西部和中部地区进行地理探索。然而，在进入清凉的山区之前，我必须先前往敦煌以东 3 程路之遥的安西①，自甘肃和中国内地前往西域的道路在那里转向。自东汉时起，这条穿越沙漠丘陵和北山高地的道路就已成为通往中亚的交通要道。安西则一直是这条交通要道上的重要节点，但是无论是只有一条萧条街道的荒凉城池，还是城外另一处荒废村庄的断壁残垣，都找不到任何能够佐证其历史地位的证据。

　　但我成功地在城南的荒芜地带发现了古长城遗迹，玄奘当年不顾官府阻挠，秘密动身前往西域之时，一定也曾经过这里。这项大胆的行动险些让这位虔诚的旅行家丧命，当时他在北方的沙漠中迷失了方向，若不是最终抵达遥远的哈密绿洲，恐怕会干渴而死。玄奘的这段故事我在其他场合也曾讲述过。

　　我把获得的文物存放在安西那破败的衙门中，然后便向南边的大雪山进发了。刚进入荒芜的南山外围山脉，我就在两座最

---

① 安西（An-hsi），时为安西直隶州，治所在今甘肃省瓜州县。由于敦煌以西是沙漠和戈壁，前往新疆一带需向东至今瓜州县，再折向西北。——译者注

低峰之间的乔梓村 ① 附近发现了一处大型古遗址。无论是由于当地气候条件的变化，还是由于最后一个冰河时期在青藏高原最北端高峻的分水岭上留下的冰川在逐渐减少，最终的结果导致这片低矮山地变得十分干燥，自然地貌也发生了巨大变化。我们现在仍能见到一条运河遗迹，它过去曾为这座古城及周边耕地输送水源，而今这条运河已经完全干涸了，这便是环境变化的证据。

考古学证据表明，这座筑有城垣的古城一直到公元 12 世纪或公元 13 世纪都还有人居住。更显而易见的是，自此以后它的城墙长期受到风蚀影响。尽管城墙的建筑规模十分庞大，但所有朝东的墙体都已被风沙完全损毁，甚至被夷为平地，而朝南和朝北的墙体，因与盛行的东风方向平行，所以几乎没有遭受风蚀破坏。

南山山脉第二道外围山脉间，榆林河 ② 穿流而过，当我登上峡谷的岩壁后，我看到一片壮美的佛教石窟寺，这里被称为"万佛峡 ③"，至今仍然是一处朝圣之地。从这些石窟寺的特征和时代来看，它们与敦煌千佛洞有着紧密的联系，尽管在数量上要比后者少很多。这些石窟中同样留下了精美的壁画，展现了唐时中国内地所盛行的佛教绘画艺术风格。

疏勒河以西，冰川覆盖的群峰能够俯瞰南山荒凉且布满碎石的山地，在完成对该区域的调查后，我们穿越了一片迄今尚未被探索过的山区，虽然当时正值一年中的好时节，但缺水仍是一

---

① 据英文"Chiao-tzu"回译，确切地点和名称难以考证。——译者注
② 榆林河（Stream of Ta-hsi），也称踏实河，疏勒河的支流，流经榆林窟。——译者注
③ 万佛峡（Wan-fu-hsia/Valley of the Ten Thousand Buddhas），即榆林窟，位于今酒泉市瓜州县。——译者注

个需要面对的严峻问题。穿过这片山区，我们便抵达了现存长城体系中著名的嘉峪关。数百年来，来自中亚的旅行者都把雄伟的嘉峪关关城视作进入中国内地的标志。事实上，所有书籍和地图——无论是欧洲的还是中国的——都认为从肃州绿洲最西端蜿蜒而过，直抵南山脚下的那道墙体，便是护卫甘肃北部边塞地区的古长城的终点。但鉴于我在敦煌的沙漠中也发现了边塞长城，而且一直延伸到安西甚至更东的地方，长城自古以来便以嘉峪关为终点的说法显然就站不住脚了。

　　我在第三次西域探险期间，成功找到了从嘉峪关接续延伸的古代长城遗迹，它穿过沙漠，伸向肃州以北约50英里处的额济纳河。这就解释了上述问题。自西汉开始，随着汉朝的势力范围向西拓展，需要维护进入塔里木盆地的交通要道，因此这一时期修建长城的目的在于保护南山北麓的一连串绿洲。而今旅人们所经过的嘉峪关旁边那道坍圮的夯土墙则已被证实建造于明朝[①]。而它的建造目的却与汉长城的建造目的完全相反，当时的中国重新走向封闭，嘉峪关明长城的修建是为了扼守通往中亚的交通要道。

　　肃州是"入关"后的第一座城镇，我在这里克服了巨大困难进行准备，才终于在7月底开始向南山中部进发。地方官府十分害怕党项强盗袭扰，管控措施严格，因此在这里征集必需的运输工具成了一项艰巨的任务。在甘肃各个绿洲定居的中国人通常对群山心怀恐惧，因为山地深处对他们来说是一片未知区域。所以

---

① 原文为"中世纪晚期"，即公元14至15世纪，对应明朝早期。——译者注

我们雇请的向导只同意引路到李希霍芬山①和托来山②之间宽阔的高山谷地为止。我们在海拔约 13000 英尺高的地方发现了金矿，开采者是来自青藏高原东北缘的西宁一带的冒险分子。

离开这些淘金者的户外营地后，一路上荒无人烟，直到我们在 8 月末抵达甘州南部的山谷时，才看到一顶小帐篷，一群操着突厥语族语言的游牧民正在山间草场放牧。所幸，南山向着哈拉湖和青海湖周边高地伸出的 4 道高大山脉特征鲜明，可作为参照物，因此一路上也不太需要向导。在海拔 11000 至 13000 英尺之间的地方，肥沃的牧草随处可见，这对我们辛苦劳累的牲口来说可谓是一大福音。拥有如此丰饶草场的开阔谷地在古代肯定对月氏人（迁徙后被归为印度 - 斯基泰人）和匈奴人等游牧部落极具吸引力。

但是，几乎每日都有倾泻而下的冷雨和雨夹雪，高山谷地尽头乃至太平洋流域宽阔的分水岭台地上还有大面积沼泽，这般恶劣的自然环境给我们的考察活动带来了巨大挑战。由于我们所雇用的驮夫畏惧恶劣的自然环境——我姑且礼貌地称之为心理层面根深蒂固的对冒险的厌恶情绪，导致他们帮不上什么忙，这又极大地增加了我们的困难。他们一次又一次有组织地尝试逃跑，险些将我们置于没有交通工具可用的境地，所幸他们的企图被我们及时发现并制止，因而没有影响我们的行程计划。

我们在 8 月完成了对南山中部最北端三条山脉的踏勘及测绘工作，累计行程超过 400 英里。这三条山脉位于肃州和甘州之间，

---

① 李希霍芬山（Richthofen range），欧洲学者将甘州（张掖）到肃州（酒泉）之间的一段祁连山称为李希霍芬山。——译者注
② 托来山（Tolai-shan），祁连山的一条支脉。——译者注

尽是海拔高达 18000 至 19000 英尺的雪峰。在考察过程中，我们
追溯到了疏勒河及所有绿洲河流源头的冰川。一道积雪覆盖的雄
伟山脉作为分水岭，将疏勒河上游与哈拉湖和青海湖流域分隔开
来，我们沿着这道山脉的北坡进行了勘测，结果证明不论是单座
山峰的高度（超过 20000 英尺）还是山脊线的高度都在北侧几道
山脉之上。

疏勒河源头地处海拔约 13000 英尺的宽阔山地盆地，我们从
这里出发，穿过了布满沼泽的高地，到达了大通河①的上游源头，
这里是太平洋流域的边缘。然后，我们又重新回到甘州河的河谷
上游地带，取道山间的高海拔小路，最终翻过李希霍芬山，到达
了甘州城。在安西和甘州之间，我们使用平板仪测绘了总面积近
24000 平方英里的山区。

7 年后的 1914 年夏天，我在第三次西域考察期间再次来到甘
州城，马可·波罗当年也曾在此停留，这座大城自那时起便已是
南山脚下广袤绿洲的中心。这次我计划以甘州为基地，在南山中
部开展新的勘测。本次勘测的目标是要在疏勒河和肃州河源头附
近高山地带测绘成果的基础上拓展工作范围，对更东侧的甘州河
源头的高山进行补测。

对甘肃西北部特定区域进行补充测绘是为了配合我们在额济
纳河流域的工作，有关在额济纳河流域的工作内容我将在下一章
详述。由于甘肃西北该地区的所有河流都注入一个完全封闭的盆
地中，就其总体地貌特征而言，不像中国内地，反倒更像中亚地
区。根据之前的经验，我知道当地中国人不愿意冒险深入这些山

---

① 大通河（Ta-t'ung river），黄河水系湟水的支流，发源于祁连山。——译
者注

区并且会由此带来交通运输方面的困难，因此我预先有所准备。幸运的是，我在1907年到访肃州时曾经帮助过我的中国旧友——可敬的蔡将军此时正镇守甘州。多亏他的及时帮助，我们才得以在7月的第一周向山区进发。

在最初的几程路途中，我看到了马蹄寺①古老的佛教石窟群和其他有趣的佛教遗存，其中包括位于南山脚下美丽的小镇南口城②中的寺庙，庙中精美的大型佛教铜像神奇地躲过了东干人的破坏。至此，我们来到了一条具有明显地理学意义的分界线附近。分界线以西，无论是在平原还是在山脚下，只有通过灌溉才能进行农业耕种，而我们现在来到的大片台地和冲积扇，只靠降雨便足以维持土地肥力。气候条件的明显变化表明这里已接近于太平洋流域的分水岭，东侧山谷的水最终将汇入中国内地的河流。东干人的叛乱对交通干道沿线造成了各种破坏，与之形成鲜明对比的是，在这些苍翠的山麓地带仍有典型的中式建筑幸免于难，着实令人欣喜。

我们沿着通往西宁的路线，穿过风景如画的峡谷，爬上鄂博山口，眼前出现了一片宽阔的山谷，此地海拔逾11000英尺，甘州河最东边的支流汇集于此。我们从这里转向西行，在穿越党项牧民和养马人夏季经常光顾的高山草场时，我遭遇了一场严重的坠马事故，险些导致我的旅程彻底终止于此。当时我的巴达赫尚山种马忽然腾跃起来，接着失去平衡后仰着地，将我压在下面，

---

① 马蹄寺（Ma-ti-ssu），位于今张掖市肃南裕固族自治县，开凿于十六国时期的石窟群。——译者注

② 南口城（Nan-kou-ch'êng），位于今甘肃张掖市民乐县新庄以北，旧城已不存。——译者注

导致我的左侧大腿肌肉严重受伤。此后，我在帐中卧床修养了两周，饱受疼痛折磨，后来才借助简易拐杖站起来。所幸我已经安排了我的印度助手拉伊·巴哈杜尔·拉尔·辛格继续按计划完成地形测绘任务。经过他的不懈努力，我这位可靠的旅伴圆满完成了南山地区的补测工作，其测量范围几乎与1907年的测量范围一样大。与此同时，由于我被压伤的腿仍然伤势严重，我最后不得已让人用轿子把自己抬回了甘州。

1914年8月的第三周，我在腿伤未愈的情况下开始了谋划已久的穿越北山戈壁沙漠的旅程。这段旅程的终点是新疆北部地区，我将在那里继续秋冬季节的工作。我所选择的路线此前从未有其他欧洲旅行者走过。这意味着我将探索一片全新的沙漠地区。进入这片沙漠地区前先要经过毛目绿洲①，甘州河与肃州河在此交汇，形成了蒙古人所说的额济纳河。额济纳河宽阔的河床一年中大部分的时间都是干涸的，所有发源自南山中部的溪流在注入额济纳河后向北流淌，最后消失在一个封闭的盆地中，就像塔里木河最终消失在罗布泊中一样。

---

① 毛目绿洲（Oasis of Mao-mei），位于今内蒙古自治区阿拉善盟的巴丹吉林沙漠带上。——译者注

第十六章

从额济纳河到天山

我在前面章节中曾简单提及，在结束对肃州北部古长城的考察后，我于 1914 年春季抵达了额济纳河流域。这里地处蒙古高原的最南端，不论是地理方面还是历史方面都与罗布盆地十分相似，因而引起了我的浓厚兴趣。这片广阔的地域曾先后被大月氏和匈奴所控制，前者是早期控制甘肃的游牧民族，南迁后被归为印度－斯基泰人，后者在不断西迁的过程中深刻地影响了中亚、欧洲和印度的历史。南山北麓山脚下的一连串绿洲是连接中国内地、塔里木盆地和中亚腹地的天然通道，而额济纳河谷地水草茂盛的优渥自然条件则为来自蒙古干草原的游牧民族侵扰和进犯这条天然通道提供了便利。

1914 年 5 月初，我从肃州出发，沿北大河 ① 向其下游行进，一路走到金塔绿洲 ②，然后寻着中国古长城的遗迹，绕过北山最东南端荒芜多石的山坡，到达毛目绿洲。毛目绿洲位于肃州河和甘州河交汇地带，即介于两河交汇处到两河合流始称额济纳河处之间。这片可耕作的狭长绿洲以北，古长城的墙体和烽燧逐渐贴近

---

① 北大河（Pei-ta-ho），也称讨赖河，是额济纳河水系的一条支流。——译者注

② 金塔绿洲（Oasis of Chin-t'a），位于今甘肃省酒泉市。——译者注

宽阔河床的左岸。显然，这道古长城遗迹应该会继续向额济纳河
以东的沙漠中延续而去。但当我们于 6 月份从额济纳河三角洲返
回时，夏季炎热的天气已经不允许我们在那片没有水源的区域中
继续找寻古长城的遗迹了。

中原王朝首次占据南山以北地带后修筑了古代边境防线，从
这里截断了蒙古干草原入侵者的路线。我们在河的两岸均发现了
年代古老、规模宏大的堡垒遗址，毫无疑问，它们的作用就是扼
守门户，抵御外敌入侵。其中一座用夯土建造的堡垒非常坚固，
其形制与我 7 年前在敦煌西部沙漠中的古长城沿线发现的古代前
线驿站玉门关十分相似。

我们从最后一处偏远的汉族定居点出发，继续沿额济纳河向
下游行进，发现沙质的河床有近 1 英里宽，但当时河床中却一滴
水都没有。只有在极少数情况下，才能从河岸边的深井中打出些
水。在毛目绿洲下游约 90 英里的地方，河水流经从北山延伸出
来的低矮多石的余脉，随后形成一片向北绵延 110 英里的河流三
角洲，最后注入一系列咸水湖和沼泽。

眼前此番景象是由连续枯水期的影响导致的，我们据此猜
测，库鲁克达里亚彻底干涸前的楼兰三角洲可能也是类似的面
貌。河床旁边有狭窄的丛林带，由于河床干涸已久，很多野杨树
已经枯死或是濒临枯死。几道河床之间宽阔的地面上，只有一些
稀疏的灌木丛，其他地方寸草不生。难怪散居在额济纳河三角洲
地带的两百多户土尔扈特①牧人会向我们抱怨因牧草不足所导致
的困难越来越多。不过，尽管这片辽阔的河流地带资源有限，但

———————————
① 土尔扈特部（Torgut Mongol），清时的卫拉特蒙古四部之一。——译者注

对于那些从北方蒙古腹地长途跋涉前往甘肃各个绿洲的军队和商人来说，这里无疑一直是途中很重要的一站。我们在旅程中不时遇到一系列时代晚近的烽燧，说明这条通往蒙古的路线在明朝 ①时也依然被使用和守护着。

当我开始考察黑城遗址 ②时，这里与楼兰三角洲的相似程度给我留下了更加深刻的印象。黑城遗址由著名的俄国探险家科兹洛夫上校于 1908 至 1909 年间首次发现。我深信这里就是马可·波罗所说的亦集乃城。根据这位伟大的威尼斯旅行家在其著作中的描述，我们得知这座城距离甘州有 12 天的骑马路程，它"位于北部的沙漠边缘；由党项人管辖 ③"。所有前往蒙古帝国旧都哈拉和林 ④的旅行者都必须在此停留，准备粮草，以便穿越那片"北行 40 日既无人烟也无水草的大沙漠"。

马可·波罗描述的地点与我们所发现的城址位置一致，在遗址发掘出土的文物也证实了这里就是黑城遗址。相传大约在公元1226 年成吉思汗和他率领的蒙古兵首次由此攻入甘肃时，这座设防城遭受了巨大破坏，但考古学证据表明，该城一直沿用到马可·波罗时代，城内的部分区域甚至到公元 15 世纪仍有人居住。之所以这样是因为这里曾作为区域的农业中心，我们在东部和东

① 原文为"中世纪晚期"，即公元 14 至 15 世纪，对应明朝中早期。——译者注
② 黑城遗址（Khara-khoto/Black Town），也称黑水城、亦集乃城、亦即纳城，位于今内蒙古自治区额济纳旗，是西夏和元朝时期的边防要塞和驿站。——译者注
③ 时属甘肃行省河西陇北道亦集乃路，原属西夏，党项人聚居地。——译者注
④ 哈拉和林（Kara-Korum），简称和林，忽必烈迁都大都前的蒙古帝国首都。原文中写作"Kara-koram"，系原作者笔误，"Kara-koram"指的是喀喇昆仑山脉，与前后文不符。——译者注

北部的沙漠中也发现了大量同类遗址。但是，这座古城最繁荣的时期还当属从公元 11 世纪初到蒙古人入主之前的西夏党项人统治时期。

蒙古人入主中原后，来自南方的藏传佛教影响力与日俱增，黑城内外荒废的土地上在这一时期建起了许多佛寺和窣堵坡。已故的科兹洛夫上校便是在其中一处佛寺遗址中发现了很多重要的佛教文献及绘画。但当我对这处佛寺遗址和其他遗址开展系统性考古发掘后，我马上意识到这里仍保存着丰富的考古埋藏。

仔细清理掉覆盖在窣堵坡基座和寺庙内殿遗址上的建筑残骸后，我们发现了大量藏文和尚未破译的西夏文佛经，既有手抄本也有雕版印刷本，此外还发现了许多有趣的灰泥或黏土浮雕以及壁画。在城中巨大的垃圾堆里，我们发现了使用汉文、西夏文、回鹘文和突厥文等各种文字书写的大量纸质文书。其中最值得一提的便是马可·波罗的资助人——蒙古大汗忽必烈于 1260 年发行的宝钞。我们还在风蚀严重的地面上发现了大量精美的釉面陶器、石质和金属装饰品，以及其他文物。

充分的证据表明，黑城最终被放弃的原因是灌溉水源不足。靠近古城遗址的河床已经干涸，夏季洪水时节水流能够到达的最近一条支流也在遗址以西约 7 英里处。将水引向东边废弃农田的古代灌溉渠距离水源就更远了。我们现在不能确定灌溉问题出现的原因到底是额济纳河水量减少，还是灌溉渠渠首处出现了难以应对的河道变迁。无论如何，似乎我们都有充分的理由相信，现在夏季几个月内到达三角洲的水量已经不足以保证曾经的耕地得到充分灌溉。即使是河流上游 150 多英里处的毛目绿洲，即使那里的环境条件更适宜维系灌溉，也在过去数年间出现了季节性供水不足的问题。因此大片曾经的耕地被废弃。

当我在黑城遗址忙于发掘的同时，拉伊·巴哈杜尔·拉尔·辛格已经完成了额济纳河沿线一直到其终端盆地的勘测工作。河流三角洲的尽头是两个湖床，彼此相距不远，但却隔着一片砾石高地。额济纳河分叉状的终点令我很感兴趣，因为我在敦煌西部沙漠中看到的疏勒河终点也是这种形态。这两处湖泊中，东边的一处已经很长一段时间没有河水流入了，因此湖水变成了咸水，而另一处虽然也是封闭湖泊，但目前额济纳河主要支流的河水仍会注入该湖，因此湖水是淡水。

6月中旬，迅速攀升的气温迫使我们停下手上的工作，返回甘州。我们选择了毛目绿洲正南方向的一条沙漠路线，到达甘州后便遣人将辛劳的骆驼送去东北方蒙古国境内的公果尔旗山区 ① 避暑消夏。8月末我们从南山返回甘州时才与骆驼们重新会合，而我当时正受到上一章提到的坠马事故影响，无法正常行走。

1914年9月2日，我们从毛目绿洲出发，自东南向西北穿越占据了广阔沙漠地带的北山山脉。我们所走的这500英里左右的路程此前从未有人勘测过。我知道只有在作为交通要冲的明水 ② 古城才可能见到此前俄国旅行家到访的足迹。在确保安全的情况下，我们兵分两路前进，以扩大测绘区域的范围。由于我仍然无法行走，也承受不了骑马的颠簸，于是不得不乘坐一个简易的马轿，这导致我在指挥队伍前进时面临诸多不便。

在毛目，我只雇请到两名向导，他们都是汉族人，自称曾与

---

① 据原文"Kongurche hills"音译。——译者注
② 明水（Ming-shui），位于今新疆维吾尔自治区与甘肃省交界的西北角。——译者注

商队前往过天山北麓的镇西①地区。但他们两人对于沿途各地的了解，即使加在一起，也完全不能胜任向导的工作，以至于路程还未过半我们就迷失了方向。因此，我们不得不主要依靠其他商队留下的隐约可见的痕迹来辨认方向，但这些痕迹时常偏离罗盘指示的方向。沿途的泉水和水井本就不多，如此一来更是极大地增加了寻找水源的难度，而想要穿越这片由光秃秃的石山和布满碎石的山谷构成的荒凉地区，没有水是不行的。水源和牧草的缺乏更意味着我们以目前这种摸索的方式行进充满风险。在 28 程的路途中，我们只遇到了一处较小的蒙古族营地，而且他们也无法为我们提供引导。

最终，在经过明水后，天山最东边的余脉哈尔里克山②便出现在我们的西北方，这座高峻的雪山能够为我们指引大致的方向。然而，当下我们必须翻越横亘在眼前的最后一道荒凉的山脉，由于缺少水源，加之山谷崎岖难行，这对于我们来说仍是严峻挑战。远离水源和草场的山谷狭窄曲折，我们的骆驼和小马时常因为害怕而停滞不前，但当我们成功穿过这道山脉后，便可以俯瞰准噶尔盆地一侧布满砾石的山坡，极目远眺还能看到一个小黑点，那应该是有植被的地方，这样的景色令人感到安心。那个小黑点就是我这一路的目标——拜村③，经过 4 个星期的连续跋涉，我们最终没有损失一头牲畜就平安抵达那里，这令我倍感欣慰。

---

① 镇西（Barkul/Balikul/Barkol），位于今新疆维吾尔自治区哈密市巴里坤哈萨克自治县，因巴里坤湖（虎湖）而得名，时称镇西县。——译者注
② 哈尔里克山（Karlik-tagh），位于今新疆维吾尔自治区哈密市东北部。——译者注
③ 拜村（Village of Bai），据英语音译，具体位置和对应汉语不可考，推测位于今新疆维吾尔自治区哈密市伊吾县与巴里坤哈萨克自治县之间。——译者注

虽然从甘州至此的这条新路线颇为荒凉，但我们对沿途广阔的区域进行了大面积的精确勘测，所获有价值的地理信息也算是对遭受磨难的补偿。

到了 10 月，初雪已至，我们沿天山山脉东段北麓快马加鞭地赶往镇西和奇台①地区。我对于这段旅程沿途的地形地貌已经有所了解，这是兴趣使然，因为历史上诸如大月氏人（印度－斯基泰人）、匈奴人、嚈哒人②、突厥人和蒙古人等游牧民族向西迁徙时都曾先后经过该地区。准噶尔山谷和高地的气候远没有塔里木盆地的气候那么干燥。因此这一带的许多地方都有优良牧场，并且在中亚历史上发挥过重要作用。

在古代，这里曾一次次作为游牧民族的临时家园。因为塔里木盆地中干旱的平原根本不足以养活这些游牧部落的畜群。但是占据了这里，他们就可以随时翻越天山进行突袭，并要求绿洲的居民缴纳贡品。途中我看到了许多信奉伊斯兰教的哈萨克人的帐篷，他们是说突厥语的吉尔吉斯人③，当外蒙古（在俄国的主导下）独立后，他们被蒙古人驱赶着向南迁徙，来到此地寻求中国政府的庇护，我仿佛从中依稀看到了历史上部落大迁徙的影子，这对我来说是一项非常有趣的观察。同样有趣的现象是，我注意到中国政府为防止引发巨大的移民潮流，采取了审慎的措施，尽可能地限制这些外来族群的大规模迁徙。

---

① 奇台县（Guchen/Guqung/Gucheng/Qitai/Kitai），维语称"古城"，今新疆维吾尔自治区昌吉回族自治州奇台县。——译者注
② 嚈哒人（Hephthalites），公元 5 至 7 世纪活跃在西域地区的游牧民族。——译者注
③ 沙俄在控制中亚后，使用"吉尔吉斯人"来称呼哈萨克人，虽然这种误称已在 1926 年被纠正，但其影响依然延续。——译者注

当我们到达镇西时，冬天已经来临，我们借宿在当地最古老的寺庙里，在经历了北山的风雪之后，能够得此庇护着实令人欣慰，而且我还在庙里发现了一通汉代的重要碑刻。然后，我们途经中蒙商贸中心奇台，进而考察并勘测了孚远县^①附近的遗址，它们是该地区的古代治所遗址，面积很大，但损毁严重。在中国治理中亚的历史时期中，该地区常以"金满"和"北庭"的名字见诸史料记载^②。在很久以前，准噶尔盆地的这一地区就已经与南部吐鲁番盆地的重要绿洲产生了经济和政治上的密切联系。

由于要在冬季到吐鲁番开展工作，我选择了一条迄今为止还没有人勘察过的最短路线前往那里，而我也很庆幸自己的选择。顺着这条路线，我们穿越了天山山脉中崎岖的山路，翻越了海拔近12000英尺的山口，沿途看到很多雪峰。这次的行程再次证明了中国早期古代文献中对于路线记载的准确性。同时，我也深刻感受到天山两侧气候条件的巨大差异。

准噶尔盆地一侧山坡的高处有一片壮观的针叶林带，低处则是大片的草场，而另一边的南坡却只有一道道布满大块岩石和碎石的荒芜山谷。这令我们对于极其低洼的吐鲁番盆地^③中干燥的气候有了心理准备，那里只有依靠灌溉，植物才能生长，人类文明才能存续。

---

① 孚远县（Jimasa/Jimsar），今新疆维吾尔自治区昌吉回族自治州吉木萨尔县，时称孚远县。——译者注
② 在东汉金满城（Chin-man）、魏晋时期的于赖城、隋末唐初的可汗浮图城的基础上，唐时设庭州、北庭都护府（Pei-ting）。现为北庭故城遗址。——译者注
③ 吐鲁番盆地中的艾丁湖是已知的中国陆地最低点，海拔 -154.31 米，因此作者特意强调了吐鲁番盆地之深。——译者注

第十七章

考察吐鲁番的遗迹

1914 年 11 月的第一个星期，自离开额济纳河流域后分头考察的几支小队终于在哈拉和卓 [①] 安全会合，这里是吐鲁番盆地中心的一个重要绿洲。出于考古学和地理学的综合考虑，我选择了这处面积虽小，但在经济和历史上都很重要的区域作为那年冬天调查的主要区域和根据地。就自然特性而言，我之所以对吐鲁番盆地特别感兴趣，是因为它在有限的地貌区域内集中展现了与之相邻的广阔的塔里木盆地所具备的所有特征。除此以外，吐鲁番盆地中的河流终端盐湖还是全球陆地上海拔最低的洼地之一。因此，在时间允许的条件下，我必然会对这一地区进行尽可能大规模的详细调查。我将在这里简述相关成果。

闭塞的吐鲁番盆地被南北两道山脉夹在中间，北面是天山山脉白雪皑皑的博格达峰 [②]，南面是荒芜的库鲁克塔格。沿库鲁克塔格山脚分布着一条最深处海拔接近 –1000 英尺的断层槽，这是吐鲁番盆地最令人惊叹的地质构造。由于这里大部分的盐湖和沼泽

---

① 哈拉和卓（Kara-khoja），原为一位古代大将的名字，他死后，人们称其生前驻地为"哈拉和卓"，即今新疆维吾尔自治区吐鲁番市高昌区二堡乡。——译者注

② 博格达峰（Bogdo-ula），天山山脉东段的高峰。——译者注

已经干涸，它一定程度上就像是微缩版的罗布泊湖床。北部高山的荒坡向下延伸形成一道宽阔的斜面，上面布满砾石，与和田东部的昆仑山地形颇为相似。斜面下方隆起一连串荒芜的山丘，它们与山脚下的断层槽一样是由于地层错位而形成的。这一串山丘表面裸露的砂岩和砾岩呈火红色，因此在汉语中被称为"火焰山"。

吐鲁番盆地中的绿洲完全依靠从地质断层沿线的山脉获得水源。这些水源被充分用于灌溉，从而生产出丰富的农产品。神奇的是，这些灌溉用水大部分并非直接取自天山山脉高处冰雪融水形成的地表径流，而是借助设计精妙的"坎儿井①"系统，即地下水井和水渠，将山脉中的地下水开采出来，从而满足灌溉所需。吐鲁番盆地气候极其干燥，同时由于海拔低，一年中大部分时间的气温都非常高。得益于这种温暖的气候，加上泉水和坎儿井所提供的稳定水源保障，吐鲁番盆地的绿洲每年可以收获两季。在这种良好的灌溉条件下，土壤的肥力很好，因此小麦、水果和棉花都有很高的产量。

如今的吐鲁番贸易繁荣，透过历史记载和大量古遗址也可以看出，吐鲁番在古代积累了大量财富。考虑到吐鲁番地区的可耕种土地面积有限，它能够形成这样的局面不仅依靠有利的农业条件，还得益于大自然为它提供了与天山北部地区交流和贸易的便利。天山北部气候湿润，有充足的草场，因而可以产出吐鲁番所缺乏的牲畜、羊毛等资源。而博格达峰东西两个方向上的山口全年都可通行，有利于贸易交流。

---

① 坎儿井（Karezes），一种沙漠地区特有的灌溉系统。——译者注

　　吐鲁番盆地与现今迪化和奇台之间的区域存在相互依存的关系，这一点在该地区的政治历史上也有所反映。在汉唐时期，无论是中原王朝所控制的车师前国还是北方的匈奴和突厥部落所控制的车师后国[①]，它们的政治命运总是紧密相连。公元 8 世纪末，唐朝在中亚的影响力衰落并失去对该地区的控制后，博格达峰南北地区的命运际遇仍未有大变。公元 790 年，车师后国故都所在地北庭被吐蕃和突厥部族联合攻破，结束了各方对该地区的争夺。

　　公元 9 世纪中叶，突厥部族中的回鹘人击溃了吐蕃人在中国西北边陲的势力，并在西域大部分地区建立了自己的统治，吐鲁番及其以北地区在此后数个世纪中成为回鹘可汗的牙帐[②]所在地。与其他中亚突厥部族相比，作为游牧民族的回鹘人表现出对文明生活更强的适应能力和向往。回鹘可汗在夏季相当长的时间里居住在山脉北麓，这是他们所习惯的传统生活方式，与此同时，他们也能借助肥沃的吐鲁番绿洲的定居民获取物质资源和知识，巩固自己的权力并享受掌权的快乐。

　　回鹘人对吐鲁番的统治一直持续到公元 13 世纪初期蒙古人征服此地，而文化方面即使在此后的一段时期也没有发生本质变化。宋太宗太平兴国七年（公元 982 年），北宋使臣王延德出使高昌回鹘后留下了颇为有趣记载，他笔下的吐鲁番是一派繁荣景象，建有大量佛教寺院，有来自波斯的摩尼教僧人，当地的回鹘

---

①　车师国，又称姑师，西域古国，曾联合匈奴对抗汉朝，后归降汉朝。因汉朝和匈奴分别立军宿和兜莫为车师王，车师国一分为二，车师前国（Cismontane Chu-shih）位于博格达峰南麓（今吐鲁番），车师后国（Trans-montane Chu-shih）位于博格达峰北麓（今吉木萨尔）。——译者注
②　指中国古代西、北方部分游牧少数民族的都城。——译者注

人聪明能干。然而他发现，统治者仍然热衷于传统的游牧生活，每年都会前往天山北麓居住。尽管在蒙古人的统治下，高昌回鹘首领皈依伊斯兰教，但至迟到公元 1420 年苏丹沙哈鲁[①]的使团在前往中国内地的途中经过吐鲁番时，佛教仍在这里盛行。

佛教信仰在吐鲁番地区长期存续，加之回鹘人的稳定统治让吐鲁番免于战火，该地区伊斯兰化之前的许多文明遗迹，包括宗教、文学和艺术作品，在四五百年间得到了相对较好的保护。同时，鉴于吐鲁番盆地在特殊地理条件下采取的灌溉方式，历史上吐鲁番的耕地面积并没有发生明显变化。因此，吐鲁番与尼雅河尽头的沙漠遗址或是楼兰遗址不同，后者自废弃后便不再有人居住，并且也难以进入，从而为我们保存下一定时间范围内古人日常生活的原貌；而吐鲁番既保留了古代遗迹，又未曾遭受破坏或废弃，这也就解释了为什么吐鲁番盆地伊斯兰化之前的大量遗址几乎都位于如今的耕作区域内，或者毗邻仍有人居住的城镇和村庄。

此地佛教时期的丰富遗迹既引人注目又容易到达，自然吸引了 19 世纪末到访此地的俄国旅行家的关注。随后，来自俄国、德国和日本的探险队陆续在此进行了大规模考古工作。其中，两位杰出的德国学者——格伦威德尔[②]教授和冯·勒科克[③]教授在 1902 年至 1907 年间进行的考古工作成果尤其丰硕。不过，我在

---

① 苏丹沙哈鲁（Sultan Shah Rukh，1377—1447），帖木儿帝国苏丹，曾向中国遣使。——译者注
② 阿尔贝特·格伦威德尔（Albert Grünwedel，1856—1935），德国考古学家、探险家。——译者注
③ 阿尔贝特·冯·勒科克（Albert Von Le Coq，1860—1930），德国考古学家、探险家。——译者注

1907 年的短暂考察中发现，吐鲁番的这些遗址中仍有未被发掘的古代遗存。

因此，我欣然将吐鲁番作为我们接下来这个冬季开展考古调查和地理勘测工作的基地和主要区域。我将跃跃欲试的拉伊·巴哈杜尔·拉尔·辛格派去勘测库鲁克塔格尚未完全探索过的广袤沙漠地区，派遣另一位测量员对吐鲁番盆地进行详细勘测。我则带领剩下的两名印度助手着手开展考古工作，并且一口气忙碌了三个半月的时间。

我们的发掘工作从毗邻哈拉和卓村的亦都护城遗址——也称达吉亚努斯城遗址——开始①。我们早已确认这里就是唐朝以及后来的回鹘政权统治下的吐鲁番首府高昌故城遗址，古突厥语称之为火州。厚重的夯土城墙围合出一片面积约 1 英里见方的不规则区域，里面有许多建筑遗址，它们也全部使用土坯砖或者夯土建造而成。这是由于吐鲁番除果树外的其他树木很少，木材资源十分有限。城中建筑大多是佛教寺庙和寺院，其中不少规模相当宏伟。在过去，附近村庄中的耕种者为了改善土地肥力，不时从遍布废墟的城中取土，还有许多小型建筑遗址干脆被铲平，开垦成耕地。

自从柏林民族博物馆的格伦威德尔教授和已故的勒科克教授先后在此开展成果丰硕的考古发掘工作之后，当地村民也开始留意搜寻遗址中的古代文书和其他文物，将它们出售给欧洲旅行者和居住在迪化的欧洲人，有时也卖给中国收藏家，由此加剧了对遗址的破坏。村民手中的这类文物数量不少。但我更乐于探索遗

---

① 亦都护城（Idikut-shahri）、达吉亚努斯城（Dakianus' Town）、火州（Khocho）均指高昌回鹘国都城（Site of Kao-chang）。——译者注

址中一些未经扰动的深层堆积物。通过对这些地层的系统清理，我收获了许多体量不大但颇具价值的文物遗存，如壁画残片、绘有图案的纸张和布匹残片、体现吐鲁番佛教艺术的灰泥浮雕，以及带纹饰的纺织品残片。此外还发现了回鹘文、藏文、汉文，以及摩尼教徒使用变体叙利亚文书写的文书残片。

由于该遗址历史上长期延续使用，因此我们很难知晓这些出土物的确切年代。对于断代工作比较有帮助的是一大批保存完好的金属器窖藏，包括带纹饰的铜镜、各种装饰品、家用器皿等，与这些金属制品一同出土的还有大量中国钱币，由此可以大致推断出它们的年代应为宋朝。这批窖藏出土于一座古墓，墓室穹顶结构应该在公元12世纪初人们藏匿这批器物时就已经部分损毁了。

我快速调查了吐鲁番盆地东部的一些小型遗址，包括那处被称为"斯尔克普塔 ①"的单体佛寺遗址，此后便转而调查吐峪沟村 ② 风景如画的峡谷高处的遗址。那里有许多以前的佛教徒和其他教徒使用过的石窟，它们就像蜂窝一样密布在风蚀严重的山崖峭壁上，山崖下方是一条小溪，浇灌着以葡萄和葡萄干而闻名和繁荣的小绿洲。在山坡不那么陡峭的地方，人们修筑起狭窄的台地，上面至今留存有小型佛寺和僧房遗址。德国第二次到访吐鲁番的探险队在其中最上层的台地发现过重要的古代文书。

当地居民在利益驱使下，也模仿德国探险队的方式在此搜寻

① 斯尔克普塔（Tower of Sirkip），现已塌毁，据记载其形制及年代与同处吐鲁番的台藏塔（Taizang Tower）相同。——译者注
② 吐峪沟村（Village of Toyuk），位于今新疆维吾尔自治区吐鲁番市鄯善县。——译者注

文物和"宝藏"，使得此前保存相对完好的遗址遭受到巨大破坏。不过，我们在下层台地找到了废墟残骸堆积下保存较好的遗迹，并且雇用大量劳工顺利完成了对遗址的清理。我之前在远离居民区和水源的沙漠遗址进行发掘时早已对各种困难习以为常，相比之下吐鲁番遗址的工作条件简直是小巫见大巫。最终，我们在吐峪沟发现了大量精美的壁画和灰泥浮雕残片，出土的汉文和回鹘文古代文书残件也不在少数。

12月中旬，我从吐峪沟出发，前往木头沟村脚下的重要遗址柏孜克里克①。木头沟中有一条溪流，穿过可以俯瞰吐鲁番盆地的贫瘠山脉中狭长的峡谷，流向哈拉和卓绿洲，柏孜克里克遗址就位于溪流西岸陡峭的砾岩台地上。那里有大量废弃的石窟寺，部分开凿于岩石中，墙壁上装饰有回鹘时期的蛋彩画，表现了佛教传说和崇拜场景，风格和主题十分多样。这些壁画的数量和艺术价值远超吐鲁番地区的其他同类遗迹，不禁让人联想起敦煌千佛洞的壁画作品。1906年，格伦威德尔教授以其对佛教形象和佛教艺术的深入了解，仔细研究了这些精美的壁画，并将精心挑选的一批壁画切割下来运往柏林，已故的勒科克教授此前也已经切割并运走了一套保存完好的壁画。

几个世纪以来，这些壁画一直受到人们的随意破坏。近年来，当地人刻意将壁画切割成小块并出售给欧洲人，加剧了对壁画的破坏。这些壁画未来遭受进一步破坏的风险依然很高。因此，在现有条件下，只有仔细地系统性揭取这些壁画，才能尽可能多地保存这些富于中亚佛教绘画艺术特征的标本。所幸我

① 柏孜克里克千佛洞（Site of Bezeklik），位于今新疆维吾尔自治区吐鲁番市木头沟（Murtuk）。——译者注

的助手奈克·沙姆斯丁（Naik Shamsuddin）训练有素且实践经验
丰富，可以帮助我完成这项耗时且艰巨的任务。在阿夫拉兹古
尔·汗的通力协作下，奈克·沙姆斯丁经过近两个月的辛勤努
力，终于完成了这项任务。为了指导他们顺利完成任务，我提前
为他们准备了详细的图纸。

切割下来的壁画最终装满了100多只大箱子，我严格按照我
在米兰遗址寺庙壁画装运实践中首次使用的方法对它们进行了仔
细包装。这些壁画绘制于脆弱的灰泥载体上，而运往印度的路途
总长度接近3000英里，途经的最高处要翻越海拔超过18000英
尺的山口，途中全靠骆驼、牦牛和马匹驮运，这意味着运输风险
很高。不过它们最终还是安全抵达了目的地，至于我是如何确保
运输安全的，在此就不赘述了。我的艺术家朋友弗雷德里克·H.
安德鲁斯先生作为我的助手，于1921年至1928年间投入了大量
精力整理我第三次西域考察所带回的文物，并将柏孜克里克的壁
画放在新德里专门为此修建的展馆中展出。

与此同时，大约在圣诞节期间，我对天山另一侧的省会城
市迪化进行了短期考察，此行的主要目的其实是为了再次拜访我
的穆斯林老友——学识渊博的潘大人，他当时正在新设立的新疆
省①担任财政专员的高职。在我的三次考察中，他无论身处何地
都尽力为我提供帮助。此前省政府想要阻拦我的探险活动，也
全靠潘大人出面协调才得以化解。幸亏我此次亲赴迪化向这位友
善的大人表达了我的感激之情，因为当我在1930年重返这里时，
他已经去世了。他为官公正，尽管出任要职，却一生清贫，因此

---

① 中华民国时期的新疆省，设立于1912年。——译者注

在省内广受尊敬。

1915 年 1 月，在木头沟一带的工作已经取得长足进展，我于是得以抽身去做另一项工作，这是一项新颖且成果丰硕的工作，但也有不尽如人意之处。在木头沟峡谷下游河流出山口那片布满沙砾的荒原以南，阿斯塔那村以北，哈拉和卓以西的地方，有一大片古代墓地 ①。墓地中有成组出现的锥形小土丘，上面覆盖着石头，每组土丘周围环以低矮的石墙。这些土丘标示着墓室的位置，墓室深埋于坚硬的砾岩或砂岩地层之下。一条狭窄的墓道穿透砾岩或砂岩地层，向下通往隧道一般的短小甬道，进而通往每个墓室。墓主入葬后，人们用砖墙封闭墓室，再填平墓道。

根据当地人称，这些墓葬中的大多数都在 19 世纪的"回乱"和随后的阿古柏统治时期遭到洗劫，但可能早在此之前，也有人为了寻找值钱的随葬品而盗掘过它们。根据我们的调查，古代棺椁那结实的木料想必也是盗墓贼眼中非常有用的副产品，因为在吐鲁番绿洲中，可以用作燃料的树木和牛粪都非常稀缺。被盗墓者打开的墓道如今已经再次为流沙所淤塞，加之当地气候极度干燥，所以我们从墓中发掘出土的文物都保存完好。近几年，中国的革命活动使中国人淡薄了对于死者的敬畏，于是便有当地的寻宝人打起了这些墓葬的主意。他们的盗掘活动并不深入，但至少说明当地人并不觉得盗墓有何不妥。也正是因此，我在阿斯塔那找到了一位长期参与盗墓的村民作为向导，他对这些死者的阴宅异常熟悉，这对我很有帮助。

我很快便招募到了足够的劳工，并很快陆续开启了大量墓

---

① 指阿斯塔那（Astana）古墓群。——译者注

室。经过对每座墓葬进行系统清理，我了解到这片墓地中墓葬的
年代介于公元 7 世纪初与公元 8 世纪中叶之间。这一时期，吐鲁
番地方王朝结束了在当地的最后统治，随后唐朝于唐太宗贞观
十四年（公元 640 年）收复吐鲁番，并且在接下来的一个世纪里
巩固了其在西域的统治地位。位于哈拉和卓以及阿斯塔那遗址附
近的高昌故城，便是当时重要的行政中心和屯戍重镇。

　　许多墓葬的墓道附近出土了完好的汉文墓志砖，为我们的断
代工作提供了佐证。根据翟林奈博士和马伯乐 [①] 教授的释读，这
些墓志砖记录了逝者的名字、埋葬的确切日期，以及他们的详细
生平信息等。其中的纪年信息与墓室中出土的大量汉文文书的年
代相符。至于那些文书所记载的都是些公务琐事，例如在交通路
线上建立驿站的记录、通信内容的记录、下属不当行为的报告等
等，它们只可能是没用的废纸才会出现在墓葬中。实际上，在为
数不多未被打开的棺材中，我们可以清楚地看到一口棺材使用了
杂七杂八的文书作为填充物。

　　由于吐鲁番气候干燥，墓葬中的尸体和随葬品在出土时大多
保存完好。随葬品种类繁多，能够帮助我们了解当时吐鲁番人日
常生活的许多方面，其中包括精美的家具和器皿模型，以及许多
彩绘灰泥小雕像，它们象征着在彼世侍奉死者的仆从。这些小雕
像中，既有衣裙细节刻画精美的侍女，也有成队排列的骑兵，还
有身穿特色服装的本地仆役。

　　此外，墓中还出土了栩栩如生、制作精美的马俑，让人联想
到如今居住在帕米尔高原两侧的人们仍十分珍视的巴达赫尚山种

---

① 亨利·马伯乐（Henri Maspero，1883—1945），法国汉学家。——译者注

小马。马俑上的丰富配饰向我们展示了当时的人所使用的马具，不少精美的纹饰设计在当地现代马具制作中得到了承袭。同样栩栩如生的还有大量骆驼俑。在墓室入口处的壁龛中还有体型更大的灰泥雕塑，其形象是用各种元素拼凑而成的鬼怪，它们其实是防止恶灵进入死者阴宅的镇墓兽。

在为死者准备的贡品中，最有趣的当属各式各样的糕点。尽管盛放它们的容器显然已经被盗墓贼翻动过，但糕点的保存状况却非常好。考虑到这种精制糕点脆弱易碎的特性，要安全地包装和运输它们并不是一件容易的事。在死者身旁随葬的个人用品中，有一些女性梳妆用品，它们应该是死者生前实际使用过的物品。

当地有用织物残片包裹尸体的习俗，所用织物多为丝绸，与楼兰古墓中出土文物的情况类似。这为我们研究古代纺织艺术提供了大量十分有价值的实物材料。阿斯塔那古墓出土的所有这些织物都可以确定大致年代，这进一步提升了它们的价值。在这些织物中，有许多带纹饰的丝绸，既有多色装饰的，也有单色织造的。它们的构图设计丰富多样，极其生动地展现了吐鲁番乃至西域其他绿洲在那个时期作为中国和西亚贸易交流场所的重要地位。因为我们除了在这里发掘出纯中国风格图案的丝绸之外，还发现了很多反映出伊朗和其他近东地区公元3世纪至公元7世纪间（为方便起见，我们姑且称之为萨珊王朝时期）风格特色的丝绸制品。

这种"萨珊式"纹样的丝绸多用作死者的面罩。其中，我要专门提及一件野猪头像的面罩，它设计精美，高度程式化，图案周围有一圈典型的萨珊风格珍珠镶边。这是一件极富感染力的作品，而且看起来颇为新潮。透过其他带纹饰的丝织品也可以明显看出，当时西方设计显著影响了中式品味，这些织物确凿无疑地使用了中式工艺，图案却带有萨珊风格，或许它们是用于出口的商品。

另一项体现东西方交流的奇特案例是死者身上的金币，其形制模仿了拜占庭铸币，至于用途应该类似于古典时代死者口含的欧布鲁斯 ① 以及公元 6 世纪时用于遮蔽已故萨珊国王眼部的波斯银币。但真正具有艺术价值的还是一件中式文物，我就以它作为对阿斯塔那古墓介绍的收尾吧。它出土时呈卷轴状，其中包含多幅漂亮的丝绢画残片。它显然是死者生前的珍爱之物，所以用于陪葬，后来被盗墓者损毁并断裂成若干段。画面精细刻画了妇女们在花园中进行各种活动的场景。这幅唐代世俗绘画虽然已经残缺，但作为中国艺术巅峰时期的真实样本，仍具有很高的价值。

我们费了很大力气将在吐鲁番获得的丰厚"考古战利品"打包妥当，接着由 50 头骆驼组成的大型运输队驮运，在我最可靠的维吾尔助手易卜拉欣的护送下，历经了两个月的旅程才最终抵达喀什。2 月中旬，我对吐鲁番盆地的详细勘测也接近尾声，于是我打算仔细考察现代吐鲁番城以西两道深切峡谷相夹的岛状台地——交河故城，以此结束我在吐鲁番盆地的工作。

这是一处天然形成的孤立且坚固的台地，上面如迷宫般分布着一系列用黄土建造的民居和寺庙遗址。交河故城是吐鲁番地区的早期都城所在地，在汉代繁荣一时，蔚为壮观。然而，由于周边村民不时从废墟中挖取肥沃的黄土用于改善耕地土质，导致这里值得系统发掘的沉积土层已经不多。所以当中国政府再次明令禁止我的考古活动时，我便欣然离开此地，向南进入库鲁克塔格展开新的沙漠探险。

---

① 欧布鲁斯（Obolus），也称奥波勒斯，古希腊银币，价值相当于 1/6 德拉克马。——译者注

第十八章

从库鲁克塔格到喀什

尽管我们在吐鲁番盆地的考古工作既有趣又富有成果，但我始终强烈渴望回到空旷的沙漠中去。只是我的腿伤还没有从夏天在南山的事故中恢复过来，禁不起之前在罗布沙漠中那样的长途跋涉，无法开展新的探险。因此，我只能静候拉伊·巴哈杜尔·拉尔·辛格于 1 月末完成对库鲁克塔格的探索平安归来，届时听他分享那里的见闻聊以自慰。我这位不屈不挠的测绘助理自 11 月初离开我之后，经历了巨大的困难和风险，顺利完成了这项重要工作。

辛格尔[1]是库鲁克塔格广袤而荒芜的台地和山岳地区唯一一处有人长期居住的地方，到达那里之后，拉尔·辛格按照我的指示，前往东南方向罗布沙漠中被风蚀的楼兰遗址附近进行三角测量[2]。为了获得数据，他在凛冽的寒风中，在远低于华氏零度的气温下，耐心等待了许久，直到沙尘散尽，天气放晴，他终于看到了南边昆仑山白雪皑皑的高大山峰。他需要做的便是利用一年

① 辛格尔（Singer），位于今新疆维吾尔自治区巴音郭楞蒙古自治州东北部。——译者注
② 三角测量（Triangulation），借由测量目标点与固定基准线的已知端点的角度，测量目标距离的方法。——译者注

前他沿昆仑山北坡测绘时已经明确坐标的山峰，通过三角测量方法，测定我指示他测量的点位坐标。为此他倾尽全力，不辞辛劳。但当他回到台拉登①测量局计算使用经纬仪观测的数据时发现，其中一座他只在薄雾中观测过一次的山峰的测量数据有误。考虑到他当时与罗布泊盆地另一边的那片山脉相隔超过150英里的遥远距离，而且自他上一次在那片山脉中测绘已经过去很长时间，因此数据有误并不令人惊讶。

拉尔·辛格没有被眼前的困难吓倒，继续深入到阿提米西布拉克东北部未经探索的不毛之地。所幸他在辛格尔遇到了经验丰富的猎人阿卜杜勒拉希姆与他结伴而行，并且获得了对方的协助，一年前我探寻从楼兰到敦煌的中国古道时，阿卜杜勒拉希姆也曾给予我们非常有价值的帮助。他们携带了一些冰块，以保障这一小队人马在这片极度干旱地区最基本的用水所需。但在阿提米西布拉克补给的燃料没过多久便已耗尽，他们不得不在没有火的情况下冒着严寒过夜，直到拉尔·辛格决定在东经91度多的位置转向西行。随后，他沿着一条哈密猎人追踪野骆驼时曾经走过的沙漠古道，一直走到了吐鲁番盆地最深处的盐泽。他沿途仔细观察了随身携带的水银气压计，获取了此地比以往更准确的海拔信息（海平面以下近1000英尺）。尽管经历了这般辛苦的跋涉，拉尔·辛格回到我们的营地后只是稍作休息，就在2月的第一周再次出发前往库鲁克塔格，这次他的任务是勘测库鲁克塔格的西部山区。

我本人则是于1914年2月16日才离开吐鲁番前往库鲁克塔

---

① 台拉登（Dehra Dun），今印度北阿坎德邦首府。——译者注

格。我在辛格尔找了阿卜杜勒拉希姆最小的弟弟做向导，而后考察了西部山谷中的几处古代聚落遗址。该地区有一连串异常崎岖的山脉和遭受严重侵蚀的深切峡谷，这样的地貌与库鲁克塔格大部分地区被风蚀作用削平的高地形成了强烈反差。相同的是，在该地区寻找水源也很困难。在翻越了极度贫瘠的砾石荒原后，我向东南方向前进，来到了库鲁克塔格山脚下。我在那里时常能遇到野骆驼。这片荒凉的土地就像敦煌西部的沙漠一样，似乎是这些极其怕人的动物最后的栖息地。

我在多兰阿齐齐克咸泉 ① 补给了冰块，然后继续向南进入风蚀沙漠地带，并在那里测绘了过去向楼兰输送水源的"干燥的河"的故道，此前一年还剩最后一段河道未进行勘测，正好这次补测。此时正值沙尘暴的季节，冰冷的风沙给我们的工作增加了极大难度。正是在这样的条件下，我在俯瞰古河流平原的黏土台地上发掘了两片小型古墓葬，这使我很自然地回忆起前一年冬天在楼兰遗址清理墓葬坑的经历。此处出土的文物与前一年在楼兰遗址东北方最远处哨点附近的墓葬中出土的文物非常相似。毫无疑问，这里埋葬的人应是生活在这一带的猎户和牧民，根据中国史书记载，他们是居住在这片萧瑟土地上的原住民，早在公元4世纪穿越楼兰的道路废弃之前就已经在此地生活了。

这些墓葬中出土的文物清晰地展现出楼兰地区这些半游牧民族与经常往来于古道上的汉族人在文明和生活方式上的巨大差异。特别值得一提的是，粗羊毛裹尸布中时常可见一些麻黄属植物的细枝，这种带麻黄碱的植物近年来已经在西方医学中作为一

---

① 多兰阿齐齐克咸泉（Salt spring of Dolan-achchik），位于库鲁克塔格山脚下。——译者注

种强效药物使用。信仰琐罗亚斯德教[①]的帕西人[②]把这种植物当作豪麻[③]和苏摩[④]的替代品，在最古老的雅利安[⑤]颂歌中，用豪麻和苏摩榨的汁被赞誉为神和人都喜爱的饮品，而麻黄属植物的味道却极其苦涩，二者之间为何会产生关联仍是一个谜。

2月初在吐鲁番的时候，我曾派遣阿夫拉兹古尔到罗布沙漠进行一项艰难的补充勘探任务，所以我一路上一直急切地顺着库鲁克塔格的山脚眺望，试图寻找他的踪迹。此时已经过了我们约定好的集合日期，考虑到这片土地令人生畏的自然环境，以及他那4匹坚忍的骆驼需要负重跋涉的长距离路程，我不禁担心起这支小队的安危。当我回到多兰阿齐齐克咸泉的第二天，他和他的旅伴——包括我的驮夫哈桑·阿洪在内的三个勇敢的维吾尔人终于重新与我会合，我这才如释重负。

阿夫拉兹古尔从北边的吐鲁番出发后，先是走最近的路线到达阿提米西布拉克，在那里补给了冰块后，又探索了楼兰最东北部的一些古代遗址，那是我在前一年的旅途中没来得及考察的区域。然后，他在中国古道进入干涸的罗布泊湖床的地方折向西

---

① 琐罗亚斯德教（Zoroastrian cult），又称祆教、拜火教，由古波斯先知琐罗亚斯德（约公元前628—约公元前551）创立的宗教。——译者注
② 帕西人（Parsis），历史上波斯移民后裔的统称，其祖先部分移居印度次大陆，部分通过西域进入中国。——译者注
③ 豪麻（Haoma），琐罗亚斯德教中的一种仙草，源于雅利安人的文化习俗，豪麻与印度婆罗门教中的苏摩是同源植物。波斯琐罗亚斯德教与印度婆罗门教同出一源。——译者注
④ 苏摩（Soma），印度婆罗门教中的一种仙草，源于雅利安人的文化习俗，苏摩与琐罗亚斯德教中的豪麻是同源植物。波斯琐罗亚斯德教与印度婆罗门教同出一源。——译者注
⑤ 雅利安人（Aryan），泛指印度西北部讲"印度－伊朗语族"语言的族群。——译者注

南，沿着湖床边缘艰难跋涉，来到了塔里木河春汛时形成的一系列湖泊的最北端。最后，他从相反方向穿越了我曾在 1907 年 1 月走过的高大沙丘地带，抵达了库鲁克塔格山脚下。他们在长达一个半月的时间里没有接触到任何人类，甚至没有见到任何动物，经过这次异常艰难的探索，他带回了一份精确的平板仪测绘图、详细的日志记录，以及有趣的考古发现。

随后我们向西来到营盘，此地靠近"干燥的河"古河床与从焉耆流淌而来的孔雀河分流的地方。科兹洛夫上校和赫定博士先前曾在此发现过堡垒遗迹和一处寺庙遗址，出土文物证明这里曾是一座设防驿站。根据早年间的一部中国典籍记载，在流向楼兰的河流沿岸，有一座名为注宾[①] 的城池。这座设防驿站显然是古道上的战略要地，如今连通若羌和吐鲁番的小路仍从这里经过。该地一些保存完好的墓葬中出土的文物表明，这里曾有中原王朝驻军。

在随后朝西北方向穿越沙漠前往库尔勒[②] 的旅程中，我得以探索沿库鲁克塔格山脚绵延 100 多英里的古代烽燧遗址。其中有些烽燧的体量非常大，就建筑特点而言，很容易能够看出它们与我在甘肃地区探索中国古长城时所见到的烽燧遗址非常相似。这些烽燧的建筑年代显然可以追溯到约公元前 100 年，当时汉武帝为了保护从敦煌通往楼兰的路线，在沿途修建了长城和烽燧。

---

① 注宾（Chu-pin），指"营盘古城及古墓群"，位于今新疆维吾尔自治区巴音郭楞蒙古自治州尉犁县。学界普遍认为其为《水经注》中记载的注宾城。——译者注
② 库尔勒（Korla），今新疆维吾尔自治区库尔勒市，位于塔里木盆地东北缘。——译者注

从这些烽燧的高度、彼此间的距离，以及其他迹象可以合理推断出，它们最初是为了传递烽火信号而建造的。在中原王朝的控制范围扩大到天山以北，开辟了经哈密进出西域的路线之后，经楼兰进出西域的路线遂遭废弃，这套烽火信号传递系统的重要性也就大大降低了。但在烽燧旁的垃圾堆中出土的硬币、破损的汉文文书等文物，都能证明在唐朝时期仍然经常有人往来于这些烽燧沿线。

根据东汉和西汉的史书记载，匈奴不止一次从库尔勒绿洲所在的塔里木盆地东北角发起偷袭，威胁到楼兰和经由楼兰进出西域的路线安全，因此汉朝时期在这一带设立烽燧系统颇具必要性。库尔勒位于天山脚下一连串绿洲的最东端，这些绿洲自古以来便串联起沟通塔里木盆地北部的交通要道。同时，库尔勒也是距离焉耆河谷最近的地方，出河谷后半日即可到达。焉耆河谷从裕勒都斯高地向下延伸并逐渐开阔，从匈奴人到今天的蒙古人，游牧民族无不喜欢这里的草场，同样此地历史上也一直是游牧民族最方便的突袭和入侵路径。

焉耆河谷在其最南端的焉耆城附近逐渐变宽，形成一片河谷盆地，盆地中的大部分区域被博斯腾湖 ① 所占据。这个湖泊作为开都河（焉耆河）的大型天然水库，为库尔勒提供了丰富的灌溉水源，下游的孔雀河也因此得以获得丰沛且持续的水量，并在古代确保其支流"干燥的河"能够在一年中的大部分时间里得到水源补给。

分布在博斯腾湖周围的土地虽然肥沃，却没有得到大规模开

---

① 博斯腾湖（Baghrash-köl），位于焉耆盆地东南部，是中国最大的内陆淡水湖。——译者注

垦，这或许与如今该地区以蒙古族为主的居民结构有关。但是根据中国文献记载，焉耆在古代一度是经济和政治重镇。这一点从博斯腾湖北岸的焉耆旧都——博格达沁故城①遗址便能得到印证。由于那里的底土中含有盐分，加上大气环境没有塔里木盆地那么干燥，所以遗址中的建筑遗存已经被完全侵蚀破坏了。但当我于1907年12月第二次考察此地时，我发现了一大片佛寺遗址，当地穆斯林称之为明屋②，意即"千间房"，这片遗址更值得开展考古工作。它们散布在博斯腾湖北岸从天山山麓伸出的一些低矮的岩石台地上。

这些遗址由一排排错落有致的佛殿构成，它们大小不一，但布局和结构相似，这便于大量劳工进行系统的清理。除了雨雪的破坏，这些佛寺还曾经遭受过一场大火。不过，我们的发掘工作还是收获了丰富的文物。从大型佛殿内部深埋于瓦砾之下的地层中以及环绕佛殿的通道中，我们发现了大量精美的小型灰泥雕塑，它们来自过去装饰墙壁的浮雕饰带。大火的高温将这些灰泥雕塑烧得像陶器一样坚硬，从而使它们得到了更好的保存，否则灰泥制品在当地的气候条件下肯定会损毁严重。在一些拱顶通道中，我们还发现了一些有趣的壁画，由于它们被瓦砾所掩埋的时间恰到好处，所以既没有受到火灾破坏，也没有受到潮气的影响。这些佛寺过去一定接纳了大量供品，我们在现场发现了版画和精美的镀金木雕。

其中有一尊木雕天王像，展现出唐代高超的雕刻技艺，但这

---

① 博格达沁故城（Baghdad-shahri），位于焉耆西南，今四十里城乡。——译者注
② 明屋（Ming-oi），此处指焉耆七格星明屋，位于焉耆西北，为一处古代寺院遗址，"明屋"是维吾尔语音译，意为"千间房"。——译者注

类中原风格的作品仅占少数，现场出土的大多数艺术遗存清楚地展现出印度西北边境地区孕育的希腊式佛教艺术的影响。对于研究希腊式佛教艺术在中亚地区传播历史的学者而言，这些灰泥雕塑大多反映出一个非常有趣的现象，那就是雕塑的头部造型和某些姿态不禁令人联想到哥特式雕塑的处理方式。这似乎是一种并行发展的结果，更加神奇和值得注意的是，这两种艺术风格尽管可能源流相同，但在发展历程中彼此之间并无交集。

库尔勒和塔里木盆地北缘其他绿洲盛行"沙漠城镇"的传说，据说有人曾在南部的沙漠中看到过它们。在我的第二次西域考察期间，我终于在 1907 年 1 月有机会亲自检验这则传言的真假。事实上，这些绿洲一线、塔里木河沿岸丛林地带，以及塔里木河北侧库车和轮台^①一带富庶区域之间相夹的沙漠地带都比较狭窄，也没有高大的沙丘。但仍有不少人相信沙漠中埋着古城。

库尔勒的猎人们始终坚称自己看到过筑有城墙的城镇等景物，这促使我对库尔勒西南方向的英气盖河^②与孔雀河故道^③之间那片未测绘的沙漠地区进行了一次短期考察。该区域反映了河流变迁所带来的变化，因而具有一定的地理学价值。但最终证明那些言之凿凿的传闻完全站不住脚，我们只在干涸的河床附近找到了一些穆斯林的墓葬和牧羊人的小屋。我那些所谓的向导倒是对传闻深信不疑，他们原本寄希望于我有什么魔法，能够带领他们发现那些遗址和其中埋藏的宝藏，至于我们没有找到传说中的城

① 轮台（Luntai），蒙语音译为"布古尔"（Bugur），位于库车以东。——译者注
② 英气盖河（Inchike），位于轮台西南、库车东南。——译者注
③ 孔雀河故道（Charchak），位于今孔雀河西南，库尔勒与轮台之间的沙漠中，斯坦因将其标注为沙尔沙克河（Charchak R. Dry）。——译者注

镇的原因则被他们归咎为我的魔法不足以战胜城中的恶灵。他们无一例外都曾经是在沙暴中看到的这些城镇，这应该是古老传说的熏陶和他们自身想象力共同作用的结果。

在我的第三次西域考察期间，库尔勒成为我从吐鲁番派出的几支勘测队伍结束工作后的集合地点。1915 年 4 月初，几支队伍在库尔勒集结完毕，几天后，我们又从那里出发，开始了前往喀什的漫长旅程。拉尔·辛格紧贴着天山行进，他的任务是充分利用早春时节，在时间允许的情况下，尽可能多地勘测天山主脉。第二位测量员穆罕默德·雅各布被派往南边，跨越孔雀河和英气盖河后抵达塔里木河流域，我交给他的任务是测量当时位于莎车附近的塔里木河干流。我让他带走了我们的大部分骆驼，以便用河畔丛林中充足的牧草好好慰劳它们，毕竟这些骆驼自 1913 年秋天以来就一直忍饥挨饿。而我本人出于文物研究的需要，选择取道天山南缘的一长串绿洲。

这条线路自古以来就是塔里木盆地的主要贸易路线，现在仍然如此。这条出名的交通要道从库尔勒一直延伸到喀什，全长逾 600 英里。经过沿途考察，我收集了大量关于这些绿洲的实用信息，既包括它们当下的自然环境和经济状况，也涉及它们的历史。但由于各种原因，深入的探险考察始终受到限制，因此我只能简述沿途的见闻。

那些规模较小的绿洲由于长期有人居住和耕种，仅有少量建筑遗迹得以保存，而在绿洲周围和绿洲之间的沙漠地带，也没有足够的流沙层能够保护遗址。因此，在库尔勒以西距其 5 程路途的轮台绿洲，即我认为的西汉史书中所记载的西域都护府所在地^①，已经没有任何古代遗迹可寻。但是，在轮台以西通往库车的黏土荒漠中，我发现了沿商道分布的一系列大型烽燧遗址，它们有力地证明了古代中国通往西域的路线与如今的商道重合。

库车是天山南麓除喀什外最大的绿洲。得益于两条河流丰沛的灌溉水源，库车拥有较多的耕地和丰富的经济资源。除此之外，库车还具有便于开展贸易活动的地理区位优势，东西向的大道与向北翻越天山连接准噶尔盆地富饶地区的路网在此交会，向南也有沿和田河河床的道路可以穿越塔克拉玛干沙漠直达和田。综上所述，该地区在历史上享有政治和文化方面的重要地位。其历史地位透过留存至今的大量壮观的寺庙和石窟便可见一斑，它们反映出历史上库车佛教建筑的盛景和当地民众的富足。

库车的大多数遗址位于河流出山后距离大道不远的地方，早先必定已经有人注意到它们了。因此，在我于1908年的第二次西域考察期间短暂到访库车之前，来自德国、法国和俄国的考察队就已经对这些遗址进行了全面发掘。因此，克孜尔石窟^②和库木吐喇石窟^③中的极具价值的壁画已大多被运往柏林民族博物馆，格伦威德尔教授和冯·勒科克教授还围绕这些壁画出版了重要的专题著作。这些考古队还发现了极具价值的古代文书，只是它们用库车古语书写而成，我们能够释读的内容有限。库车古语与吐

---

① 西域都护初设于汉宣帝年间，都护府设在乌垒国都城（今新疆维吾尔自治区巴音郭楞蒙古自治州轮台策大雅南）。——译者注
② 克孜尔石窟（Cave shrines of Kizil），位于今新疆维吾尔自治区阿克苏地区拜城县克孜尔镇东南，是我国开凿最早、地理位置最西的大型石窟群，大约开凿于公元3世纪，在公元8至9世纪逐渐停建，为古代龟兹国的文化遗存。——译者注
③ 库木吐喇石窟（Cave shrines of Kumtura），位于今新疆维吾尔自治区阿克苏地区库车市以西，开凿时间晚于克孜尔石窟。——译者注

鲁番地区所使用的古语一样，同属印欧语系，但它更贴近意大利和斯拉夫语支，而非雅利安语支。

尽管早期的考察队已经做了不少工作，但现场仍有颇具考古学和地理学意义的工作让我在库车绿洲及周边地区忙碌了3周的时间。在阿夫拉兹古尔·汗的帮助下，我们对绿洲现有的耕地和分散在南部、东部和西部灌木丛生的沙漠中的众多遗址进行了仔细勘测，这些遗址所处的位置肯定也曾是绿洲的一部分。我们在其中几处遗址获得了一些有价值的考古发现，证明这里在佛教盛行时期便已经有人居住。上述调查表明，唐朝时期库车绿洲耕种区域的灌溉需水量远超现在的可用水量。

由此得出的结论显而易见，两条河流能够为库车运河提供的水源自佛教时期以来已显著减少。库车绿洲的情况在许多方面与和田绿洲的情况极为相似，现场的考古发现尚不足以明确解答我们心中的疑惑，即河流水量减少与耕地被废弃在多大程度上存在直接关联，以及耕地的废弃经历了哪些阶段。但在我们探讨中亚地区"干燥化"这一热点问题时，应当关注河流水量减少的事实。

1908年1月，在我第一次短暂到访库车期间，我曾从那里出发沿塔里木河向南深入荒芜的塔克拉玛干沙漠，一直走到克里雅河在沙丘间消失的地方，这是一次艰难甚至有些冒险的旅程。我在《中国沙漠中的遗址》一书中详细记录了那段冒险之旅中令人焦虑的经历，但鉴于这段旅程与本书关注的主题相去甚远，我就不在这里再次讲述了。

5月初，我离开库车向西进发。想到将要离开库车繁茂的果园和同中国古籍中记载完全一致的和蔼可亲、彬彬有礼的库车

人，我不禁感到有些不舍。我派阿夫拉兹古尔·汗去测量一条通
往阿克苏①距离最短的古老路线，它位于光秃秃的天山外围山脉
以南，穿过灌木丛生的沙漠。由于如今这条古道沿途已经没有水
源补给，所以实际上它已经废弃了。我为了探访几处小型佛教遗
址，选择了穿越拜城小盆地的大道。拜城盆地位于天山外围山脉
以北，其灌溉水源来自一条发源于天山木扎尔特达坂②附近的冰
川并流向库车的河流。

　　当我们到达狭长的阿克苏绿洲时，西域夏季的酷热已经开始
袭来。好在自西北而下的托什干河③两岸这片狭长的耕作区没有
任何可供探索的古代遗迹，因此即使快马加鞭地离开这里继续赶路，
我也丝毫不觉得遗憾。这片区域在古代似乎并不重要，如今居住在
这里的刀郎人④也是相对晚近才迁居至此的半游牧突厥部落。

　　从阿克苏到巴楚⑤有6程多的路途，这段路线主要穿行在沙漠
地带，途中可以看到环绕柯坪⑥绿洲的天山外围山脉光秃秃的山
峰。我曾于1908年5月的第二次西域考察期间对这些光秃秃的
山脉进行过勘测。走出这片山区后，我发现了一连串烽燧遗址，
这是一条穿越干旱荒漠的古道，远比现在的路线靠北。巴楚西南

①　阿克苏（Aksu），今新疆维吾尔自治区阿克苏地区阿克苏市，位于塔里木盆
地西北缘。——译者注
②　木扎尔特达坂（Pass of the Muz-art），天山山脉上的一处山口，南至阿克苏
市，北至伊宁市。——译者注
③　托什干河（Taushkan river），发源于吉尔吉斯斯坦境内，自西向东流经阿克
苏市。——译者注
④　刀郎人（Dolans），维吾尔族的一支，他们是古代塔里木盆地边缘、叶尔羌
河流域个别地区土著的自称。——译者注
⑤　巴楚（Maral-bashi），今新疆维吾尔自治区喀什地区巴楚县。——译者注
⑥　柯坪（Kelpin），今新疆维吾尔自治区阿克苏地区柯坪县。——译者注

的喀什噶尔河①终端河床的变迁是导致这一古老商路改道的原因。

在巴楚附近，塔里木河和喀什噶尔河的河道相邻的地方，还有另一处刀郎人定居点，那里湿润的河流平原上耸立着似岛屿般的嶙峋孤峰，它们是天山最后的余脉。在如今的道路所经过的图木舒克②村，还分布着一些唐代的佛寺遗址。我逐一寻访了这些遗址，但由于伯希和先生和勒科克教授已经对它们进行过考古发掘，所以这里已经没有什么值得我留恋的东西了。1913 年秋，我完成了对此地偏北一处类似的小型佛教遗址的探索。这处遗址以及其他考古发现一同证明，至迟到中世纪，喀什噶尔河的干流都要比现在更靠近能够俯瞰喀什东部平原的天山外围山脉陡峭的山麓地带，如今从巴楚到喀什的商路交替分布在其河道的左右两岸。

随后我们抵达了伽师③附近，从这里就算是进入了宽广肥沃的喀什绿洲东部。5 月的最后一天，我再一次来到奇尼巴格④，受到了英国驻喀什总领事一如既往的热情招待，我自 1900 年以来的所有中亚探险活动，都以这里作为温暖可靠的根据地。

---

① 喀什噶尔河（Kashgar river），塔里木盆地西部的一条内流河，下游汇入叶尔羌河，继而汇入塔里木河。——译者注

② 图木舒克（Tumshuk），今新疆维吾尔自治区新疆生产建设兵团第三师图木舒克市，位于塔里木盆地西端，喀什以东。——译者注

③ 伽师（Faizabad/Payzawat/Jiashi），今新疆维吾尔自治区喀什地区伽师县。——译者注

④ 奇尼巴格（Chini-bagh），维语音译，意为"中国花园"，位于原英国驻喀什领事馆内，此处代指英国驻喀什总领事马继业及其夫人的住宅。——译者注

第十九章

从喀什到阿尔楚尔帕米尔

1915 年 6 月，在我抵达喀什后那炎热的几周里，我一直忙于重新打包我此行收获的古物，它们足足装满了 182 只沉重的箱子，即将踏上翻越喀喇昆仑山前往克什米尔的漫长旅途。除此之外，我还有其他一些需要切实处理的事务。在我寓居奇尼巴格期间，时为上校的珀西·赛克斯爵士①（后晋升为准将）临时接替乔治·马戛尔尼爵士担任英国驻喀什总领事，得益于他的帮助，我的工作量减轻了不少。这位印度政治部的杰出军官与我意气相投，在他和他的姐姐——才华横溢的作家和旅行家艾拉·赛克斯②的悉心安排下，我度过了一段惬意的时光，也获得了极大的帮助。但我很快又要动身前往帕米尔，不得不与他们作别。

一想到我长久以来盼望着的翻越俄属帕米尔③和阿姆河以北山脉的旅程即将成行，我的精神便为之一振。这片被称为“世界屋脊”的壮阔地区和与之毗邻的伊朗东部地带，因其多样的地貌特征以及民族和历史方面的关系，有一种特殊的魅力，自我年轻

---

① 珀西·赛克斯爵士（Sir Percy Sykes，1867—1945），英国军官和历史学家。——译者注
② 艾拉·赛克斯（Ella Sykes，1863—1939），英国旅行家和作家。——译者注
③ 俄属帕米尔（Russian Pamirs），时为俄罗斯帝国所控制的帕米尔地区，今塔吉克斯坦山地巴达赫尚自治州（戈尔诺–巴达赫尚自治州）一带。——译者注

时便一直吸引着我。但出于政治原因，英国旅行者在很长一段时间里都无法进入该地区，像我这种为印度政府工作的人更是如此。不过鉴于《英俄协定》^①的达成，调和了两个帝国在亚洲的利益，我想禁令或许会有所松动，至少能够允许我以学术考察为目的的探访。因此，我于1913年秋季向印度政府外交部递交了一份申请，希望在获得英国外交部同意后，能够提请俄国政府批准我考察帕米尔的阿赖山一带及其以西的山区，从中国通往巴克特里亚的古丝绸之路曾经从那里经过。

根据既往经验，这次我为外交程序的履行和新疆缓慢的邮政通讯预留了充足的时间。1915年4月，我在库车收到来自西姆拉^②的半官方消息，称俄罗斯外交部已经批准了我的许可，这个令人振奋的消息让我悬着的心终于放下了。在世界大战的背景下，俄罗斯帝国和大英帝国结为同盟，这或许也在一定程度上为我获得考察许可创造了条件。

我原本想穿越俄属中亚前往波斯东南部，以便在下一个冬季到来时在那里投入工作。然而，当我到达喀什后，却发现无法立刻执行原定计划。俄国总领事梅谢尔斯基亲王（Prince Mestchersky）与英国外交官保持着非常友好的关系，他很客气地接待了我，但他声称自己并没有收到任何有关准许我进入俄国领土的指示。他迅

---

① 《英俄协定》（Anglo-Russian agreement），指大英帝国与俄罗斯帝国于1873年就阿富汗边界问题达成的协定，以阿姆河划分了两国在中亚地区的势力范围。此后，原本是中国的帕米尔逐渐被英俄两国染指并瓜分，详细信息参见许建英所著论文《试析清政府在帕米尔交涉中的对策》，刊载于《中国边疆史地研究》2002年第3期。——译者注
② 西姆拉（Simla），英属印度时期的"夏都"，今印度喜马偕尔邦的首府。——译者注

速向塔什干的总督府查询了此事,对方也表示自己对这项许可一无所知。这种悬而未决的情况自然让我感到非常焦虑。最后,我亲自电报致函英国驻彼得格勒 ① 大使乔治·布坎南爵士 ② 询问此事,他信誓旦旦地告诉我那份许可早已由帝国相关部门正式批准。于是,梅谢尔斯基亲王同意以乔治·布坎南爵士的说辞为准,为我签发了特别许可。

更令我高兴的是,在我说明了前往该地区的目的是科学考察后,这位儒雅的外交官欣然同意将许可证的适用范围扩大到整个帕米尔地区以及毗邻的俄属中亚地区。毫无疑问,正是因为有了他的推荐信,对面的俄国当局以及作为俄国保护国的布哈拉 ③ 才会在我接下来 3 个月的旅程中给予我最有效的帮助。想到前些年英国旅客在俄属中亚曾遭受的怀疑,以及此后这些地区存在的对我们更加不利的情况,我不禁要感谢命运的仁慈,让我得以在这场战争创造的有利时期获得渴望已久的考察机会。

7 月 6 日,我将此行收获的文物打包完毕并安排了 80 头骆驼将它们运往印度,一切准备就绪后,我便离开喀什向西部山区进发了。由于夏季的昆仑山河谷洪水泛滥,我这支载着重要货物的驼队不能即刻启程前往喀喇昆仑山口。因此我让负责照顾驼队的拉尔·辛格利用这段时间去勘测慕士塔格峰向北方喀什噶尔河源头延伸并与天山相连的一连串高峻雪峰。

---

① 彼得格勒(Petrograd),俄罗斯圣彼得堡的旧称。——译者注
② 乔治·布坎南爵士(Sir George Buchanan, 1854—1924),英国外交官。——译者注
③ 布哈拉(Bukhara),位于中亚河中地区,存在于 1785—1920 年的中亚国家。19 世纪六七十年代,俄国入侵河中地区,布哈拉成为俄国的保护国。——译者注

在拉尔·辛格回来与我会合并接受我下达的各项最终任务安排之前，我还能度过一周清净的时光，于是我在博斯坦阿尔奇山①的柯尔克孜人营地高处长满冷杉的山岗上找了一块无人打扰的宝地扎营，利用这个难得的机会处理各项亟待完成的文字工作。那些曾随我穿越罗布沙漠和其他荒原的坚忍勇敢的骆驼在下方清凉的山谷中悠然吃草，享受了数周的快乐时光。当我准备离开这处高山修养地并与这些骆驼最终分离时，我的心情几乎同暂别我忠实的助手拉尔·辛格时一样不舍。剩下的印度助手中，我只留下年轻的阿夫拉兹古尔·汗一人，因为即使在没有测绘或考古工作可做的时候，他也总是忙前忙后，能够为我分忧。

经过几周的忙碌，我于 7 月 19 日从山地营地发出了最后一个寄往喀什和印度的沉重邮包，这让我感到如释重负，于是便怀着愉悦的心情踏上了翻越乌鲁克恰提山口②前往帕米尔地区的路途。第二天，我们越过了海拔约 16600 英尺的险峻山口。登顶前的一节爬升路段非常陡峭，但当我们登上陡峭的鞍部后，便可以一览俄属帕米尔东部的高峻山脉，开阔的摩吉山谷③在山间云雾的笼罩下若隐若现。一条长约 10 英里的壮观冰川顺着山口以南冰封的山脉绵延向下，从山口向下可以看到它的中下游部分。

下山的路很难走，要翻越北方一连串陡峭的山嘴，其间还穿插有一些小冰川，有些路段甚至令驮运物资的牲口难以通行。当

---

① 博斯坦阿尔奇山（Bostan-arche），位于今新疆维吾尔自治区克孜勒苏柯尔克孜自治州阿克陶县境内。——译者注
② 乌鲁克恰提山口（Ulugh-art pass），位于今新疆维吾尔自治区克孜勒苏柯尔克孜自治州阿克陶县境内。——译者注
③ 摩吉山谷（Valley of Moji），位于今新疆维吾尔自治区喀什地区西南的山区地带。——译者注

我们到达可以俯瞰冰川口的平缓地带时，我不禁感叹自己竟然翻越了南北向的巨大山障，它就是古人所说的伊摩斯，即托勒密笔下区分内斯基泰和外斯基泰的界山，现在则是伊朗最东端与中国中亚地区领土最西端的分界线。一连骑行 33 英里后，我于当天晚上到达了柯尔克孜人位于摩吉山峰脚下昆提格马兹 ① 谷地中的草场。在那里，我遇到了从塔格敦巴什帕米尔 ② 回程的珀西·赛克斯爵士和艾拉·赛克斯小姐，第二天我到他们的帐篷里欢聚，庆祝了我们的重逢。

接下来的 5 天，我匆匆走过了帕米尔高原在中国境内的最北端，攀登了喀什噶尔河最西端支流的峡谷。在前往喀什噶尔河最西端支流的途中，当我登顶海拔约 13800 英尺的科什贝尔山口 ③ 时，我第一次看到了东西向延伸的外阿赖山脉 ④，这一线的山峰海拔超过 20000 英尺。当我们沿着喀什噶尔河上游的玛尔坎苏河 ⑤ 河床溯源时，不知不觉间便越过了没有任何标记的俄罗斯边境线。那天晚上，我们遭遇了一场暴风雪，温度也降到了冰点以下。第二天，也就是 7 月 26 日，我们抵达克孜勒山口 ⑥，连接费

---

① 昆提格马兹（Kun-tigmaz），位于摩吉山东南方不远处。——译者注
② 塔格敦巴什帕米尔（Taghdumbash Pamir），位于今新疆维吾尔自治区塔什库尔干塔吉克自治县西南部的塔什库尔干河谷地带。——译者注
③ 科什贝尔山口（Kosh-bel pass），位于今新疆维吾尔自治区克孜勒苏柯尔克孜自治州阿克陶县克其克喀拉吉勒嘎一带。——译者注
④ 外阿赖山脉（Trans-Alai），今吉尔吉斯坦和塔吉克斯坦的界山。——译者注
⑤ 玛尔坎苏河（Markan-Su），中亚地区的国际河流，发源于今塔吉克斯坦山地巴达赫尚自治州（戈尔诺－巴达赫尚自治州），向东流入今中国新疆维吾尔自治区克孜勒苏柯尔克孜自治州，最终汇入克孜勒河（喀什噶尔河上源）。——译者注
⑥ 克孜勒山口（Kizil-art/Kyzyl-art），今塔吉克斯坦和吉尔吉斯斯坦边界的外阿赖山上的山口。——译者注

尔干纳省与帕米尔地区和阿姆河沿岸俄国哨所的军事道路要在此翻越海拔约 14000 英尺的外阿赖山脉。

　　整整两年过去了，我再一次踏上路况良好的马道，沿途还树立有里程标志碑，这真是一种奇妙的感觉。自从离开摩吉山地的柯尔克孜人营地后，我们一路上再未遇到任何人，直到当天晚上抵达北部下山路上的博尔多拜小驿站。我在那里遇到了一位友善的俄国海关官员，他是高加索奥塞梯人①，刚从连接费尔干纳和喀什的交通干道上的伊尔克什坦②驿站调任至此。我从他口中得知，负责帕米尔地区军事和政治事务的伊万·D. 雅格罗上校（Colonel Ivan D.Yagello）正快马加鞭从总部前往塔什干，预计次日途经此地。于是我在博尔多拜停留一天，见到了这位杰出的军官。由于有一位优秀的柯尔克孜骑手从昆提格马兹赶去为他报信，他也提前知晓了我的到来。

　　这次会晤经历很快便显露成效，在雅格罗上校管辖的帕米尔以及阿姆河上游的瓦罕、舒格南和洛山③地区，他都为我做好了周密而高效的安排，甚至比我在兴都库什山脉印度一侧受到的待遇还要好。他曾在塔什干军事学院担任东方语言系主任，对阿姆河地区的地理学和人类学问题非常感兴趣，因而但凡有人前来调查研究该地区的历史，他都愿意提供协助。得益于雅格罗上校的热心帮助和深谋远虑，我在相对较短的时间内考察了许多有趣的地

---

①　奥塞梯人（Ossete），主要生活在高加索（Caucasus）的奥塞梯地区。——译者注
②　伊尔克什坦（Irkesh-tam），今为吉尔吉斯斯坦奥什州与中国新疆维吾尔自治区克孜勒苏柯尔克孜自治州乌恰县的边境口岸。——译者注
③　舒格南（Shughnan），古称识匿，今阿富汗东北部地区。洛山（Roshan），舒格南以北的山区地带。——译者注

方，考察内容之丰富远超我的既定计划，而且没有耽误任何时间。

我之所以从一开始就渴望将第三次西域考察的行程延伸到阿姆河上游的俄属帕米尔及毗邻山区，主要是因为我希望能够实地调查中国与西亚之间最早的古代交往路线并研究与之相关的问题。在东方其他地方积累的经验早已教会我，这样的实地调研对于解决历史地理问题大有裨益。因此，对于能够沿阿赖谷地①进行全线考察这件事，我从一开始就感到特别满意。14年前，当我第一次西域探险返程时，只是在从伊尔克什坦山口到塔尔德克山口②的途中看到过它的起始段。

阿赖谷地从东向西蜿蜒在帕米尔高原北部边缘地带，下游是肥沃的克孜勒河③谷地，通过观察这里的地形地貌、气候条件和当地资源，能够得到这样一个结论：沿阿赖谷地的这条自然通道正是古代中国内地和塔里木盆地的丝绸商前往阿姆河中游地区时所走的路线。生活在公元2世纪的伟大地理学家托勒密在其著作中辑录有关于这条古道的信息，即所处时代更早的泰尔的马里努斯那份著名且广受讨论的记录。这条记录描述了马其顿商人梅斯·塔蒂亚努斯的贸易代理人沿这条古道从如今的巴尔赫向"丝

---

① 阿赖谷地（Alai valley），今吉尔吉斯斯坦奥什州（Osh）南部的东西向宽阔谷地。——译者注
② 塔尔德克山口（Taldik pass/Taldyk pass），今吉尔吉斯斯坦萨雷塔什（Sary-tash）西北方的一处山口。——译者注
③ 克孜勒河（Kizil-Su/Kyzyl-Suu），中亚河流，因水流颜色被称为"苏尔霍布河"（Surkh Ab），意为"红河"。其发源于吉尔吉斯斯坦南部，自东北向西南流经塔吉克斯坦，在吉尔吉斯斯坦境内时称克孜勒河，在塔吉克斯坦境内时称瓦赫什河（Vakhsh river）或苏尔霍布河。因此下文中的"克孜勒河谷"指的是同一流域。需注意此处的苏尔霍布河不应与阿富汗北部河流索尔赫阿卜河（Surkhab）混淆。——译者注

国"——中国反向而行获取丝绸的历程。

我们无须在此讨论这份记录中关于路线走向的细节。致力于古代行记研究的亨利·尤尔爵士很久以前就确定了这条路线是从阿姆河通向阿赖谷地的。他论证了通往伊摩斯山脉的上山途中会经过的所谓"科迈多伊山谷①",实际上就是哈喇特斤②地区,即苏尔霍布河谷。中世纪的阿拉伯地理学家也称之为库梅德(Kumedh)。实际上,哈喇特斤及其向东延伸的阿赖谷地就是连接阿姆河流域与塔里木盆地的最优路线。但只有当我亲身踏上这段旅程,才真正深切体会到阿赖谷地的地理优势以及它适合作为两地之间天然通道的特质。

从俄罗斯军用道路穿过阿赖谷地的地方算起,这条宽达6至11英里的宽阔山谷一直向下延伸出整整70英里,直抵吉尔吉斯族村落达兰特库尔干③。向东再有20英里,便是从喀什一侧进入阿赖谷地的屯木伦山口④,这段路同样宽阔易行。此地的气候条件比南边的帕米尔高原更湿润,生长着丰茂的干草原植被。因此,阿赖谷地为成千上万的吉尔吉斯牧民提供了广阔的夏季草场,他们每年都赶着成群的牛羊、骆驼和马匹从费尔干纳盆地转场至此。早在1901年6月我从伊尔克什坦山口前往费尔干纳的奥什⑤

① 科迈多伊山谷(Valley of Komedoi),苏尔霍布河谷的旧称。——译者注
② 哈喇特斤(Kara-tegin),也称拉什特谷地(Rasht Valley),位于今塔吉克斯坦共和国直辖区东部,瓦赫什河中游。——译者注
③ 达兰特库尔干(Village of Daraut-kurghan),位于今吉尔吉斯斯坦奥什州阿赖谷地内。——译者注
④ 屯木伦山口(Taun-murun/Tomurun),伊尔克什坦山口以西、萨雷塔什以东的一处山口。——译者注
⑤ 奥什(Osh),今吉尔吉斯第二大城市,奥什州首府,位于费尔干纳盆地东南端。——译者注

和安集延 ① 时，我就见过一次他们的定期迁徙，驼队驮负着游牧民族家庭所用的大量挂毯、毛毡和家什，那生动的场面令我记忆犹新。现在正值高温的夏季，他们便将帐篷扎在海拔较高的支流河谷中，那里有更加鲜嫩的牧草，等到更晚些的时节再下到干流河谷中放牧。一路上都可以远远看到南面一连串巍峨雪峰的壮丽全景，其中的考夫曼山 ② 海拔近 23000 英尺。

在距离达兰特库尔干村尚且很远的地方，我就在海拔约 9000 英尺的高地上发现了早期的耕作痕迹和粗糙的石屋遗址，这些石屋遗址与如今半游牧的吉尔吉斯人建在海拔较低处的冬季庇护所颇为相似。同样，在喀什一侧，伊尔克什坦以及与这里海拔相同的高山上也发现过耕作痕迹。因此，过去往来于这条古道上的旅人，除了阿赖山最高处长约 70 英里的路段外，在沿途各地都能找到住处和补给。尽管从 12 月至来年 2 月，阿赖山脉上的积雪很深，但即使如此，这条路线依然畅通，就像现在冬季依然有很多人翻越特雷克山口 ③（海拔 12700 英尺）从伊尔克什坦前往费尔干纳一样，当年应该也有相当多的旅人全年往来于这条古道上。

过去哈喇特斤和阿赖山脉串联起的塔里木盆地和阿姆河中游之间的贸易活动如今已不复存在。阿姆河以南的巴尔赫和阿富汗北部其他地区已经很久没有中国的商队去过了。有少量区域性贸

---

① 安集延（Andijian），今乌兹别克斯坦东部城市，位于费尔干纳盆地东南部。——译者注
② 考夫曼山（Mount Kaufmann），即列宁峰，1871 年首次发现时以俄国突厥斯坦总督区总督考夫曼的名字命名，它是帕米尔高原上外阿赖山脉的最高峰，位于今吉尔吉斯斯坦和塔吉克斯坦边界。——译者注
③ 特雷克山口（Terek pass），今吉尔吉斯斯坦奥什州阿赖山脉的一处山口。——译者注

易沿阿姆河溯洄而上时会经由哈喇特斤，继而从达兰特库尔干村去往费尔干纳的马尔吉兰①或安集延，而从喀什一侧出口的货物则是借助俄国铁路翻越特雷克山口到达上述地区。

达兰特库尔干村位于哈喇特斤山谷与阿赖谷地相接的地方，它的规模不大，但为了安排运输和补给事宜，我不得不在这里短暂停留。这里设有一座俄国海关哨所，守卫着布哈拉地区的边境。再往下游走3英里便是查特村，它拥有一大片耕作区以及规模不小的城墙遗址，说明这里在俄国吞并中亚前的动荡时期曾有人驻防。这个地方非常适合建立大型驿站，而且或许托勒密在书中提到的"石塔"就在这附近。据记载，从巴尔赫行至此处的"旅行者登临山谷后"可见石塔，这里所说的山谷即为哈喇特斤山谷。

托勒密从马里努斯的记录中摘录了关于通往中国的贸易路线的描述，其中提到，游牧民族赛迦人领土的东端——现在的伊尔克什坦山口——有"商人开启前往赛里斯的行程前歇脚的伊摩斯山间驿站"，这座山间驿站指的可能也是这里。对于那些经常从喀什到费尔干纳进行交易的商人而言，这同样是一处出名的地方，中国和俄国都在此地相距不远的地方设立了海关，往来的商队总要面对多变且严苛的税收政策。

我从达兰特库尔干村出发后转向南方，跨越作为穆克苏河②源头与阿姆河上游洛山和舒格南流域之间分水岭的一连串高峻雪峰。除了众所周知的穿越克孜勒山口和缘喀拉库勒湖③而行的路

---

① 马尔吉兰（Marghilan），今乌兹别克斯坦费尔干纳州城市。——译者注
② 穆克苏河（Muk-su），今塔吉克斯坦东北部河流名。——译者注
③ 喀拉库勒湖（Kara-kul lake/Karakul lake），位于帕米尔高原北部，今塔吉克斯坦境内的咸水湖。注意不应与中国新疆维吾尔自治区的同名湖泊混淆。——译者注

线外，这是唯一能够让我从北到南纵贯俄属帕米尔的路线，而且沿途可以看到西边山脉的情况。正是因此，我选择了这条路线。沿途几处吉尔吉斯人营地遵照雅格罗上校的命令为我准备了吃苦耐劳的矮种马，但即便如此，这条路线还是非常难走。不过，成果倒是丰硕。该地区此前少有人探索，勘测得也不充分，我此行获得了许多有价值的地理发现，也欣赏了壮丽的景色。

塔尼马兹河①是发源于大帕米尔②地区的穆尔加布河的一条重要支流。行至此处，我们的路线要经过帕米尔西北遍布冰川的山脉。吉尔吉斯人泛泛地称之为塞尔塔格或慕士塔格，意即雪山③。我从达兰特库尔干村出发后首先翻越了外阿赖山的塔沙噶尔山口，翻过山口，只见遍布冰川沟壑的慕士塔格犹如一道巨大的幕墙，赫然耸立在穆克苏河湍急而宽阔的河道上方。我在喜马拉雅山脉、兴都库什山脉或是昆仑山脉中都很少看到比这更壮观的景象。它那锯齿状山脊线的海拔似乎远超 21000 英尺，几座孤立的雪峰则更高。

当时，还没有人用经纬仪或倾角仪测量过慕士塔格、耸立在帕米尔西部的其他山峰，以及连通阿姆河流域的河谷的大致海拔。然而，我们不可能在俄国领土上进行任何哪怕只是小规模的勘测工作，一想到这一点，阿夫拉兹古尔和我都不禁感到遗憾。

---

① 穆尔加布河（Murghab），发源于今阿富汗西北部的河流，流经阿富汗和土库曼斯坦。塔尼马兹河（Tanimaz）为其支流。——译者注
② 大帕米尔（Great Pamir），位于瓦罕走廊东北部的今阿富汗与塔吉克斯坦边境地带。——译者注
③ 塞尔塔格（Sel-tagh）、慕士塔格（Muz-tagh）、雪山（Ice Mountain），此处为泛称，非山峰名，指的应是今塔吉克斯坦境内东北部的雪山。根据斯坦因上下文中的地理信息，推测此处指的是伊斯梅尔·索莫尼峰一带。注意不应与中国新疆维吾尔自治区的慕士塔格峰或其他同名山峰混淆。本章同下。——译者注

但即使未经测量，我也能看出慕士塔格主峰的海拔要明显高于外阿赖山脉的考夫曼山。因此，当我得知由著名的地理学家和旅行家里克默斯博士 [1] 率领的俄德联合探险队在1929年选择了这片宏伟的山区进行系统性考察，并确定慕士塔格的高度超过考夫曼山时，我感到非常欣慰。

　　穿越慕士塔格山区的最短路线是沿着穆克苏河逆流而上，然后翻越河谷，经祖鲁姆阿尔特和塔赫塔科拉姆山口 [2] 进入大喀拉库勒湖和塔尼马兹河流域。但是，巨大的费琴科冰川 [3]（因首次发现它的俄罗斯探险家费琴科而得名）所引发的洪水，导致这条路线从春季到晚秋都完全无法通行。因此，我们不得不翻越卡因迪峡谷源头的一处海拔约15100英尺的山口。峡谷的部分区段被古老的冰碛完全阻塞，攀爬起来非常困难。

　　翻越卡因迪峡谷后，地貌变得像在帕米尔高原上一样平缓，我们下山路上途经一处高地时，广阔的费琴科冰川和它孕育的若干河谷的全貌展现在眼前。然后，我们一路缓慢爬升，沿途经过了一些景色优美的翠绿色山间湖泊，接着，翻越了海拔超过15000英尺的塔赫塔科拉姆山口。由于下一段行程需要寻找新的牲口来驮运物资，也需要新的向导来带路，现在我不得不联系柯坎·贝格 [4] 寻求帮助，他是在大喀拉库勒湖以东放牧的吉尔吉斯

---

① 维利·里克·里克默斯博士（Dr. Willy Rickmer Rickmers，1873—1965），德国探险家。——译者注
② 祖鲁姆阿尔特（Zulum）和塔赫塔科拉姆山口（Takhta-koram），均位于今塔吉克斯坦东北部山区，喀拉库勒湖以西。——译者注
③ 费琴科冰川（Sel-dara/Fedchenko glacier），中北亚最长的山谷冰川，位于今塔吉克斯坦山地巴达赫尚自治州中北部。——译者注
④ 柯坎·贝格（Kökan Beg），时为喀拉库勒湖一带的千人长。——译者注

人的千人长（即当地的首领或头人）。于是到了第二天，也就是 8
月 8 日，我们越过克孜勒贝尔山口，来到这处海拔超过 14000 英
尺的夏季营地，受到了这位老人的热情欢迎。他身上穿戴着君王
赏赐的饰品和一条华美的银质腰带，看起来威风凛凛。15 年后，
我在塔克敦巴什帕米尔时了解到，柯坎·贝格遭受了迫害，几乎
被剥夺了全部财产，这迫使他逃往中国境内避难，并最终客死
他乡。

　　我从这位出色的千人长口中得知，4 年前的一场大地震导致
穆尔加布河壅塞形成了这个大湖。这个新形成的湖泊地处曾经的
萨雷兹帕米尔[①]，它完全阻断了我翻越马尔加奈山口[②]前往阿尔楚尔
帕米尔[③]的既定路线。我并不想走那条需要经过俄国帕米尔斯基驿
站[④]的著名路线，而是决定一直走到洛山河谷源头的最后一个村庄
苏纳布[⑤]，并寄希望于在那里找到一条沿穆尔加布河溯源而上的道
路，从而绕过新形成的堰塞湖。柯坎·贝格不相信我们能带着行
李绕过湖泊。但我知道，对于吉尔吉斯人来说，能乘骑便不步行，
所以他们心中一条道路能否通过的评判标准是能否容动物通过。

---

① 萨雷兹帕米尔（Sarez Pamir），帕米尔高原 8 个平坦河谷地区之一，位于萨
雷兹湖一带。——译者注
② 马尔加奈山口（Marjanai），位于今塔吉克斯坦境内，萨雷兹湖东南方
向。——译者注
③ 阿尔楚尔帕米尔（Alichur Pamir），帕米尔"八帕"之一，位于阿尔楚尔河
谷一带。——译者注
④ 帕米尔斯基驿站（Pamirski post），位于今塔吉克斯坦穆尔加布（Murghab）。——
译者注
⑤ 苏纳布村（Saunab），过去探险家称其为"吉尔吉斯塔什库尔干"，"塔什库
尔干"意为石头城或石塔。——译者注

我们在卡拉钦①停留了一天，以便对生活在那里的吉尔吉斯人进行人体测量学研究。帕米尔的冬季寒风凛冽，而这些人却能在如此严酷的环境中生存，他们无疑是研究顽强的突厥语族群的典型样本。此后我们再次调转方向，朝塔尼马兹河进发。在发源自慕士塔格巨大冰川的塔尼马兹河干流折向南方的地方不远处，我们渡到河流的右岸，然而我们很快发现这里的河谷已经完全被巨大的石块所阻塞。看来那场大地震不仅堰塞了穆尔加布河谷，也将这里山谷西侧山嘴上的岩石震落下来。曾经可供耕种的帕勒兹河谷平原上如今堆叠的乱石有将近200英尺高。我们在这里艰难地穿行了2英里，终于在8月12日晚抵达了掩映在杨柳之间的帕索尔村②，村中零星居住着几户塔吉克牧民，这让我感到非常开心。

第二天，我们沿着河床上方的陡峭悬崖和高地行进，来到了塔尼马兹河与穆尔加布河故道交汇的地方，不过现在的穆尔加布河故道已经干涸。其上游坐落着风景如画的苏纳布村，即吉尔吉斯人口中的塔什库尔干或"石头城③"，我们在那里见到了讲伊朗语支语言的山民。他们居住在洛山的隐秘地带，身材高大，体型健壮，其中许多人看起来与欧洲人颇为相像。他们长着金发、蓝色或铁灰色的眼睛，以及长长的胡须，一眼就能将他们与吉尔吉斯牧民区分开来。这些洛山的山民，以及南部的瓦罕和舒格南山谷中的山民，属于纯正的阿尔卑斯人种，这类人种在欧洲部分地区也有分布。于是，我利用在此停留的一天时间开展了大量工

① 卡拉钦（Kara-chim），位于今塔吉克斯坦喀拉库勒湖西北的一处山口。——译者注
② 帕索尔（Pasor），今塔吉克斯坦境内村庄名。——译者注
③ 原文为"石塔"，塔什库尔干有石头城和石塔的双重含义，此处应指的是城。——译者注

作，收集了人体测量学数据，记录了此地因闭塞而得以大量保存的传统习俗、民居建筑和简易的装饰性木雕等物。我很高兴在这里再次看到了耕作良好的麦田和果园，这还是继离开喀什乡村后的头一遭。

我们在这里雇用了一队挑夫，他们在接下来的行程中扮演着不可或缺的角色。我们前往南部帕米尔高原的唯一路线是穿越穆尔加布河及其上游巴尔坦格河①的山间隘道。受1911年2月大地震的影响，这些狭窄的峡谷变得异常难以通过。地震造成的巨大山体滑坡导致许多区段的河道被彻底淤塞，同时也摧毁了原本沿河和位于河谷上方的道路。这条大河一度是阿姆河的主要支流，其过去的水量甚至能与喷赤河的水量相媲美，但现在它已经不再流淌。原本的河流被一连串深邃斑斓的高山湖泊所取代，这些湖泊也增加了我们通过该地区的难度。在一些地方，碎石像泥浆一样沿着山坡向下滑，令人无法落脚。

在第二程路途中，我们顺着山谷对侧滑落的碎石堆积而成的高大坡脊，登上了北面一处陡峭的山嘴。在下山时，我看到了一片峡湾一般的狭窄湖泊，它同样是受到萨雷兹地震的影响，因落石阻塞了西斗河谷的谷口而形成的。我们艰难地翻越了堆积的乱石，从堰塞坝的脚下绕过西斗湖的北缘。

最终，我们到达了曾经作为西斗山谷与萨雷兹帕米尔分界处的山嘴。沿这座山嘴向东南方向攀登，那场大地震所造成的地貌变化完整地呈现在我们眼前。北侧山脉中的一整座山峰崩塌滑坡，将吉尔吉斯人眷恋的牧场萨雷兹帕米尔变成了一汪美丽的

---

① 巴尔坦格河（Bartang），中亚河流，发源自今阿富汗瓦罕走廊的高原沼泽湖群，下游为穆尔加布河，最后注入喷赤河。——译者注

高山湖泊。根据俄罗斯的一份报告，这座湖泊的长度在 1913 年
就已经超过 17 英里，并且此后一直在向山谷上游延伸。巨大的
石块和碎石在滑坡的冲击力之下，被推上了西斗山谷口的陡峭山
嘴。由此形成的巨大堰塞坝即使在山体滑坡发生 4 年后，仍比新
湖的湖面高出约 1200 英尺。堰塞坝上方，滑坡后形成的部分山
崖断面上部似乎仍在发生位移，崩落的石块掉下来，在远处溅起
漫天尘埃。

　　在上文所述的山嘴脚下，我遇见了由 J. 普列奥布拉任斯基教
授（Professor J. Preobrazhenski）带领的一支俄国小队，他们刚从
阿尔楚尔帕米尔一侧到达这里，准备对这座巨大的堰塞坝进行勘
测。这些俄国科学家穿过朗格尔山口 ① 到达萨雷兹湖的南岸，然
后乘坐皮筏来到湖的这边，他们来的方向正是我想要去的地方。
他们热情地欢迎了我，但他们不相信我所规划的沿湖汊上方峭壁
的路线能够走得通。不过，勇敢的洛山领头人还是准备一试，于
是我们登上了约 13200 英尺高的山嘴，并在一处小泉眼旁扎营。

　　第二天早上，我们经过一段陡峭的下坡路，来到叶尔克湖
汊 ② 那一汪耀眼的碧水跟前，我意识到沿着地震后形成的峭壁继
续前行并穿越尚不稳定的碎石区域必定充满困难和危险。幸运的
是，我们队伍中的洛山人都是攀岩高手，非常适应在这样的山区
中生存，而且他们相当擅长在无法通行的绝壁上用灌木和石头搭
建栈道。我们历时整整 5 小时，才穿越了最为险峻的峭壁路段，
但这段路的直线距离其实只有 1 英里多一点。

---

① 朗格尔山口（Langar pass），今塔吉克斯坦朗格尔峰附近的一处山口，位于
萨雷兹湖以南。——译者注
② 叶尔克湖汊（Yerkh inlet），萨雷兹湖的一部分。——译者注

　　在到达湖汊尽头并沿着山谷爬升几英里后，我们发现了一小块平坦的土地，地震发生后，一些洛山家庭在这里进行了复垦。即使此处高于湖面约 500 英尺，但持续上涨的水位仍会让这里的居民感到不安。在这个令人愉快的地方停留了一天后，我们继续沿山谷爬升并折向南方，在接近朗格尔山口时，幸运地遇到了帕米尔斯基哨所的指挥官派来帮助我们的吉尔吉斯人运输队。于是，我们在 8 月 20 日翻越了此前未曾勘测过的朗格尔山口，这处山口比较平坦，布满岩堆，海拔约为 15400 英尺。第二天，我们抵达了叶什勒池①的最西端，站在分隔阿尔楚尔帕米尔与舒格南核心谷地的布鲁曼山脉上欣赏了它的美丽景色。在这里，我们又一次踏上了穿越"世界屋脊"的古道。

---

①　叶什勒池（Yeshil-köl/Yashilkul），也称叶什勒湖或雅什库勒湖，是位于今塔吉克斯坦山地巴达赫尚自治州（戈尔诺－巴达赫尚自治州）穆尔加布区西南部的一处高原湖泊。——译者注

第二十章

沿阿姆河上游的考察

　　从阿赖山出发后，我们已经翻越了一系列关隘，前面的道路尽管海拔较高，但比较好走。我们沿阿尔楚尔帕米尔宽阔的高原谷地爬升了两日，这条东西长逾60英里的平坦通途自古以来便是从塔里木盆地进入舒格南山区的最优路径。流传至今的历史文献中有明确记载，古时的中国旅行家和军队翻越帕米尔高原，前往舒格南和阿姆河中游地区，便是取道此处。

　　我在第三章中提到过中国将军高仙芝曾穿越冰川遍布的达科特山口，他在公元747年翻越帕米尔，率领主力部队前往舒格南地区，驱逐盘踞在阿姆河流域的吐蕃人，当时走的就是这条路线。这样做显然是因为可以从巴达赫尚一侧获得必要的物资补给。4年后，中国旅行家悟空①也沿着同样的路线前往印度西北部。作为一名和尚，他在那里修习佛法近30年。在返回故国的途中，他克服了重重困难和危险，经舒格南山区再次回到了喀什，此后不久，中原王朝在西域的统治崩溃，穿越塔里木盆地的道路也随之废弃。

　　近9个世纪后，中原王朝再次确立了在西域地区的统治，当

---

① 悟空（Wu-k'ung），唐代僧人，曾随唐朝使团出使天竺，后从西域归国。——译者注

喀什最后一位和卓①统治者携其家臣逃往舒格南和巴达赫尚的途中，清朝的军队在阿尔楚尔帕米尔地区将其击杀。乾隆二十四年（1759年）清军击败大小和卓的地点位于叶什勒池东端的苏木塔什，对于中国人以及后来的阿富汗人来说，这里便于观察沿叶什勒池以北通往舒格南山区的重要路线，也正是因此，光绪十八年（1892年）这里再次发生血腥的交战②。

我们沿蜿蜒的叶什勒池行进一天后，抵达了苏木塔什峭壁上的一座小佛寺。寺内曾有一通汉文碑记，记录着1759年苏木塔什之役的胜利。1892年6月22日，亚诺夫上校的哥萨克军团③消灭了坚守在附近哨所的最后一小队阿富汗士兵后，将这通石碑转移到了塔什干博物馆。但那块石碑巨大的花岗岩底座仍留在原地，作为中国的势力范围在过去两千年间一次又一次辐射到伊摩斯山以外区域的见证。

沿阿尔楚尔帕米尔宽阔的河谷草甸溯洄两程后，我们抵达了巴什贡巴兹阿赫兹，这里是吉尔吉斯人在帕米尔该区域的主要夏季牧场。我们在此停留了一天，进行了人体测量学调查和物资补给，然后我们继续启程向南，穿越阿尔楚尔帕米尔和大帕米尔之间的山脉。8月26日，我们跨越了巴什贡巴兹山口，这里海拔高达约16300英尺，却没有积雪。翻过山口，我们朝山下波光粼粼

---

① 和卓（Khoja），指西域的和卓家族。清朝灭准噶尔后，和卓家族的波罗尼都（大和卓）与霍集占（小和卓）兄弟二人发动叛乱，史称大小和卓之乱，后被清军平定。——译者注

② 1892年，俄国强占包括叶什勒池在内的帕米尔地区。——译者注

③ 亚诺夫上校的哥萨克军团（Colonel Yonoff's Cossacks），哥萨克人是生活在东欧大草原上的半游牧多族裔社群，具有半军事化特征。——译者注

的维多利亚湖——佐库里湖①——进发，这里是阿姆河在大帕米
尔地区支流的源头，也是俄罗斯与阿富汗的边境地带，下山途中
我们得以欣赏湖区壮丽的全景，还可以看到远方覆盖着冰川的山
脉，它将大帕米尔和瓦罕河上游地区分隔开来。

约翰·伍德上尉在 1838 年首次发现佐库里湖并留下了关于
它的生动描述。自我年轻时起，我就一直渴望一睹"大"帕米尔
的真容和它山间的美丽湖泊。当我更加深入地了解帕米尔地区的
地形地貌后，我确信玄奘法师和马可·波罗等伟大的古代旅行家
所走的路线一定曾经过这处湖泊，这使我想要考察大帕米尔的愿
望更加强烈。

8 月 27 日，我在阳光明媚的湖岸边度过了最让人愉快的一
天，不过由于此地海拔近 14000 英尺，冰冷的风沿着湖岸席卷而
来，即使万里无云，阳光普照，仍感觉非常寒冷。早上，温度计
显示的最低气温只有华氏 –12 度②。四周祥和的环境从古至今从未
被人类活动影响，这样的氛围很容易让人忘记时光的流逝，我仿
佛仍能在这里看到那些被我奉为守护神的古代旅行家的影子。

我的目光掠过深蓝色的湖面望向东方，湖水好似消失在远
方的地平线，此情此景让我感到古老传说将这座湖泊描绘成亚洲
四大河流的发源地似乎不无道理。玄奘在其记述中将这个传说与
他在当地观察到的实景奇妙地结合在了一起。佐库里湖的湖水清
澈、甘洌、颜色湛蓝，这与玄奘的记述相合。当地的吉尔吉斯人

① 佐库里湖（Lake Victoria/Zor-köl/Zorkul），古称大龙池，位于大帕米尔，今
为塔吉克斯坦与阿富汗的界湖，时为俄国与阿富汗的界湖。约翰·伍德最初发现
它时，以英国女王的名字将它命名为维多利亚湖。——译者注
② 约合 –24 摄氏度。——译者注

告诉我们，在春秋两季，湖岸边会聚集大量水鸟，并在岸边稀疏的灌木丛中产下许多鸟蛋，这同样与这位虔诚的行者所描述的完全一致。据他所说，这座湖泊非常之深，湖中藏着"各种各样的水怪①"，这当然来源于他的想象，但古代旅行者在远离人类聚落的高海拔地区看到一大片水域，会有这样的想法倒也不足为奇。

根据马可·波罗对"帕米尔"的描述可知，他所走的路线显然也经过了这座大湖。他的文字描述细致准确，以至于我不禁要在此全段引用。

"当你离开这个小国（瓦罕）之后，向东北方向在山间骑行3天，便到达了世界上海拔最高的地方！当你到达这个高度时，你会看到两座山之间有一座大湖，从中流出一条美丽的河流，河水流过一片平原，那里有世界上最好的牧草，以至于在那里，一头瘦小的牲畜在10天内就能长出令人满意的肥膘。那里有许多野兽，其中包括体型巨大的野羊，它们的角足有6个手掌那么长。牧羊人用这些角制成巨大的碗来承装食物，他们还会将这些角扎成夜间圈养家畜的栏圈。当地人告诉马可·波罗先生，这里的狼很多，杀死过不少野羊。因此荒野中有很多羊角和羊骨，人们将这些羊角和羊骨堆放在路边，以便在地面积雪时作为路标为旅行者提供指引。

"这片平原被称为'帕米尔'，你需要骑行12天的时间才能穿越它，这里一片荒芜，既没有人烟，也没有植被，所以旅行者

---

① 据《大唐西域记》记载："波谜罗川中有大龙池，东西三百余里，南北五十余里，据大葱岭内，当赡部洲中，其地最高也。水乃澄清皎镜，莫测其深，色带青黑，味甚甘美。潜居则鲛、螭、鱼、龙、鼋、鼍、龟、鳖，浮游乃鸳鸯、鸿雁、驾鹅、鹨、鸨。诸鸟大卵，遗荒野，或草泽间，或沙渚上。"——译者注

们必须携带所需的一切物资。由于这里海拔高，气候寒冷，所以你甚至看不到任何飞鸟……"

自从约翰·伍德上尉证实了马可·波罗所记述的细节，他的行记——按照亨利·尤尔爵士的话讲——便成为激发威尼斯人"开启当代探险的宏伟动因"之一。在此，我只有很少的几点看法需要补充。"世界上海拔最高的地方"这句话给我留下了很深的印象。每年从瓦罕一侧转场到大帕米尔的庞大羊群也从侧面证实了这里的草场确实质量上乘。当我经过这里时，羊群正在北面的山谷中吃草。马可·波罗口中的"野羊"也因他而得名马可波罗盘羊①，如今它们仍经常出没于湖畔的山地高处。我们在接近巴什贡巴兹山口的地方看到了很多这种盘羊，在山下的小片草甸上也发现了它们的角和骨头，这是由于冬季山区降雪后，盘羊会下到海拔较低的地方，其中一些便沦为狼群的盘中餐。我们在此逗留期间，阿夫拉兹古尔·汗用步枪在湖畔一条旁支山谷的高处猎到一只盘羊，并把羊头留给我作为纪念。猎人们都知道，这一带还有熊和豹出没。

我在维多利亚湖畔停留的这一天也收获了文物方面的资讯，这些信息再次证明了中国历史文献记载的准确性。唐代史书在记载高仙芝的远征军于天宝六年（公元747年）翻越帕米尔的历史事件时，提到他兵分东、西、北三路行军，并在阿姆河最上游——即现在的萨尔哈德集结部队。东路军和西路军显然是沿阿姆河的主要支流喷赤河行进的。北路军应该是取道大帕米尔一侧的路线，但我此前没有在地图或书籍中找到任何信息。现在，我

---

① 马可波罗盘羊（Ovis poli），也称帕米尔盘羊，是盘羊的一个亚种，主要分布于帕米尔高原。——译者注

通过询问队伍中两位游历很广的吉尔吉斯人，获得了关于这条路线的确切线索，据他们说，瓦罕的塔吉克牧民时至今日仍在使用一条穿过佐库里湖南部高山前往萨尔哈德的古道。我通过望远镜清楚地看到了这条路线所通向的肖尔吉尔加 ① 山谷源头。但遗憾的是，根据英俄边界委员会 ② 的裁决，该山谷位于阿富汗一侧，因此我无法实地验证这些信息。

俄国和阿富汗以阿姆河在大帕米尔的支流进行划界，我们沿河流右岸走了 3 程路便到达了瓦罕地区的第一座村庄，这与马可·波罗对路程的估计一致。在帕米尔河 ③ 与喷赤河交汇处附近的兰加尔开什特（Langar-kisht），我受到了守卫俄属瓦罕上游地区的小哨所指挥官的热烈欢迎。在前往兰加尔开什特的途中，我就已经远远看到了兴都库什山脉针尖状山峰上面覆盖的积雪，这样的景色令我欢欣鼓舞。这道分水岭的另一边便是印度 ④。

眼前瓦罕地区的兴都库什山脉离我们近在咫尺，它与俄罗斯领土之间只隔着喷赤河左岸一片狭长的阿富汗领土，除了看上去距离相近，其他方面也反映出两地之间的空间尺度，比如，当河流这一侧俄控区的瓦罕千人长萨尔布兰德·汗（Sarbuland Khan）前来迎接我发现他那定居在英属吉尔吉特政治代理人控制下的阿

---

① 肖尔吉尔加（Shor-jilja），山谷名。——译者注
② 英俄边界委员会（Anglo-Russian Boundary Commission/Afghan Boundary Commission），也称阿富汗边界委员会，是英国和俄国为确定阿富汗北部边界而设立的组织。——译者注
③ 帕米尔河（Pamir river），喷赤河支流，发源于今塔吉克斯坦的佐库里湖。——译者注
④ 原文为"这道分水岭是印度的边境线"，是斯坦因和当时的英国殖民者观点。原作者观点不代表译者观点。该地区至今仍为相邻几国的边境争议区，故做模糊处理。——译者注

什库曼山谷 ① 中的儿子，正是两年前带队协助我穿越艰险的吉林吉山口 ② 进入罕萨的领路人。

能够顺利抵达瓦罕地区让我深感欣慰。虽然这条阿姆河主要支流的开阔河谷地处偏远，气候恶劣，现在的人口和资源也很匮乏，但它自古以来都是从巴克特里亚的肥沃地区前往塔里木盆地南缘的绿洲一线，进而深入中国内地的最直接的通道，一直占据重要地位。1906 年 5 月，我只考察了它最上游从萨尔哈德到源头处瓦赫吉尔冰川之间的区段。因为当时不论从河流两岸的哪一侧，我都无法深入瓦罕地区的核心地带。现在，我终于有相对充足的时间，得以在当地最舒适的季节里，沿着宽阔的河谷向下游探索。

瓦罕地区的海拔虽然介于 8000 至 10000 英尺之间，但在 9 月上旬，这里的耕作区仍是一派郁郁葱葱的景象，翻越了荒凉的帕米尔之后，这样的景色令人眼前一亮。更令我庆幸的是，这个时节可以躲过瓦罕地区一年中大部分时间盛行的东风，否则在刺骨的寒风中行路必定十分艰辛。在当地人精心浇灌的土地上，小麦和燕麦正在成熟，在避风角落的果园里，果实也已挂满枝头。谷底的耕地被伸向河流的陡峭山嘴或是河畔的一片片沙质荒地分割得支离破碎，但即便如此，南方开阔的景色也足以让人眼前一亮，心生愉悦。顺着旁支山谷向南望去，兴都库什主脉海拔高达22000 英尺以上的雪峰赫然在目，而且似乎距离很近。它们看起来正如早期途经此地前往印度的中国旅行家宋云 ③ 所描述的那样，

---

① 阿什库曼山谷（Ashkuman valley），位于瓦罕走廊以南。——译者注
② 吉林吉山口（Chillinji pass），位于瓦罕走廊以南。——译者注
③ 宋云（Sung Yün），北魏时期敦煌僧人。——译者注

犹如玉石一般。

我在这里得以对瓦罕人进行了一些人类学研究，包括人体测量和观察。这个古老的民族至今仍在使用一种东伊朗语支语言，而且保留着鲜明的阿尔卑斯人种特征。公元 1602 年，耶稣会士鄂本笃①在穿越瓦罕地区前往"契丹②"的途中见到这些人时，就惊讶于他们金发碧眼的样貌，并且记录道他们与弗拉芒人颇为相似。

不过，我最在意的还是沿途见到的要塞遗址，它们坐落在能够俯瞰谷地的山嘴上，其中一些规模较大而且局部保存完好。这些要塞的平面布局，以及外护墙的建筑结构和装饰风格，都值得进行考古研究。它们在建造时，巧妙地利用了无法攀爬的山崖、山嘴和深谷等天险来增强防卫能力。虽然没有直接的考古证据，但我认为这些要塞的建造时间大致相当于萨珊王朝时期，甚至更早，但我的猜想尚有待考古发掘来证实，在此我就不展开讲述这些要塞的细节和我猜测的依据了。当地人认为它们由"卡菲尔"（即异教徒）所建造，这也侧面说明它们是伊斯兰教传入该地区前的产物。

建造它们所耗费的人力成本透过其中一座名为"拜火之城③"的要塞便可见一斑，它建在一处高达 1000 余英尺的陡峭山嘴的坡面上，它的一道道城墙，以及无数的棱堡和塔楼，都采用粗石和大块的土坯砖砌筑而成，周长超过 3 英里。尽管这些防御工事

---

① 鄂本笃（Benedict Goës/Bento de Góis, 1562—1607），葡萄牙传教士、探险家，曾穿越帕米尔地区前往中国。——译者注
② 即中国。——译者注
③ 拜火之城（Zamr-i-atish-parast/Yumchun），"Zamr"意为拜火，该要塞为崇信拜火教的部族所修建。——译者注

可能只是作为危险发生时的临时庇护所，但它们的规模庞大且异常坚固，说明在它们兴建的时代，瓦罕地区的人口和资源都要远远超过现在的水平。根据我了解到的数据，俄属瓦罕地区约有200户人家，虽然这里的家族规模通常比较庞大，但折算下来，河北岸的人口也不太可能超过3000人。之所以需要建造这样的庇护所，是因为瓦罕地区有宽阔的河谷，而且这里又是交通要道，这就导致此地经常会受到侵袭。纵观近现代史，瓦罕地区所面临的威胁主要来自西方。

瓦罕地区这些要塞遗址得以较好保存是因为当地气候干燥。至于当地居民为什么长寿，我就不得而知了。瓦罕的伊斯玛仪派[①]精神"辟尔"[②]就是一位高寿的长者，我见到他时，他正为一位生病的信徒祈福。据他所说，他已年过百岁，他的外表看上去也的确如此。令我惊讶的是，他竟然还记得自己曾于1838年邀请过前往帕米尔地区探险的伍德上尉到家中做客，并且向我讲述了当时的确切情况。他同样清楚地记得巴达克山苏丹穆拉德的残暴统治，后者在伍德上尉的记述中也多次被提及。

沿河谷继续下行，我来到了与瓦罕走廊相隔几道山岗的伊什卡希姆地区[③]，虽然它的规模不大，但玄奘和马可·波罗都曾讲述过它的重要地位。在这里，我抽时间调查了美丽的纳马古特村[④]

[①]　伊斯玛仪派（Ismailia sect），伊斯兰教什叶派中的一个支派，与什叶派中最大派系"十二伊玛目派"的分歧主要在于第七任伊玛目的人选问题。——译者注
[②]　辟尔（Pir），伊斯兰教中的教职称谓，意为"导师"或"领袖"。——译者注
[③]　伊什卡希姆地区（Ishkashm），今阿富汗伊什卡希姆县一带。河流两岸今塔吉克斯坦和今阿富汗境内各有一座名为伊什卡希姆（Eshkashem）的城镇，斯坦因所走的是河流北岸今塔吉克斯坦一侧。——译者注
[④]　纳马古特村（Village of Namadgut），位于今塔吉克斯坦境内的村庄，紧邻塔吉克斯坦与阿富汗的界河。——译者注

附近的一处被称为"恰嘎城堡①"的古代要塞遗迹。它宏伟的城墙采用土坯砖砌筑而成，墙体的部分区段厚度超过 30 英尺，雄踞在两条山脉相交处的山顶。陡峭的山崖下方是深谷，不论是什么时节都不可能有人从谷底涉水通过。城墙围合范围内有一块长约 1 英里的岩石高地，高地的西端坐落着一座堡垒。堡垒的宏伟规模同样说明这里过去的人口和资源远比现在丰富。

　　此后，经过一天的跋涉，我来到了俄罗斯设在诺特（Nut）的小哨所，这里不仅可以观察阿姆河对岸的阿富汗边境城镇伊什卡希姆，还可以瞭望那边通往多拉山口②的道路——这是去往吉德拉尔的最优路径。哨所的指挥官图曼诺维奇上尉（Captain Tumanovich）非常友好地接待了我。我高兴地发现，这位长官对波斯语和突厥语都有所了解，这在当时驻防阿富汗北部边境地区③的俄国军官中并不常见，也正是因此，俄语不好的我得以与他畅快交谈。在此我还得称赞一番勤俭持家的图曼诺维奇上尉夫人，多亏她朴实无华的待客之道，我才不至于像在其他俄国前哨时那样从早到晚坐在桌旁喝茶抽烟。我在这里逗留了两日，在此期间收集了一些伊什卡希姆语的语料素材，这是阿姆河上游闭塞山区的山民所讲的一种东伊朗语支语言，此前尚无关于这种语言的任何记录。后来，我的老朋友、语言学权威、英国功绩勋章获

---

① 恰嘎城堡（Castel of Qa'qa/Qahqaha Fortress/Khaakha Fortress），位于今塔吉克斯坦境内的古代要塞遗址，紧邻塔吉克斯坦与阿富汗的界河。城中最古老的部分建于约公元前 3 世纪。——译者注
② 多拉山口（Dorah），今阿富汗与巴基斯坦之间界山的山口。——译者注
③ 原文为"突厥斯坦省"（Turkistan Province），历史上的阿富汗北部省份。——译者注

得者乔治·格里尔森爵士①将这些语料整理出版。

阿姆河在诺特转了一个大弯，流向北方，我继续向河流下游进发，进入了被称为伽兰②的狭窄谷地。近代俄国在此修建马道以前，该地区不论是从北向南还是从南向北都极难通行。过去，伽兰谷地稀少的人口隶属于巴达赫尚管理，这些人可以通过旁支的山谷向西翻过高原，抵达富饶的巴达赫尚。这就解释了为什么马可·波罗将原产自伽兰谷地的"精美且值钱的巴拉斯红宝石③"说成是巴达赫尚的特产。这种宝石过去被巴达赫尚米尔④所垄断，由它们奴役的劳工进行开采，我在路过西斯特村上方的山区时，见到了过去开采这些宝石用的矿井。

穿越伽兰谷地的几程道路紧贴着悬崖峭壁，需要不断上下攀爬，非常累人。所以，当我于9月12日抵达舒格南山区的溪流汇入阿姆河形成的宽阔谷口时，我感到非常高兴。在两河交汇处上游不远处坐落着俄国设在"帕米尔军区"的行政中心——霍罗格⑤。霍罗格是一座很吸引人的城镇，它坐落在海拔6600英尺的山地，掩映在高大的果树和胡桃树之间。刚刚结束对塔什干访问的雅格罗上校亲切地接待了我，并为我提供了不少帮助，这使

---

① 英国功绩勋章获得者乔治·格里尔森爵士（Sir George Grierson, O.M., 1851—1941），爱尔兰语言学家。"O.M."为"Order of Merit"的简写，是由英国君主颁发给军事、科学、艺术、文学和文化方面具有显著成就人士的功绩勋章。——译者注
② 伽兰谷地（Gharan valley），伊什卡希姆地区以北的阿姆河河谷。——译者注
③ 巴拉斯红宝石（Balas rubies），一种红色尖晶石，因外观酷似宝石，被古人冠以"红宝石"的称号。——译者注
④ 米尔（Mir），沙俄时代的一种村社组织。——译者注
⑤ 霍罗格（Khoruk/Khorog），今塔吉克斯坦山地巴达赫尚自治州（戈尔诺–巴达赫尚自治州）首府，由俄国人在19世纪建立。——译者注

我在霍罗格停留的两日时光过得不仅惬意，而且颇有收获。这位才华横溢的军官对于我此行收获的古物和其他东西表现出浓厚兴趣，得益于此，我得以比原计划更加深入地探索舒格南地区。后来我之所以能够顺利通过当时由布哈拉埃米尔①管控的北部山区，也离不开他的积极协调。

霍罗格到处可以见到俄国发达文明的影响，比如用电灯照明的小兵营和一所设施齐全的俄国学校。我在此短暂逗留期间，收集了一些关于舒格南历史及其现今人口构成的信息。根据中国唐代史书和游僧行记的记载，"五识匿②"——舒格南——居民生性勇猛彪悍。玄奘本人没有亲自到过舒格南，但他在途经瓦罕地区时听闻那里的人"忍于杀戮，务于盗窃③"。时至今日，居住在舒格南以南和以西地区的温顺民族仍认为舒格南人勇敢且暴力，这也侧面印证了史书中关于他们的记载。瓦罕人仍清楚地记得舒格南人的劫掠行径。据信，如今居住在中国境内阿姆河源头色勒库尔地区的民族也曾是来自舒格南的征服者，他们操着与舒格南语极为相近的方言。

自从阿富汗和俄国先后控制阿姆河上游地区后，舒格南人的劫掠和入侵事件便成为历史。但鉴于狭窄的谷地中缺乏可耕种的土地和优良的牧场，他们迁居的习惯和开拓的精神仍体现得十分明显。我发现，由于这些山民故乡的土地贫瘠，他们每年都会

---

① 埃米尔（Amir），贵族称号，意为"统率他人的人"或"国王"。历史上，包括布哈拉在内的许多中亚和中东国家统治者自称埃米尔。如今仍有一些国家的统治者使用埃米尔称号。——译者注
② 识匿（Shih-ni），古代西域国名，其国起源不详，国王之下诸部酋长各自为政，《新唐书》称为"五识匿"。——译者注
③ 出自《大唐西域记》，意思是舒格南人杀人不眨眼，偷盗成性。——译者注

成群结队地前往费尔干纳做一些临时性的农工。另有不少人习惯于去喀布尔、撒马尔罕或其他北方城市寻找一些做佣人的工作机会。有趣的是，有时可以看到这些人在旅途中身穿老旧的僧袍或是古怪的军装，这些衣服显然是他们从白沙瓦集市上淘换的旧货，货源应该是来自喀布尔。

我从霍罗格出发，沿舒格南地区两条主要山谷中南侧的沙赫达拉① 山谷向上攀登，前往山谷尽头与阿尔楚尔帕米尔相接的高原。我们沿途经过了多处用于扼守峡谷险要位置的堡垒和军事锁钥②，这不禁令人联想起该地区过去动荡不安的局势。其中一些规模庞大的建筑遗址似乎是传说中伊斯兰教传入该地区前的产物。我们沿多扎赫达拉的山间小路进入更加宽阔的贡特河谷③ 后看到的景象也差不多。贡特河谷就像阿尔卑斯山脉的"黑森林"一样名副其实④，它的山坡上布满了古老冰碛留下的碎石，它们淤塞了源头处长达数英里的河道。

一个月前，我刚从叶什勒池水流出口上方的山坡上眺望过贡特河谷的源头，如今我又可以沿着连接帕米尔斯基驿站、阿尔楚尔帕米尔与霍罗格的俄国马道，溯游探索贡特河谷的中部地带。我在这里做了一些口述史调查，听老人们讲述了中国断断续续统治该地区的历史，以及最后一任舒格南米尔统治者的苛政。据说

---

① 沙赫达拉（Shakh-dara），今塔吉克斯坦南部山脉。——译者注
② 原文为"Chiusa"，原指河流上的闸坝，此处引申为起围堵拦截作用的军事设施。——译者注
③ 贡特河谷（Ghund/Gunt valley），位于今塔吉克斯坦南部山区，霍罗格以东，沙赫达拉以北。——译者注
④ 黑森林（Höllenthal），位于德国西南部的巴登－符腾堡州，因长满松树和杉树，黑压压一片，故名。贡特河谷的"贡特"（Ghund）在印度北部方言中有"遮蔽"之意。——译者注

由于地方统治者通过售卖妇女和儿童来牟利，人们不堪忍受，大批逃往北方的其他汗国。这便是我在来的路上见到一些风景秀美的村庄几乎无人居住的原因。

后来该地区经历了阿富汗的统治，以及短暂的布哈拉政权时期，它们同样给当地带来了沉重压迫。尽管该地区的情况在俄国的直接"军政"管理（这是印度人的说法）下已经有所好转，但截至我到访之时，历史的创伤仍未完全弥合。

第二十一章
从洛山到撒马尔罕

要前往舒格南以北的洛山山区，比较便捷的路线是沿贡特河谷顺流而下，途经贡特河与阿姆河干流交汇的霍罗格后渡河到对岸的喷赤堡[1]，再沿河流右岸俄国人新修的马道向下游行至洛山地区的战略要冲瓦马堡。但我迫不及待地想要探访横亘在舒格南与洛山之间的雪山，以及巴尔坦格河的分水岭，我曾在一个多月前途经苏纳布村时造访过该地区。于是我决定从施坦村[2]爬升，穿越高海拔的山口，前往洛山。虽然我们的行李不重，但在 12600 英尺的高海拔地区，这样的重量也让驮马难以承受。

次日的登山路程由挑夫轮流肩挑背扛地帮我们运送行李，队伍穿越了布满裂隙的冰川，爬过了陡峭的岩石走廊，经过 6 英里的艰难跋涉后，来到了一处海拔 16100 英尺的险峻山岭。此刻，看到眼前铺陈开的壮丽风光，我们顿觉之前的辛苦付出都是值得的。朝西和西北方向望去，可以看到连绵的冰川，它们从源头的

---

① 喷赤河（Panja/Pyandzh）与贡特河（Ghund/Gunt）均为阿姆河支流，二者在今塔吉克斯坦山地巴达赫尚自治州首府霍罗格（Khoruk/Khorog）交汇。霍罗格是 19 世纪俄国建造并发展的城市，在此之前，该地区的主要城镇是下游的喷赤堡（Kala-Bar-Panja/Qala-Bar-Panja），"Kala"或"Qala"意为阿富汗封建领主的乡村碉堡。——译者注

② 施坦村（Shitam），今塔吉克斯坦境内的小村落。——译者注

山坡上向下延伸，在罗麦德河谷中交汇在一起。朝西南方向望去，目光越过显眼的锯齿状山脊线，可以一直看到巴达赫尚地区的雪峰。那是我从年轻时起就一直想要探访的地区，可惜时运不济，至今仍无法前往。

我们踩着相对好走的粒雪①层下山，顺着冰川灰色的雪墙走了约7英里后，到达了冰川口，这是我们走了这么远之后遇到的第一处能够安营扎寨的地方。得益于雅格罗上校的安排，我们抵达时已经有一群魁梧的洛山人在那里等候，他们接过了我们的挑夫从舒格南一路费力背来的行囊。次日我们继续沿罗麦德河谷下行，穿过了一系列古老的冰碛台地和狭窄的峡谷，在凯则孜村附近进入巴尔坦格河谷。

从这里到瓦马堡有两日的路程，我们顺着巴尔坦格河蜿蜒的河谷向下游的阿姆河进发，这段异常难走的路程给我留下了深刻印象。走过这段路我才明白为什么洛山是帕米尔高原所有出山路线中最少有人走的一条，也明白了为什么这片山区仍居住有保留着传统生活方式的古老民族。

我们所走的这段路穿行在狭窄的深谷中，两边是高耸的群山，山顶如犬牙差互，山脚则陡峭至极。我们在凯则孜村乘羊皮筏渡到河流右岸之后，沿小道在陡峭的山石间几度上下，有时脚下的路紧贴着悬崖，能够站脚的空间甚至仅有几英寸。所幸在没有激流的河段，我们中的一些人可以乘坐羊皮筏子，从而避开最危险的悬崖路段。几名熟悉水性的人在羊皮筏子后面控制方向，我们就坐在筏子里漂流而下，沿途还能观赏旁边充满野趣的

①　粒雪（Névé），原始结晶形态的雪在热力或压力作用下，经过融解再冻结而形成团粒状的雪。——译者注

景色。起伏不平的崖壁仿佛地狱之口，紧贴着我们的身边快速掠过，沿着崖壁抬头向上看，锯齿状的雪峰时隐时现。与此同时，洛山人挑着我们的行李行走在峭壁之上，他们走路很稳，所以我们的行李安全无虞。从河中向上眺望，他们看起来就像大蜘蛛似的。

峡谷的山口坐落着一些村落，它们掩映在果树林之间，与峡谷中单调的险峻环境形成了鲜明对比，增添了一抹令人愉快的亮色。在我们选择的落脚地，碎石砌筑的简陋民居从外面看起来并不宜居，而进入屋内之后可以看出，房间的陈设简单却舒适，而且比较古老，屋内有烟熏的痕迹。这些民居建筑客厅的平面布局以及天窗和炕台的布置方式，都与塔克拉玛干沙漠中古代建筑遗址和此地以南的兴都库什山谷中当代民居的内部构造十分相像。岁月更迭似乎真的没有影响到这片闭塞的亚洲山区。我甚至在想，巴克特里亚的希腊人和印度－斯基泰人在公元前几个世纪到访这里时，看到的景象或许也与我看到的景象无异吧。

我在途中遇到的当地人的外貌特征也带给我同样的感觉。后来抵达瓦马堡时，我才终于有机会对他们进行了人体测量。由于他们经常需要在山间穿行，而险峻的山道上无法使用牛马等畜力，只能徒步，所以他们的四肢光洁而健硕。他们的五官分明，而且几乎都很匀称规整，眼睛和头发的颜色通常比较浅。我在穿越阿姆河流域的山谷时遇到过不少讲伊朗语的山民，我认为洛山人是其中保存了最纯正阿尔卑斯人种血统的群体。我的朋友——大英博物馆人类学藏品部负责人 T.C. 乔伊斯先生对我收集的测量数据和观察报告进行专业分析后，证实了我的判断。

在抵达巴尔坦格河与阿姆河的交汇处之前，我们还要穿越一些更加险峻的峡谷，这些路段的岩壁几乎垂直，需要踩着晃晃悠悠的木质梯子攀登而上。最终，我们抵达了一片相当开阔的地带，从这里可以直接通向洛山的首府瓦马堡。我们在瓦马堡休整了一日，我借此机会在一片怡人的果园中开展了人类学研究，果园旁边有一座城堡废墟，那是沙俄管理这片附属领地的舒格南米尔所在地。我还捡到了一些古老的木雕残件，它们是千人长家里装修时有意替换下来的，与废旧木料堆在一起。从这些木雕装饰构件中，可以很容易地辨认出一些装饰母题，如形似铁线莲的程式化纹样，我在犍陀罗希腊化佛教浮雕以及尼雅遗址和楼兰遗址的木雕上也见过此类纹饰。

千户长的房子里有一间精心布置的大厅，体现了当地室内装饰的典型风格，这是整个大家族在冬季使用的起居室。支撑木质天花板的每根木柱都有各自的名字，炕台被木柱分隔出的每块区域都有各自的用途。有趣的是，天花板下方的高处有一个凹进墙里的壁橱，那是孩子们睡觉的地方，壁橱正下方是圈养小牛的牛棚，小牛的体温可以将上面的壁橱烘暖。

洛山妇女一向以肤白貌美而闻名。我有幸在村中头人的带领下一连拜访了居住在他家附近的三代人，从而印证了这一传闻。他的妻子和母亲就像欧洲贵妇一样面色白皙，两个小姑娘也长得十分俊俏。在我们拜访时，他的祖母正忙着用一种野生莓果涂抹她那玫瑰色的双颊，以便让肌肤更白皙，气色看起来更好，这是当地人的一种传统风尚。

9月27日，我从瓦马堡动身前往哈喇特斤，途中需要穿越东部的峡谷和群山——该地区在 1877 年以前是达尔瓦兹公国 ① 的领土，此后被布哈拉吞并。此时已临近冬季，我所规划的穿越高海拔山口的路线很可能会因降雪而无法通行。所以我们必须快速通过该地区。好在里克默斯博士在《突厥斯坦河间地带》② 一书中记录了布哈拉山区大部分区域的情况，为不懂俄语的人提供了获取相关信息的窗口，通过阅读这本书，我也算是做了些行前准备。我的这部分旅程就不在此展开详述了。

　　原本从洛山到与之接壤的北部亚兹古拉姆 ③ 谷地是无法继续沿阿姆河顺流而下的，因为两地之间有一系列难以翻越的隘口。近年来俄国人开山炸石修建马道，改变了这种情况。但我还是想循着古道，从阿都德山口 ④ 翻越横亘在洛山与亚兹古拉姆之间的山脉。两地之间的这道分水岭海拔约 14500 英尺，隘口处有冰雪覆盖。从隘口往下走的道路蜿蜒曲折，先要穿越一片布满裂缝的冰川，然后跨过一连串古老的冰碛，进入一条谷底长满桦树和刺柏的狭窄山谷。在我们抵达马杜伦村 ⑤ 之前，天色就已经黑了。

　　第二天一早，前来迎接我的布哈拉官员热情地告诉我，雅格罗上校已经向达尔瓦兹方面打过招呼，将为我提供协助。看到这

---

① 达尔瓦兹公国（Principality of Darwaz），位于今阿富汗与塔吉克斯坦边境地区，曾隶属于帖木儿王朝，帖木儿王朝衰亡后达尔瓦兹获得了比较高的独立性，直到 1878 年被布哈拉埃米尔国吞并。——译者注
② 《突厥斯坦河间地带》（Duab of Turkestan），突厥斯坦河间地带指的是阿姆河与锡尔河之间的地区。——译者注
③ 亚兹古拉姆（Yazgulam/Yazghulom），河流名，位于今塔吉克斯坦东部。——译者注
④ 阿都德山口（Pass of Adude），洛山与亚兹古拉姆之间的一处隘口。——译者注
⑤ 马杜伦村（Matraun/Motravn/Marsun），位于今塔吉克斯坦境内，亚兹古拉姆流域的一座村庄。——译者注

些官员面色黝黑，身着艳丽顺滑的丝绸长袍，我意识到自己就快要走出阿姆河上游的山区了。亚兹古拉姆一带约有 190 户居民，这里长期属于达尔瓦兹与舒格南 – 洛山之间的两不管地带，他们凭借这一点优势，一有机会就劫掠两边的邻居。虽然他们的语言与舒格南语很像，但他们的外貌更似北方山民，所以他们与达尔瓦兹的交流更多。

我们沿着亚兹古拉姆河快速地顺流而下，令我感到高兴的是，在汇入阿姆河畔新修的马道之后，我们很快便抵达了万赤大峡谷的山谷口。这条马道沿几乎垂直的山崖开山凿石而成，一些地方还冒险修筑了狭窄的栈道，我顿时明白了为什么过去即便对于当地山民来说穿越这片幽暗山谷都是风险极高的事，而且根本无法使用车马运输。通过这片区域后，宽阔的万赤峡谷出现在眼前，山谷中种满了农作物，景色的变换令人愉悦。10 月 1 日，我们向山谷的高处进发，这一天的路途虽然漫长，但并不难走，沿途看到的景象说明这里的气候更加湿润。两侧山坡的低处是开垦出的梯田，但并未见到灌溉设施，而且梯田上方的山坡还长满了树木。谷地的村庄周围有大片的果园，田间也种有一排排树木，看起来好似公园一般。

随着景观的变化，当地居民的外貌和生活方式也呈现出变化。同布哈拉山区的其他所有塔吉克人一样，这里的居民也只说波斯语。尽管他们已经不再使用东伊朗古代方言，但他们可能比平原地区的 "撒尔塔人[①]" 拥有更纯正的伊朗血统，更能代表古代

---

① 撒尔塔人（Sarts），指生活在中亚和中东的定居民，撒尔塔本意为 "商人"，并非特指某一民族，而是包括了生活在该地区的突厥化粟特人、塔吉克人、波斯人的庞杂群体。——译者注

粟特的原住民群体。平顶白墙的当地大型民居也反映出气候和生活条件的变化。

前一段时间我从阿赖山①往南走的路上，从另一个方向看到过塞尔达拉河与塔尼马兹河源头之间的雪峰，但这一天山间浓云密布，这些壮观的雪峰也被云层挡住了。第二天，山间下起了猛烈的雨夹雪，我们不得不在西塔格②村停下来休整。这里有一道以村庄名字命名的山口，穿过它可以通往瓦基亚巴拉广袤山区上游的兴加布河谷。当地头人很聪明，他担心我们在这样的天气状况下穿越山口会有危险，于是让我写了一份保证书，以证明无论出现什么问题，他们都不必承担责任。所幸，天空最终放晴，我们于是在天亮前就早早地向山口进发了。

上山的路很陡，但刚开始的一段并不难走，山坡上长着一些山地植被。接着，我们要爬过积雪覆盖的冰碛，穿越陡峭的冰川。最终，经过7小时的跋涉，我们抵达了海拔约14600英尺的山口。站在山口眺望，只能看到这片巨大冰川的源头，跨过它才是下山的路。当我们迂回穿越冰川上的无数长裂隙，行进了1.5英里后，眼前豁然开朗，一条壮观的冰流出现在我们面前，南侧山脉的巨大冰川伸展下来与之相连。我们从山口向下沿冰碛陡峭的切面走了约10英里后，才抵达冰流交汇后形成的约150英尺高的冰川口。从冰川口再下行3英里，我们终于欣慰地在一块长草的小台地找到了适合扎营过夜的地方。

10月4日这一天的行程比较轻松，我们在这一天抵达了兴加

---

① 阿赖山（Alai），位于今吉尔吉斯斯坦和塔吉克斯坦两国边境上，是帕米尔高原最北的一条山脉。——译者注
② 西塔格（Sitargh），村庄名，也是隘口名。——译者注

布河谷海拔最高的村庄帕什加尔①。第一处有人耕种的田地出现在
海拔约 9500 英尺的地方，比那里高 3 英尺的地方还有一片已经
荒废的梯田。我们知道我们所要横渡的加尔莫河发源自慕士塔格
西坡的冰川②，我在 8 月份从它的北坡经过时，它就给我留下了深
刻的印象。虽然从这里也能看到它，但我不能驻足欣赏，因为在
下到瓦基亚巴拉的河谷地带之前还有两日的行程要赶，这样才能
在冬季的初雪封锁沿途需要跨越的高海拔山口前抵达哈喇特斤。

　　这几日的路途中，我们经过了许多掩映在果园和苗圃中的美
丽村庄。但透过村庄中大片无人耕种的良田和其他一些迹象，可
以明显看出当地政局动荡的影响。我们途经的村子不论大小，前
来迎接我的头人都身着华丽的丝绸长袍，颜色如彩虹一般丰富多
样，仿佛在向我彰显当地的富庶，但这可骗不了我。后来我了解
到，这些"命服③"是源自布哈拉宫廷的一种传统敛财手段。布哈
拉的统治者不向亲信或朝臣发放俸禄，而是让他们将这些象征荣
誉的命服作为信物拿去交给各省的地方官，以示统治者对他们的
偏爱。而根据传统，地方官要向代表统治者为他们送来命服的人
回馈丰厚的银两。地方官为了收回银两，会让属下将命服带给税
官④或下级官员，经过层层传递，这些象征最高统治者垂青的命
服最终成为了搜刮地方头人的工具，而这些头人继而会将这个负

---

① 帕什加尔（Pashmghar），村庄名，今已废弃。——译者注
② 慕士塔格（Muztagh），同本书第十九章所指代的对象。山坡上的冰雪融水形
成加尔莫河（Garmo）。——译者注
③ 原文此处的"Khillat"指的是中亚和中东地区君王赏赐的礼服或其他礼物，
是一种荣誉的象征，与汉语中的"命服"（天子所赐的官服）意思接近。——译
者注
④ 税官（Amlakdar），历史上中亚地区称高级税官为"Amlakdar"。——译者注

担分摊到农民身上。在这般财政管理方法和几乎同中世纪一样的社会公平状况之下，埃米尔^①的子民对于俄国革命后布哈拉政权的垮台表现得漠不关心，甚至拍手称快，也就不足为奇了。

10月6日，由于天降大雨，我们不得不在距离瓦基亚巴拉地方税官破败的驻地不远的拉吉克村停留休整。所幸天空再次放晴后，尽管山间新落了些积雪，但我们在接下来两天的行程中还是先后顺利通过了鸽脖岭的隘口和地貌特征与帕米尔高原颇为相似的图布查克高原。里克默斯博士在这一带山区进行探险的很长一段时间里，就是以图布查克作为根据地，他在自己的著作中描述过图布查克以南壮观的高峰和漂亮的冰川。

从图布查克高原上穿越了沿苏尔霍布河谷分布、南抵哈喇特斥地区边界的辽阔山脉之后，我的眼前呈现出一派开阔壮丽的风光。从西边彼得大帝山脉^②的雪峰，沿着外阿赖山一线，一直可以看到东边远处慕士塔格的雪墙——我第一次看到它是在塔沙噶尔山口。至此，经历了两个月收获颇丰的游历，穿越了帕米尔高原和阿姆河上游的高谷之后，我再次回到了科迈多伊山谷，重新踏上了这条我在阿赖山时就渴望探寻的古代丝绸贸易之路。

从山顶下到宽阔谷底的过程中，我看到当地人正在海拔约8000英尺以下的地方收割庄稼，这里的山坡土壤肥沃，雨雪充足，无须灌溉设施也能进行耕种。种植在瓦罕走廊海拔2000英尺以上地带的作物比这里要早一个月收割，这说明此地的气候条件更加湿润。在哈喇特斥，我再次见到了说突厥语的吉尔吉斯

---

① 　此处指的是布哈拉统治者。——译者注
② 　彼得大帝山脉（Range of Peter the Great），位于今塔吉克斯坦中部。——译者注

人，他们生活在居住条件舒适的村庄里。但是我们有理由相信，早在吉尔吉斯人随最近一次移民潮来此定居之前，这里肥沃的土地和丰美的草场一定也吸引过入侵此地的突厥人。

"哈喇特斤"这个名字本身和该地区的主要地名都是突厥语，说明突厥人早先曾占领过这里。后来的吉尔吉斯人无疑也像突厥人一样，通过占领的方式获得了这片宜居的土地，有意思的是，如今随着塔吉克人持续不断地从达尔瓦兹和西部地区迁入这里，吉尔吉斯人正逐渐遭到排挤。哈喇特斤的吉尔吉斯人仍保留着半游牧的生活传统，会在夏季逐水草而居，因此他们对于土地的开发程度远不及勤奋且温和的邻居。

透过上述种族更迭的历程，或许更容易理解生活在今撒马尔罕和布哈拉平原地区的古代粟特原住民——伊朗人[1]是如何在游牧民族一次次入侵后重新夺回土地控制权的。我在哈喇特斤地区了解到当地存在吉尔吉斯男性迎娶塔吉克妇女的现象，这是另一种夺回主动权的有效方法。古伊朗人通过通婚，即使不能完全同化突厥征服者，也逐渐改变了后者的民族性格。

10月11日，我们在哈喇特斤米尔的驻地加尔姆[2]停留，并在当地高官漂亮的花园里搭起帐篷，好好地休整了一天。其间，我饶有兴致地体味了这片俄属中亚闭塞地区颇具中世纪遗风的官场礼仪和风气。我们从加尔姆出发后继续沿苏尔霍布河谷顺流而下，起初的两程路比较好走，而后河流折向南方，河谷收窄，在

---

[1] 塔吉克人的祖先是发源于东伊朗高原的斯基泰人（伊朗人的分支）。——译者注
[2] 加尔姆（Gharm），今塔吉克斯坦共和国直辖区拉什特县的行政中心。——译者注

此后很长一段距离内都没有适合进行贸易活动的地方。我们的路线从附近因温泉而得名的阿布伊伽姆 ① 村折向西。古代前往巴克特拉 ② 的丝绸商人无疑也是走的这条路线。

我们在这里穿越了几道河谷，最终离开了帕米尔地区，进入一片开阔的河谷平原。曾经的独立城邦希萨尔 ③ 就坐落于此，阿姆河的两条支流——苏尔汉河和科法尔尼洪河 ④ 也从这里流淌而过。既然行路至此，不顺道拜访阿姆河南岸的巴尔赫（即古代的巴克特拉）似乎说不过去。但考虑到我要在冬季赶到波斯的锡斯坦地区工作，而从这里过去还要一些时日，我只得先尽快抄近路前往撒马尔罕，再从那里借助中亚铁路前往最终目的地。于是我们分 9 程路急行 270 英里，穿越了布哈拉这片相对比较出名的山区地带。

其中前 4 程路途经了大片肥沃的地区，当年这里一定对入侵粟特的游牧民族具有特殊的吸引力。从阿布伊伽姆前往法扎巴德 ⑤ 的途中，我们经过了大片丰美的草场。这些草场连同北部的山谷一同归属希萨尔的乌兹别克领主拥有，他们会在夏季将大群的羊、牛、马转场到这里。接下来的 3 程路，我们沿这片肥沃平

① 阿布伊伽姆（Ab-i-garm），村庄名。——译者注
② 巴克特拉（Baktra），今阿富汗北部古城巴尔赫（Balkh）的旧称。——译者注
③ 希萨尔（Hissar），今塔吉克斯坦共和国直辖区西部的一座古城。1711 年，布哈拉的乌拜杜拉汗（Ubaydullah Khan）遇刺，希萨尔借机宣布独立。——译者注
④ 苏尔汉河（Surkhan）和科法尔尼洪河（Kafirnihan），阿姆河的右岸支流。——译者注
⑤ 法扎巴德（Faizabad/Fayzabad/Faizabod/Fayzobod），今塔吉克斯坦城镇名，介于阿布伊伽姆与希萨尔之间。注意不应与阿富汗的法扎巴德（Faizabad/Fayzabad）或印度的法扎巴德（Faizabad）混淆。——译者注

原的北缘先后经过了杜尚别①、喀拉塔格河②和雷加尔③，这片易于灌溉的富庶之地当时仍由乌兹别克人控制④。但是在这片土地上耕作的却大多是塔吉克人，而且他们正逐步通过租借或购买的方式成为土地的实际控制者。

我们注意到，不少乌兹别克村民的庭院中仍保留有芦苇搭建、毛毡覆顶的棚屋，它们便于转场时拆卸，说明过去占领此地的突厥民族半游牧的生活习俗得到了继承和保留。这些棚屋是当地居民从夏季草场带回来的，比起一旁的泥巴房，他们更喜欢住在这样的棚屋里面。抛开腐败的布哈拉官员征收的苛捐杂税不谈，该地区肥沃的土壤和宜人的气候条件还是让当地人过上了相当舒适的田园生活，也孕育出了繁盛的农业贸易。

从希萨尔地区前往粟特古代重镇撒马尔罕和布哈拉的旅人，一般会选择西南方向比较好走的古道，途经阿姆河畔的铁尔米兹⑤，穿过低矮的丘陵和"铁门关⑥"，最终抵达目的地。但为了缩短行程，同时为了能够一探横亘在希萨尔与布哈拉干草原之间的

---

① 杜尚别（Doshambe），今塔吉克斯坦的首都。——译者注
② 喀拉塔格河（Kara-tagh），流经今塔吉克斯坦西北部和乌兹别克斯坦东部的河流。——译者注
③ 雷加尔（Regar），村庄名，意为"建在沙土上的城镇"，位于希萨尔以西约40千米处。今塔吉克斯坦城市图尔孙扎德（Tursunzoda）就是在雷加尔的基础上发展起来的。——译者注
④ 如今这些地方已是塔吉克斯坦的领土。——译者注
⑤ 铁尔米兹（Termez），又译泰尔梅兹或帖尔梅兹，今乌兹别克斯坦苏尔汉河州首府。——译者注
⑥ 铁门关（Iron Gate），古代丝绸之路重要隘口，位于今乌兹别克斯坦境内。——译者注

山地，我选择了西北方向经塔什库尔干^①前往沙赫里萨布兹^②的道路。这条路先是穿过了管状的狭窄山谷，而后沿着风景如画的林间山路来到已是积雪覆盖的卡尔库什山口。翻过山口，我们来到了一块长满牧草的台地，常有乌兹别克人来这里放牧，再往下走是一片水源充沛的宽阔谷地，这里的溪流都朝卡尔希^③的方向流去。我们于 10 月 20 日抵达了该地区的大城市沙赫里萨布兹，次日乘坐颠簸的俄式四轮马车穿越塔克塔卡拉查山口^④和宽阔的扎拉夫尚河谷^⑤，风尘仆仆地前往撒马尔罕。

抵达这座繁华的大都市后，我感觉自己在中亚古道上的旅程也可以画上圆满的句号了。在如今的城市东边，有阿弗拉西亚布古城残存的高大土丘，那是粟特故都，亚历山大时代的史学家称其为"马拉坎大"，中国史书典籍对它也有记载^⑥。附近还有一些

① 塔什库尔干（Tash-kurghan），位于今乌兹别克斯坦苏尔汉河流域。需注意不应与中国新疆的塔什库尔干混淆。——译者注
② 沙赫里萨布兹（Shahri-sabz），今乌兹别克斯坦城镇名，古称"渴石""竭石""乞史""伽色尼城"，距撒马尔罕约 80 千米。——译者注
③ 卡尔希（Karchi/Qarshi），今乌兹别克斯坦东南部城市，卡什卡河州首府。——译者注
④ 塔克塔卡拉查山口（Takhta-karacha pass），位于撒马尔罕以南约 40 千米处。——译者注
⑤ 扎拉夫尚河谷（Zarafshan valley），撒马尔罕就坐落在扎拉夫尚河谷中。——译者注
⑥ 阿弗拉西亚布（Afrasiyab），大约存于公元前 500 年至公元 1220 年间的古代城市，撒马尔罕的前身。古希腊人称之为马拉坎大（Marakanda），亚历山大大帝曾征服此地，所以在欧洲史书中对它有记载。中国史书中称之为"康居"或"康国"，有学者认为康居和康国是指代的同一个国家，也有学者认为康国存在的时间比康居晚，康居的国民随畜迁徙，而康国的国民是定居的经商民族。——译者注

当年帖木儿为他的帝国建造的精美装饰建筑^①。不过，撒马尔罕的俄国人聚居区比我 15 年前第一次到访时规模更大，而且建设得更像是一座东欧城市。

　　我走在"俄国城"的街道上，眼前的景物让我联想到战争正在动摇现代欧洲的根基，不禁悲从中来^②。同样，有征兆表明，这些最后一批中亚入侵者自己的帝国也正面临着剧变^③。伴着撒马尔罕的古迹，我对于几次中亚之行的介绍也就到此为止了。

---

①　帖木儿（Timur），帖木儿汗国的缔造者，汗国的都城在撒马尔罕（后迁都至赫拉特，今阿富汗西北部城市）。本句原文为"帖木儿用装饰性建筑装点了这座中世纪莫卧儿帝国的伟大城市"，存在时空错误。莫卧儿帝国（Mughal）是帖木儿汗国覆灭后，帖木儿的后裔巴布尔逃亡至次印度大陆建立的国家。——译者注
②　当时的欧洲正经历第一次世界大战。——译者注
③　斯坦因此处所说的最后一批外来入侵者即俄国人，19 世纪末俄罗斯帝国吞并了中亚大面积土地，设立了突厥斯坦总督区。帝国的剧变指的是十月革命推翻沙俄统治。——译者注

关于作者

奥莱尔·斯坦因爵士（1862—1943），英国考古学家，1862
年11月26日生于布达佩斯。他先在维也纳大学和蒂宾根大学求
学，继而赴英格兰深造，1888年赴印度任旁遮普大学教务主任
和该校东方学院院长。他奉命在印度教育部工作，并且在此后的
两年中协助印度政府在中国西域进行考古调查。1906—1908年，
他在中亚和中国西北地区进行了更加深入的调查。他自1910年
起成为印度考古调查局负责人，1913—1916年间在伊朗和中亚
进行调查，相关成果收录于《地理期刊》（1916）。他于1912年
荣获印度帝国爵级司令勋章。1926年，他继续在印度西北边境开
展调查，发现了奥诺斯遗址。自1926年起至他去世前，他又调
查了伊朗、伊拉克和外约旦酋长国。1943年10月28日，斯坦因
逝世于阿富汗喀布尔。

他的著作有《克什米尔帝王史》（1900）、《古代和田》（1907）、
《中国沙漠中的遗址》（1912）、《塞林提亚》（1921）、《千佛》（1921）、
《寻访亚历山大在印度河流域的足迹》（1929）、《敦煌壁画图录》
（1931）、《格德罗西亚地区考古记》（1931）、《伊朗东南部考古调
查》（1937）、《伊朗西部的古道》（1940）。本书，即《西域考古
记》首次出版于1933年。

附录

参考图录^①

第二章

▲ 图 2-1　安息以南废弃城池东北角被风蚀的东墙

第三章

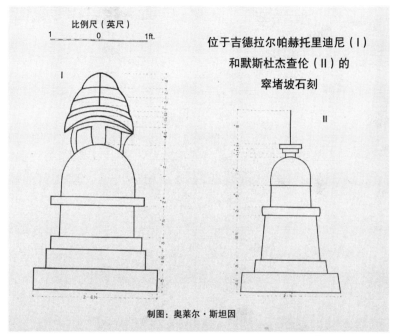

制图：奥莱尔·斯坦因

▲ 图 3-1　位于吉德拉尔帕赫托里迪尼（Ⅰ）和默斯杜杰查伦（Ⅱ）的窣堵坡石刻

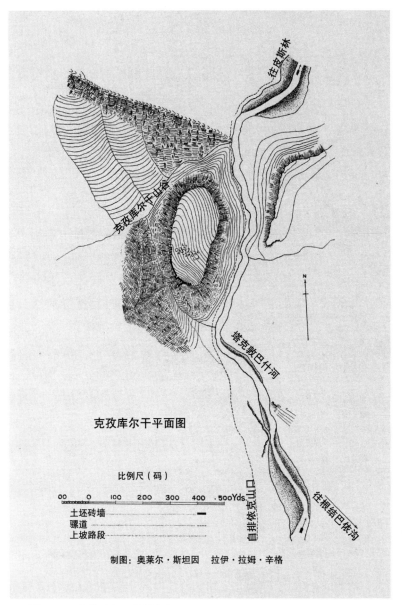

▲ 图 3-2 克孜库尔干平面图

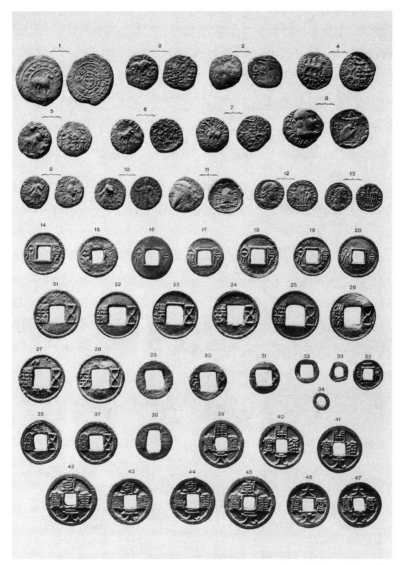

▲ 图 3-3　和田、楼兰、敦煌和其他遗址出土的汉佉二体钱、印度－斯基泰钱币、罗马钱币和早期中国钱币

▲ 图3-4　莎车、和田、喀达里克、瓦石峡、柯坪和其他遗址出土的中国
"中世纪"时期及伊斯兰教传入后的铸币

▲ 图 3-5　自马拉根德要塞向东北方向眺望斯瓦特河谷

▲ 图 3-6　吉德拉尔帕赫托里迪尼的窣堵坡石刻及铭文

▲ 图 3-7　吉德拉尔默斯杜杰查伦附近的刻有窣堵坡图案及铭文的巨石

▲ 图 3-8　作为人体测量学调查对象的吉德拉尔人和默斯杜杰人

▼ 图 3-9　默斯杜杰要塞和耶尔洪河谷

▲ 图 3-10 从东南方向远观塔什库尔干的中式堡垒

▲ 图 3-11 吉德拉尔的巴达赫尚侨民

▲ 图 3-12　在塔克敦巴什帕米尔排依克哨所拍摄的色勒库尔人和吉尔吉斯人

▲ 图 3-13　自坎西尔堡垒眺望阿姆河谷对侧萨尔哈德村高处的山脉

▲ 图 3-14　眺望齐齐克里克岭西南方向

第四章

▲ 图 4-1　约特干出土的陶器

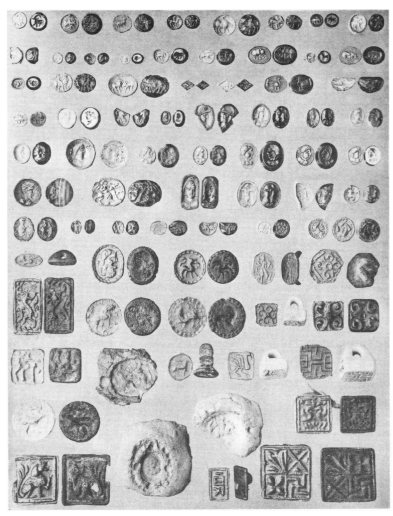

▲ 图 4-2 石印章、金属印章和封泥印记，多为约特干出土，亦有从和田
地区其他遗址出土

▲ 图 4-3　在河堤东端拍摄的达玛沟

▲ 图 4-4　在达玛沟与固拉合玛之间灌木丛生的荒地上新开辟出的耕地

第五章

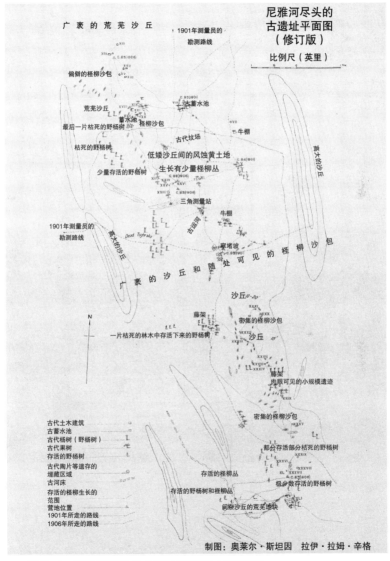

▲ 图 5-1 尼雅河尽头的古遗址平面图（修订版）

▲ 图 5-2　尼雅遗址出土的椅子腿和其他木雕

▲ 图 5-3 尼雅遗址出土的佉卢文文书上的封泥印记

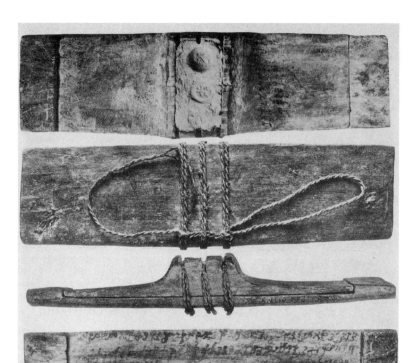

▲ 图 5-4　尼雅遗址地点出土的写有佉卢文的双层长方形木牍

▲ 图 5-5　尼雅遗址出土的写有佉卢文的长方形木牍和楔形木牍

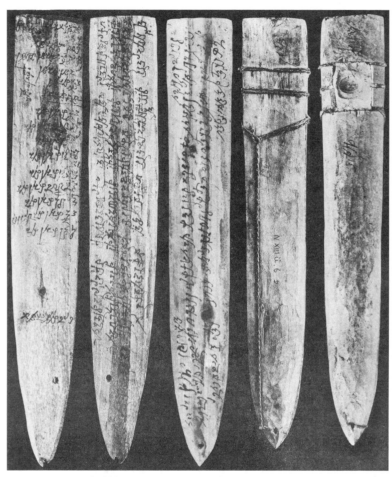

▲ 图 5-6　尼雅遗址出土的双层楔形木牍上的佉卢文文书

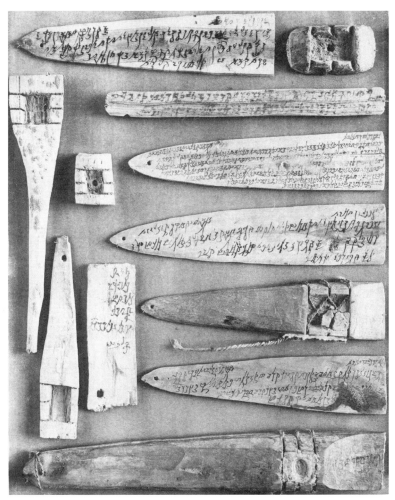

▲ 图 5-7 尼雅遗址出土的楔形和签状木牍上的佉卢文文书和印槽

▲ 图 5-8　从东南方向远观贾法尔·萨迪格麻扎

▲ 图 5-9　尼雅遗址中发现的古代水池遗迹

▲ 图 5-10 发掘后的尼雅遗址中的大厅和书房（发现储藏文书的地下密室的地方）

▲ 图 5-11 发掘后的尼雅遗址中的房屋遗址大厅，采用立柱和带雕花的双托架支撑

▲ 图 5-12 尼雅遗址中建筑遗址房间中的壁炉和炕台

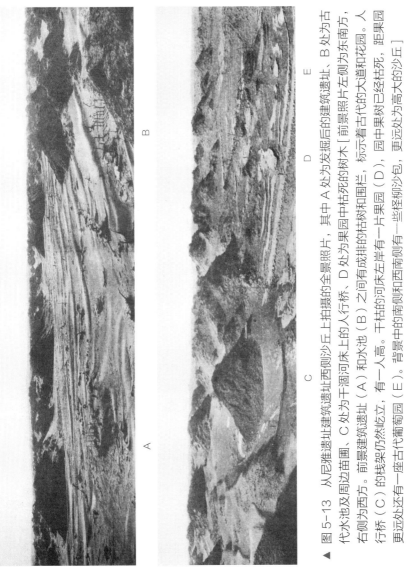

▲ 图 5-13　从尼雅遗址建筑遗址西侧沙丘上拍摄的全景照片，其中 A 处为发掘后的建筑遗址、B 处为古代水池及周边菜田圃，C 处为干涸河床上的人行桥、D 处为果园中枯死的树木和围栏 [前景照片左侧为东南方，右侧为西方。前景建筑遗址（A）和水池（B）之间有成排的枯树和围栏，标示着古代的大道和花园。人行桥（C）的栈架仍然屹立，有一人高。干枯的河床左岸有一片果园（D），园中果树已经枯死，距果园更远处还有一座古代葡萄园（E）。背景中的南侧和西侧南侧有一些经柳沙包，更远处为高大的沙丘]

/ 307

第六章

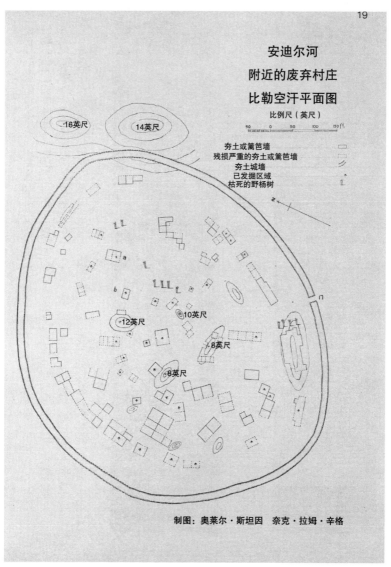

▲ 图6-1 安迪尔河附近的废弃村庄比勒空汗平面图

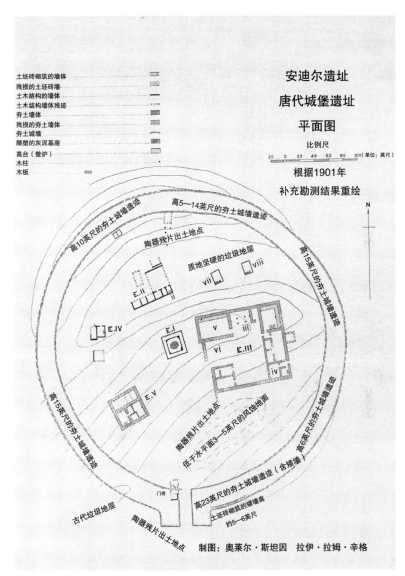

▲ 图 6-2　安迪尔遗址唐代城堡遗址平面图

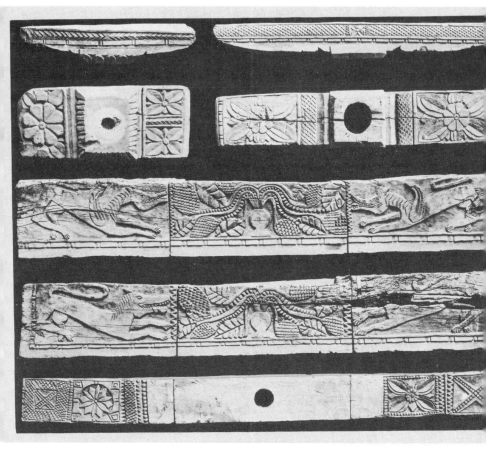

▲ 图 6-3 尼雅遗址三个建筑遗址出土的带雕花的双层木牍

▲ 图6-4　安迪尔遗址唐代城堡中发现的地下房间的内部

▲ 图6-5　从安迪尔遗址唐代城堡外部拍摄的环形围墙南段及城门

▲ 图6-6　从东北侧拍摄的安迪尔遗址唐代城堡遗址内部（前景为发掘前
的大型建筑的围墙。A处为城墙墙角下垃圾堆的位置，B处为城堡中心
佛寺中垃圾堆的位置）

第七章

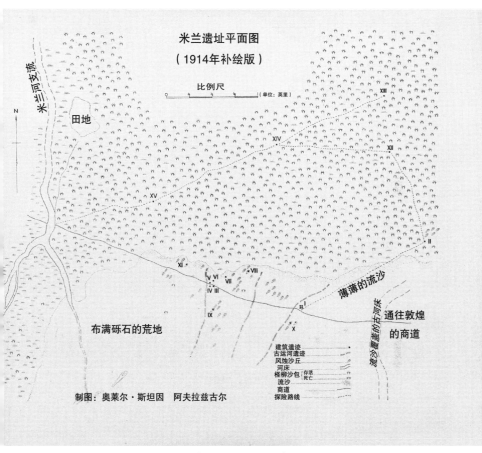

▲ 图 7-1　米兰遗址平面图（1914 年补绘版）

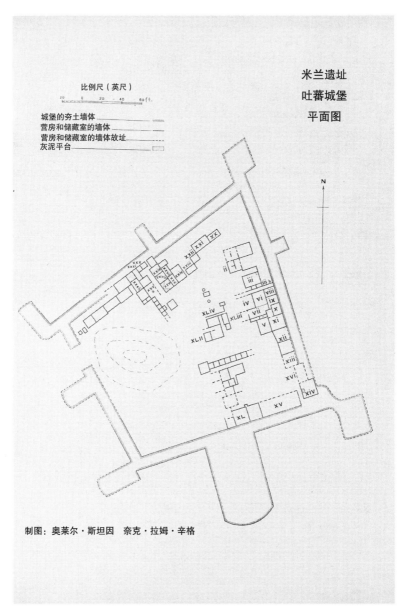

▲ 图 7-2 米兰遗址吐蕃城堡平面图

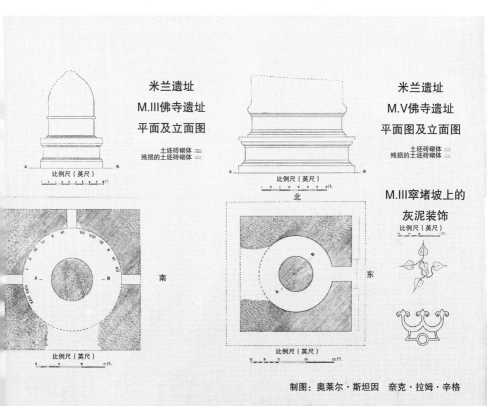

▲ 图 7-3　米兰遗址 M.III 佛寺遗址平面及立面图、M.III 窣堵坡上的灰泥
装饰、米兰遗址 M.V 佛寺遗址平面图及立面图

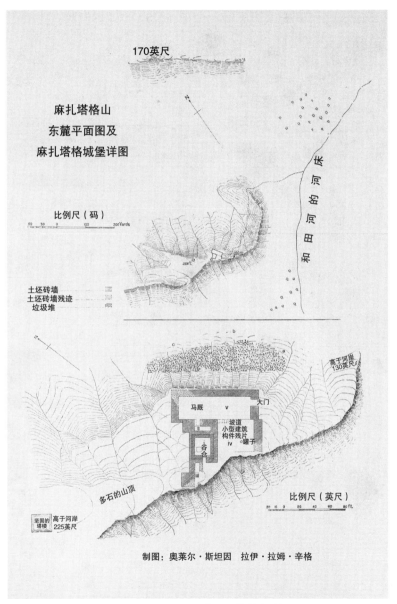

▲ 图 7-4 麻扎塔格山东麓平面图及麻扎塔格城堡详图

▲ 图 7-5　米兰遗址吐蕃城堡出土的纸质文献

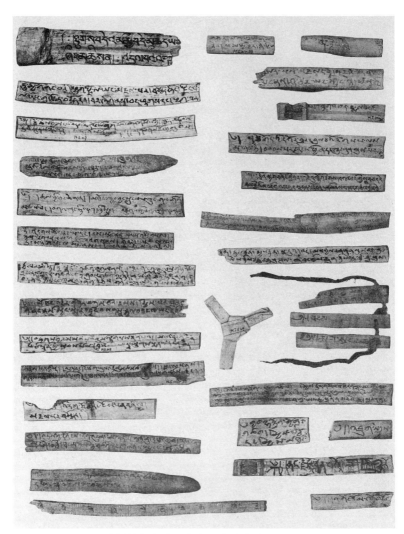

▲ 图 7-6 米兰遗址城堡中出土的木质藏文文书

▲ 图 7-7　米兰遗址佛寺墙裙处的蛋彩画

▲ 图 7-8　米兰遗址佛寺墙壁上的蛋彩画

◀ 图 7-9　米兰遗址佛
寺中出土的灰泥佛头

▲ 图 7-10　米兰遗址吐蕃城堡居住区出土的大型陶罐和篮子

▲ 图 7-11　从西侧拍摄米兰遗址的佛寺和窣堵坡遗址

▲ 图 7-12 米兰遗址吐蕃城堡南侧及中央哨塔

▲ 图 7-13 从米兰遗址吐蕃城堡内侧看发掘中的城堡东北角

▲ 图 7-14 从东侧观察发掘后的米兰遗址佛寺遗址东北侧
立面

▲ 图 7-15 米兰遗址佛寺遗址东北通道中发掘出土的巨大佛
像和灰泥佛头

▲ 图 7-16 米兰遗址佛寺遗址东北通道中发掘出土的巨大灰泥坐佛造像的遗存

▲ 图 7-17 从西南方向观察米兰遗址佛寺遗址的窣堵坡和环形通道

▲ 图 7-18 从西南方向观察米兰遗址穹顶建筑遗址

▲ 图 7-19　佛寺遗址环形通道东北部出土的饰带残片上的壁画

▲ 图 7-20　从西南方向观察米兰遗址窣堵坡遗址（前景中的劳工正在打
　　包壁画）

▲ 图 7-21　米兰遗址佛寺遗址南侧通道内墙的墙裙壁画局部

◀ 图 7-22　米兰遗址佛寺遗址
环形通道南侧墙壁的饰带和
墙裙壁画局部

▲ 图 7-23 从西北方向拍摄的麻扎塔格山上的城堡和烽燧遗址（可见远方的和田河河床和河右岸的丛林带）

▲ 图 7-24 麻扎塔格山城堡遗址内部，画面中部为城堡主楼，右侧为北面的棱堡

第八章

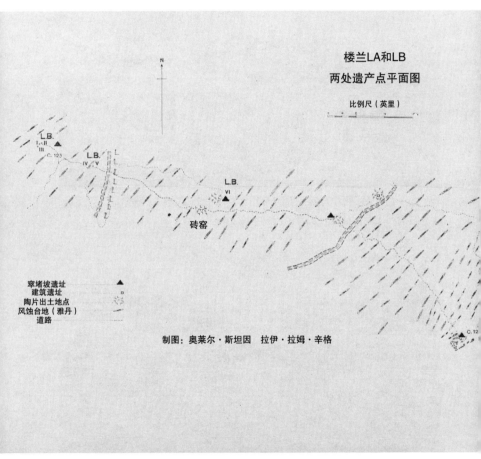

▲ 图 8-1　楼兰 LA 和 LB 两处遗产点平面图

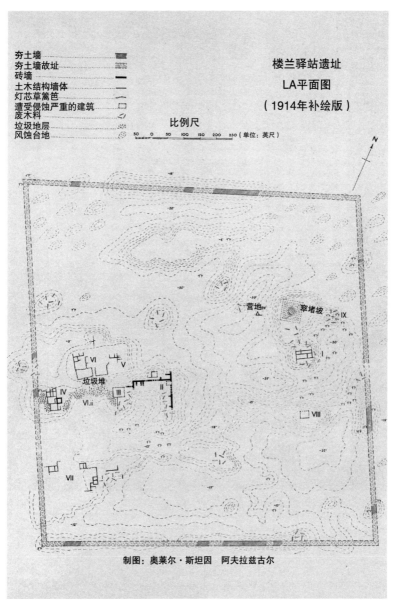

▲ 图 8-3　楼兰遗址出土的木质工具和木雕

▲ 图 8-4　楼兰遗址出土的鞋、成捆丝绸和带纹样的织物残片

▲ 图 8-5　在阿不旦对罗布人进行人体测量学研究（第一排左三、左四分
　　别为托克塔·阿洪和穆拉）

▲ 图 8-6　从楼兰遗址的窣堵坡遗址向东眺望风蚀的土地

▲ 图 8-7　从南侧拍摄的楼兰驿站窣堵坡遗迹（左侧站人处为台基底部，
右侧站人处为台基顶部）

▲ 图 8-8 发掘中的楼兰驿站的垃圾堆

▲ 图 8-9 楼兰遗址佛寺与营地之间的小型窣堵坡遗址（穆拉站立在窣
堵坡脚下，标示出原始地平面的位置。前景为崩塌的风蚀雅丹）

▲ 图 8-10 载着古物从阿不旦出发前往喀什的车队

第九章

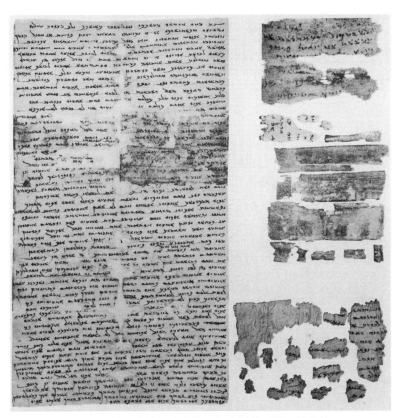

▲ 图9-1 敦煌长城沿线烽燧出土的已经启封的早期粟特文献

第十章

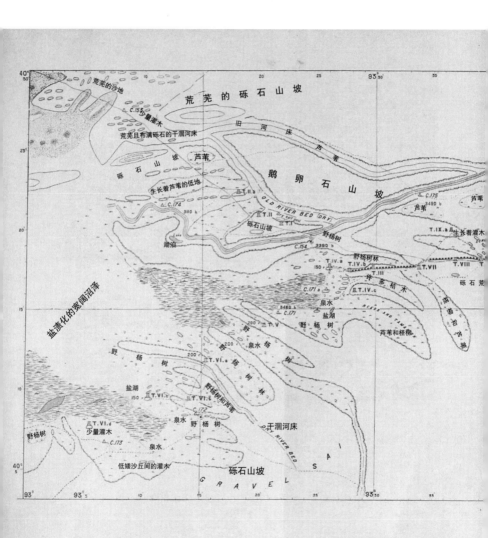

▲ 图 10-1　敦煌以西的中国古长城详图

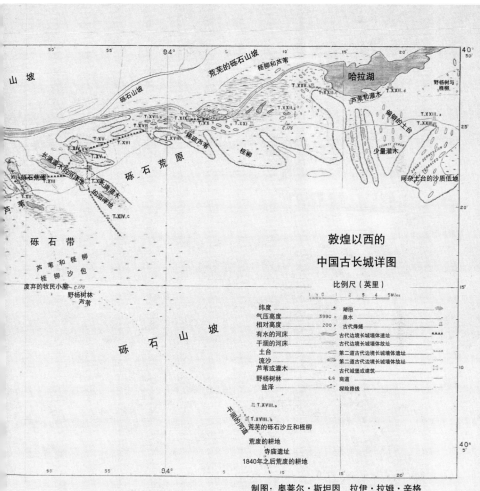

敦煌以西的

中国古长城详图

比例尺（英里）

纬度	湖泊
气压高度 3990	泉水
相对高度 200	古代烽燧
有水的河床	古代边境长城墙体遗址
干涸的河床	古代边境长城墙体故址
土台	第二道古代边境长城墙体遗址
流沙	第二道古代边境长城墙体故址
芦苇或灌木	古代城堡或建筑
野杨树林	商道
盐泽	探险路线

制图：奥莱尔·斯坦因 拉伊·拉姆·辛格

▲ 图 10-2　从东侧观察敦煌长城烽燧遗址（前景中两人站立的位置即为
第一批早期汉文简牍出土地点）

▲ 图 10-3　从西南侧观察敦煌以北的烽燧遗址

▶ 图 10-4 敦煌长城烽燧遗址以东的古代长城墙体立面，展示了夯土与枝条交替筑造的工艺

▲ 图 10-5 敦煌长城烽燧遗址以东低矮沙丘之间的古代长城墙体遗存（左侧汉族劳工站立的位置是低矮砾石土丘的表层）

▲ 图 10-6　从南湖古城遗址内部眺望内城墙西北转角遗迹

▲ 图 10-7　朝西北方向眺望敦煌长城烽燧遗址（左侧是风蚀土丘及干涸
的深切峡谷，远处是生长着野杨树和柽柳的洼地的另一边，可以看到一
座孤零零的土台）

▲ 图 10-8　发掘中的烽燧下方布满垃圾的斜坡（手持木构件残片的劳工
　站立的位置为靠近地表的汉文简牍的主要出土地点）

▶ 图 10-9　从西北方
　向观察敦煌长城烽燧

▲ 图 10-10　从东北方向观察敦煌长城"玉门关"的堡垒

▲ 图 10-11　敦煌长城"玉门关"的堡垒及其西墙上的门洞

▲ 图 10-12　从东北方向观察锁阳城遗址，前景为内墙东段，右侧为西北角的棱堡

▲ 图 10-13　从南侧观察敦煌长城古代仓库遗址（最左侧是内墙西南角楼。照片中不同地点站立的人物可作为遗址体量的参照物）

第十一章

▲ 图 11-1 敦煌长城沿线烽燧出土的箭镞以及各式木器和金属器

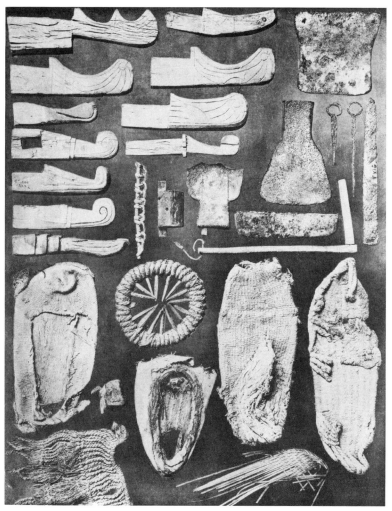

▲ 图 11-2 敦煌长城沿线烽燧出土的鞋、量尺以及各式木器和金属器

第十二章

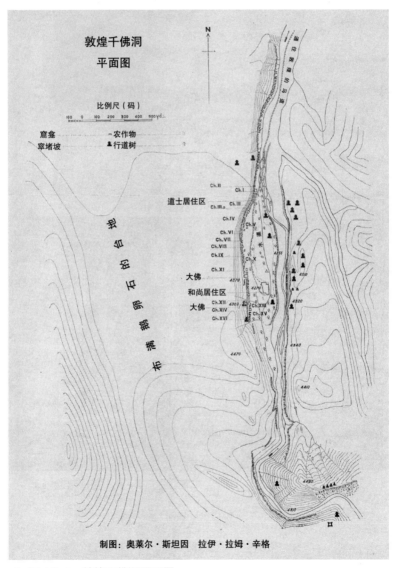

制图：奥莱尔·斯坦因　拉伊·拉姆·辛格

▲ 图 12-1　敦煌千佛洞平面图

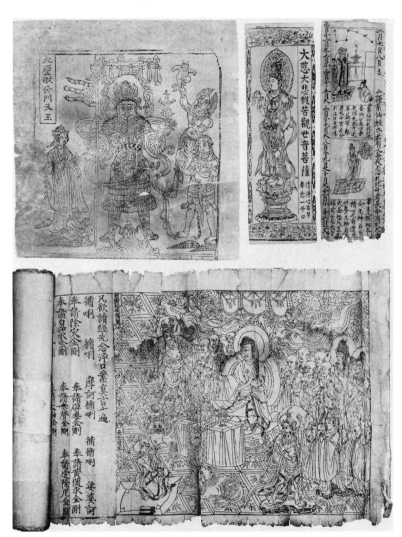

▲ 图 12-2 敦煌千佛洞出土的各式佛教题材版画,包括公元 947 年的还
　　愿画(上方左图)和公元 868 年的版印经卷的卷首画(下图)

▲ 图 12-3 从河对岸向东眺望敦煌千佛洞全景

▲ 图 12-4　从东北方远眺敦煌千佛洞主洞窟群北端和中段的窟龛

▲ 图 12-5　从主洞窟群南端窟龛远眺千佛洞河谷东侧荒芜的山丘

▲ 图 12-6　敦煌千佛洞窟龛之上的洞窟

▲ 图 12-7　敦煌千佛洞窟龛附近的洞窟（上层洞窟的前室和门廊已经全
　　部消失，灰泥造像经过近代修补，下方可见已经被沙土半埋的门廊，通
　　往其他窟龛）

▲ 图 12-8 敦煌千佛洞窟龛附近
几排门廊已经损毁的洞窟

▲ 图 12-9 站在千佛洞前的王
道士

▲ 图 12-10 敦煌千佛洞窟龛以北的几排小洞窟（最左侧中部的门廊是
为洞窟内的坐佛巨像采光而开凿的）

▲ 图 12-11　敦煌千佛洞局部修缮过的窟龛及其门廊（最右侧锁闭的门通向一间开凿在岩石中的密室，其中藏有大量经卷，当初人们为了藏匿这些经卷，一度将密室封死）

◀ 图 12-12　千佛洞窟龛内壁龛中经过部分修补的灰泥造像

▲ 图 12-13　千佛洞窟龛西壁的壁龛及壁龛中已经过补塑的灰泥造像和蛋彩壁画

▶ 图 12-14　千佛洞窟龛门廊北壁描绘超等身列队菩萨像的蛋彩画

▲ 图 12-15　千佛洞窟龛内室东壁的壁画以及描绘和田公主、家人和仆
从形象的壁画和奉献题记

▶ 图12-16 千
佛洞窟龛内
室西壁描绘
神话场景的
蛋彩壁画

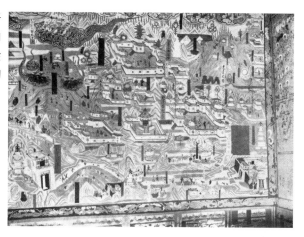

▲ 图 12-17 千佛洞窟龛内室北
壁描绘众神集会场景的蛋彩壁画

▲ 图 12-18 千佛洞窟龛内室北
壁描绘西方极乐世界的蛋彩壁画

第十三章

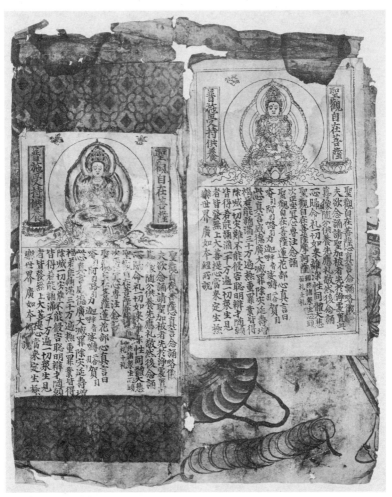

▲ 图 13-1 敦煌千佛洞出土的粘贴在非佛教绘画上的佛教还愿画

▲ 图 13-2　敦煌千佛洞出土的公元 980 年带有汉文和婆罗米文的版印佛教符文

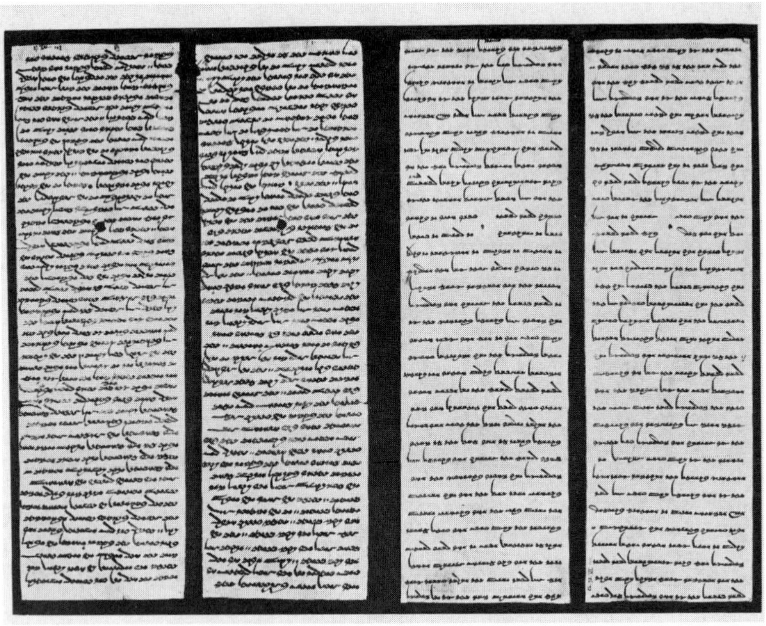

▲ 图 13-3　敦煌千佛洞出土的粟特语纸本经书残页

◀ 图 13-4　敦煌
千佛洞出土的
"突厥如尼文"
纸本书籍残页

▲ 图 13-5　敦煌千佛洞出土的使用突厥语书写的摩尼教徒忏悔词纸本
残卷

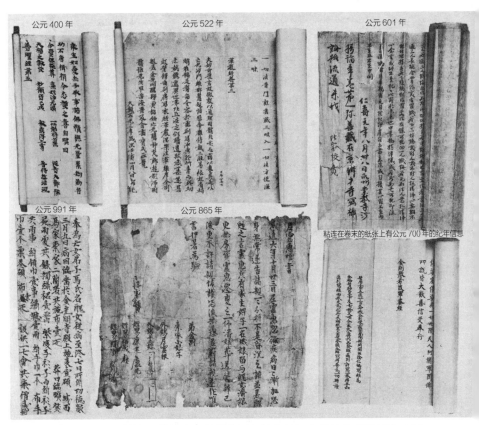

▲ 图 13-6　敦煌千佛洞出土的带有纪年信息的汉文卷轴文书及其他文献

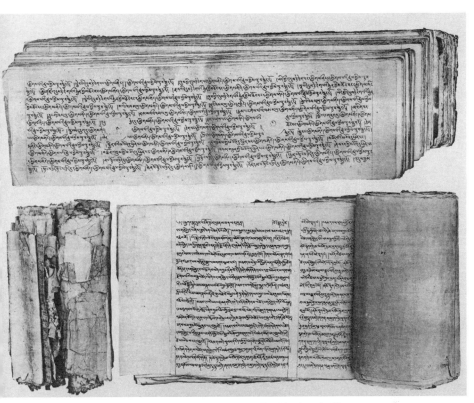

▲ 图 13-7 敦煌千佛洞出土的纸质藏文佛教经书和经卷

◀ 图 13-8 敦煌千佛洞密室中刻于公元 851 年的汉文碑记的拓片

▲ 图 13-9　敦煌千佛洞出土的写有般若经和某种用梵文书写的大乘经的
贝叶

第十四章

▲ 图 14-1 敦煌千佛洞出土的描绘佛、弟子与菩萨的丝织挂画

▲ 图 14-2　敦煌千佛洞出土的描绘成排佛像的丝织挂画

▲ 图 14-3　敦煌千佛洞出土的描绘佛教净土场景的丝绢画

▲ 图 14-4　敦煌千佛洞出土的公元 971 年观世音菩萨及供养人丝绢画

▲ 图 14-5　敦煌千佛洞出土的千手千眼观世音菩萨及护法丝绢画

◀ 图 14-6　敦煌千佛洞出土的公元 963 年地藏菩萨和祈祷状的护法及供养人丝绢画

▲ 图 14-7　敦煌千佛洞出土的观世音菩萨丝绢画以及佛陀与众神的丝绢画

▲ 图 14-8　敦煌千佛洞出土的多闻天王、护法及小鬼丝绢画

▲ 图 14-9 敦煌千佛洞出土的描绘乔达摩传说故事的丝绢旗幡画

▲ 图 14-10　敦煌千佛洞出土的菩萨丝绢旗幡画

▲ 图 14-11　敦煌千佛洞出土的四大天王丝绢旗幡画

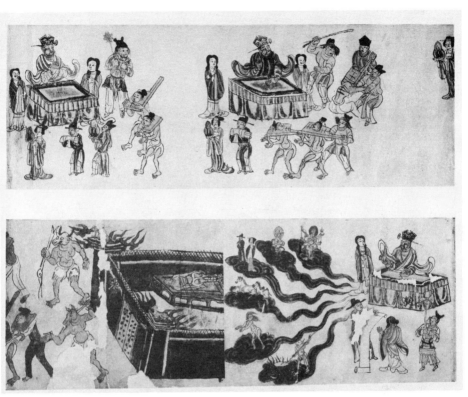

▲ 图 14-12　敦煌千佛洞出土的纸本画卷局部描绘阴司判官审判的画面

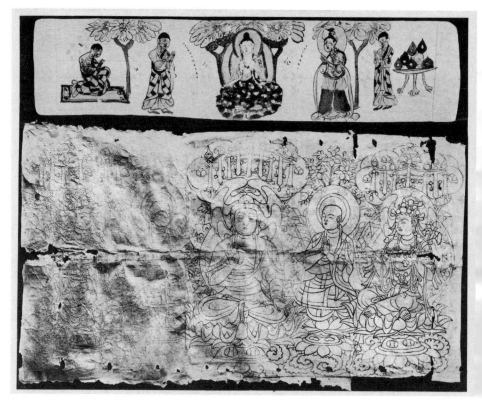

▲ 图 14-13　敦煌千佛洞出土的纸本佛经插图（上图）以及绘制壁画时用于转印图样的线稿（下图）

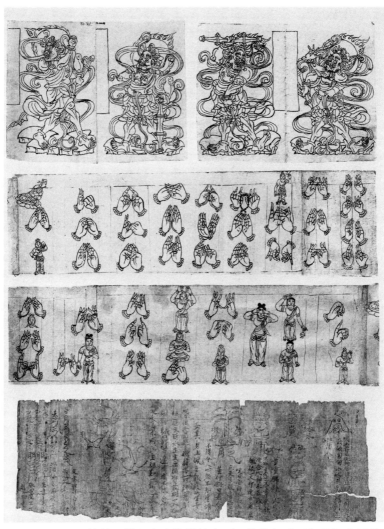

▲ 图 14-14 敦煌千佛洞出土的描绘金刚手菩萨各种手印的纸本墨线草稿

第十五章

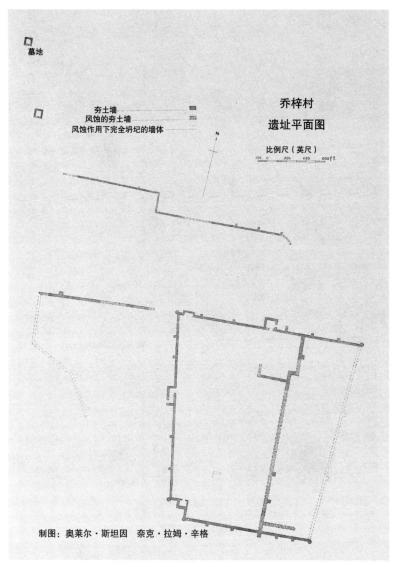

▲ 图 15-1　乔梓村遗址平面图

▲ 图 15-2　从北侧拍摄的万佛峡河流左岸的石窟寺

▲ 图 15-3　从西南方向拍摄的万佛峡河流右岸的石窟寺

▲ 图15-4 万佛峡窟前室西北壁和东北壁的蛋彩壁画

▲ 图 15-5　万佛峡窟龛前室西北壁和东北壁的蛋彩壁画

▲ 图 15-6　万佛峡窟龛内室正对入口的墙壁上经过局部修补的蛋彩画和
泥塑佛像

▲ 图 15-7　从西南方拍摄的嘉峪关关城

▲ 图 15-8　嘉峪关以南的中世纪长城和远处的南山山麓

第十七章

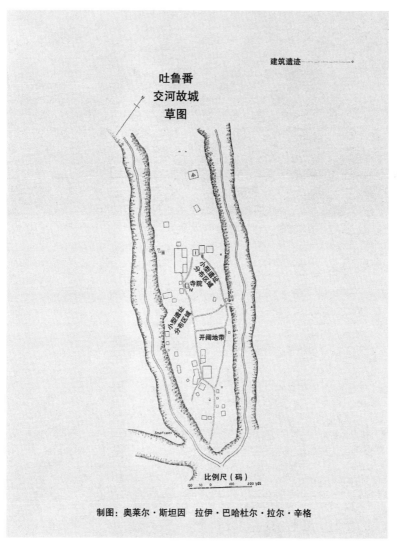

▲ 图 17-1　吐鲁番交河故城草图（左图）

▲ 图 17-2 在吐鲁番交河故城为当地村民进行人体测量学调查后留影

▶ 图 17-3 从
东侧拍摄的吐
峪沟峡谷较低
一端尽头的石
窟寺

▲ 图 17-4 从东南方向拍摄的吐鲁番哈拉和卓多层佛塔遗址

▲ 图 17-5 站在吐鲁番交河故城遗址中部区域向西北方和北方拍摄的全
景（远处有大型佛寺遗址）

▲ 图 17-6 从西北方向拍摄的交河故城内的主干道、正对主干道的寺院遗址和城址东部区域（左侧远处可见交河村的树木）

▲ 图 17-7 从东南方向拍摄的交河故城中部和正对主干道的寺院遗址

▲ 图 17-8 从西南方向拍摄的吐鲁番哈拉和卓古城遗址中的汗王宫遗址

▲ 图 17-9 从南侧拍摄的交河故城大型佛教寺院的中央佛殿和围墙

▲ 图 17-10　交河故城佛寺区北侧尽头的一组窣堵坡

第十八章

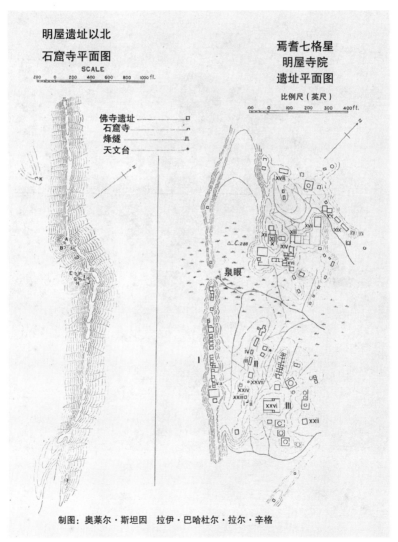

制图：奥莱尔·斯坦因　拉伊·巴哈杜尔·拉尔·辛格

▲　图 18-1　明屋遗址以北石窟寺平面图、焉耆七格星明屋寺院遗址平
面图

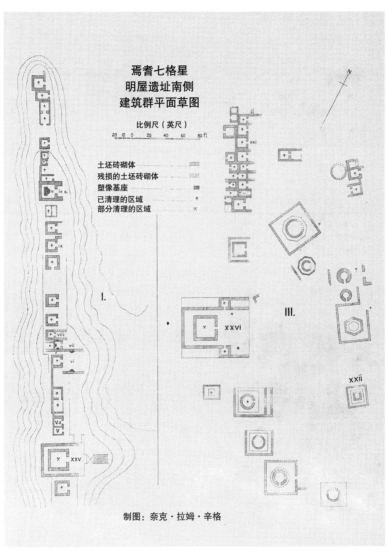

焉耆七格星
明屋遗址南侧
建筑群平面草图

比例尺（英尺）

20 10 0   20   40   60   80 ft

土坯砖砌体
残损的土坯砖砌体
塑像基座
已清理的区域
部分清理的区域

制图：奈克·拉姆·辛格

▲ 图 18-2 焉耆七格星明屋遗址南侧建筑群平面草图

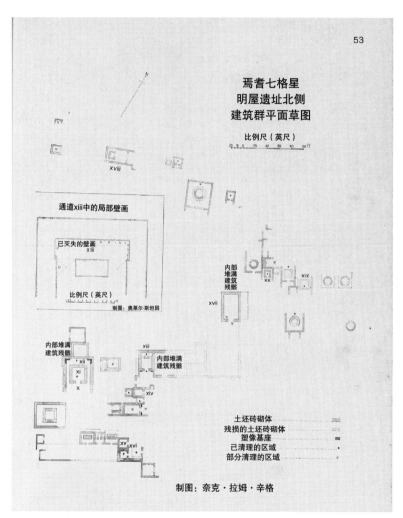

▲ 图 18-3　焉耆七格星明屋遗址北侧建筑群平面草图

▲ 图 18-4 焉耆明屋遗址出土的蛋彩壁画和版画

▲ 图 18-5　焉耆明屋遗址佛寺中出土的泥塑头像

◀ 图 18-6　伽师对岸喀什噶尔
河畔崖壁上方开凿的石窟

▲ 图 18-7 库车城北苏巴什遗址中残存的窣堵坡

▶ 图 18-8 明屋遗址残存佛寺
西北角通道内的一组泥塑

▲ 图 18-9 为柯坪村民进行人体测量学调查后留影

第二十章

▲ 图 20-1　从达科特山口顶部向西北方向眺望达科特冰川后面的阿姆河
　　与印度河分水岭

译后记

2022 年 11 月，我首次接触到这本书的再译工作，因为已有先前两位老师的翻译基底，所以背负前者的压力，起初总有一些不知所措，但依赖高晨翔老师对整体翻译工作进度的合理规划和专业能力，我们很快找到了自己的方向，提前完成了翻译工作。高老师严谨的学术态度及严格的翻译要求，令我受益匪浅，在此特别感谢。

作为一名丝绸之路考古与遗产保护研究的从业者，在对这本书持续半年的翻译过程中，我跟随着斯坦因的脚步，走过冰雪覆盖的崇山峻岭，走过荒无人烟的戈壁沙漠，走过漫长的仿佛无尽头的岁月，一次次地站在那些已风化、坍塌、残破不堪的壁画、高墙、佛塔前，面对着那些已斑驳难辨的遗迹容颜，心中时常盘旋着种种难以言明的情绪。当看到尼雅遗址、楼兰遗址、米兰遗址的残垣断壁，看到作为古长城遗址瞭望塔的烽燧遗迹时不时地出现在广阔荒凉的沼泽沙漠上时，在那犹如星辰般的碎片里，记录着人类的渺小、无力与徒劳；当看到深埋在尼雅遗址沙土中的木牍文书一片片被发掘；当看到米兰佛寺遗址墙裙上精美的有翼天使壁画一幅幅被切割下来，保存在敦煌千佛洞中那一卷卷经书及丝质幡画等诸多中国珍贵文物被一箱箱打包运往印度及英国时，由心底燃起的苦涩与愤懑，最终变成了在彷徨岁月里，对流离失所的民族与同胞的难过与悲悯。

　　人们常说，以史为鉴。纵然悲伤，纵然难过，我都会小心翼翼地藏在心底。因为最终，注视过这些遗迹、这些历史的人，包括我，都将成为遗迹与历史的一部分。在浩瀚无垠的时间海洋中，我们的幸与不幸、常与无常，都将成为刹那中的刹那，可时间不会忘记，就像今天的我们不断去探寻前人的足迹，一棵枯木、一块瓦片、一张薄纸、一次努力，最终都会被时间记录下来，走过漫长的人间夜晚，走过寂静的岁月浮沉，遇见后世而来的那个人，直到春风化雨，心领神会。

张竟秋

2023 年 6 月 21 日